Zwangsmigration und Vertreibung – Europa im 20. Jahrhundert

Anja Kruke (Hg.)

Zwangsmigration und Vertreibung

Europa im 20. Jahrhundert

Bibliografische Information der Deutschen Bibliothek
Die Deutsche Bibliothek verzeichnet diese Publikation in der Deutschen
Nationalbibliografie; detaillierte bibliografische Daten sind im Internet
über http://www.dnb.ddb.de abrufbar.

ISBN 3-8012-0360-3

© 2006 by
Verlag J. H. W. Dietz Nachf. GmbH
Dreizehnmorgenweg 24, 53175 Bonn
Umschlag: Just in Print, Bonn
Satz: PAPYRUS – Schreib- und Büroservice, Bonn
Druck und Verarbeitung: AZ Druck und Datentechnik, Kempten (Allgäu)
Alle Rechte vorbehalten
Printed in Germany 2006

Besuchen Sie uns im Internet: *www.dietz-verlag.de*

Inhalt

Anke Fuchs, Grußwort 7

Friedhelm Boll/Anja Kruke, Einleitung: Zwangsmigration in Europa im 20. Jahrhundert – Erinnerungskultur auf dem Weg zur Europäisierung 9

Zwangsmigration in übergreifender Perspektive

Bonner Erklärung 33

Bernd Faulenbach, Überlegungen zu einer Bonner Erklärung zur Notwendigkeit eines Europäischen Netzwerkes zur Auseinandersetzung mit Vertreibungen im 20. Jahrhundert in Wissenschaft und Erinnerungskultur 37

Stefan Troebst, Geschichte als politisiertes Szientifikum: Ein europäisches Netzwerk zur Erforschung ethnopolitisch motivierter Zwangsmigration 41

Karl Schlögel, Wie europäische Erinnerung an Umsiedlung und Vertreibungen aussehen könnte 49

Heidemarie Uhl, „Flucht und Vertreibung" und die neuen Dissonanzen des europäischen Gedächtnisses 69

Peter Haslinger, „Flucht und Vertreibung" europäisieren? Zur Frage einer didaktischen Aufbereitung von Zwangsmigration im gesamteuropäischen Kontext 77

Hermann Schäfer, Zur musealen Auseinandersetzung mit der Vertreibung in Europa. Ein Projekt der Stiftung Haus der Geschichte der Bundesrepublik Deutschland 83

Thomas Serrier, Zur Europäisierung des deutschen Erinnerungsortes „Flucht und Vertreibungen". Fünf Thesen aus französischer Sicht 97

Wolfgang Höpken, Das Thema der Vertreibung im deutschen Schulbuch 107

Zwangsmigration in nationaler Geschichtsschreibung und Erinnerungskultur

Baltikum/Polen

Claudia Kraft, Beschäftigung mit der Vertreibung vor Ort: Regionale Institutionen und Initiativen der Aufarbeitung und des Gedenkens.... 119

Gert von Pistohlkors, Flucht und Vertreibung als Thema der baltischen Geschichte im 20. Jahrhundert: einige Bemerkungen............. 139

Pawel Machcewicz, Ein Netzwerk aus polnischer Sicht................ 147

Krzysztof Ruchniewicz, Zur versöhnungspolitischen Bedeutung der Schulbuchrevision im Hinblick auf die Vertreibungsproblematik....... 151

Tschechien/Österreich/Slowakei

Tomáš Kafka, Vergangenheitsbewältigung als eine Art Gesinnungstest. Ein Rückblick auf die Diskussionen über Flucht und Vertreibungen aus tschechischer Sicht.. 163

Detlef Brandes/Jiří Pešek, Thesen zur Vertreibung und Zwangsaussiedlung aus der Tschechoslowakei....................................... 173

Miroslav Kusý, The Tabooed History of Hungarians in Slovakia, 1945–1948 183

Edita Ivaničková, „Vertreibung und Aussiedlung" aus Sicht der slowakischen Gesellschaft und der Historiografie nach 1989............ 187

Ungarn/Slowenien/Italien

Ágnes Tóth, Das Thema Vertreibung in der ungarischen Geschichtsschreibung und im gesellschaftlichen Gespräch in den 1990er-Jahren 199

Krisztián Ungváry, Vertreibung, die ungarische Gesellschaft und einige Anregungen zur nationalen Erinnerungskultur..................... 207

Éva Kovács, Der schmale Grat zwischen zynischer und skeptischer Erinnerung – zur Institutionalisierung historischer Erfahrungen 219

Marina Cattaruzza, Verschiedene Dimensionen der Vertreibung in Südosteuropa am Beispiel von Slowenien, Jugoslawien und Italien..... 227

Anhang

Autoreninformationen... 235

Grußwort

Im 20. Jahrhundert bildeten Zwangsmigration und Vertreibung grausame Instrumente der Politik, unter denen viele Millionen Menschen zu leiden hatten. Sie haben tiefe Spuren in der gesamten europäischen Gesellschaft hinterlassen und geben immer wieder Anlass zu Debatten, die das Selbstverständnis der heutigen Gesellschaften in Europa berühren. Bislang wurden die Auseinandersetzungen um die erfolgten Zwangsmigrationen und ihre Bewertung in einem nationalstaatlichen Rahmen geführt. Dabei wurde oft auf die nationale Ebene der Geschehnisse abgehoben und gesellschaftliche Kontexte wie Zusammenhänge mit der internationalen Politik wurden ausgeblendet. Sie führen vielerorts zu schmerzhaften Debatten über das Thema, die sich innerhalb einer nationalen Gesellschaft oder auch zwischen ihnen abspielen und alte Ressentiments wecken.

Die Friedrich-Ebert-Stiftung, die sich seit ihren Anfängen dem Ziel der internationalen Verständigung verbunden fühlt, hatte im März 2004 Geschichtswissenschaftler aus acht Ländern Europas eingeladen, um über die europäische Dimension von Zwangsmigrationen im 20. Jahrhundert und deren erinnerungspolitische Bedeutung für das Zusammenwachsen Europas zu diskutieren. Am Beispiel der verschiedenen Vertreibungsvorgänge in Osteuropa wurden Verquickungen, Abläufe und anschließende Politik der Erinnerung in den Nationalstaaten thematisiert. Auf dem Forschungsstand aufbauend, wurde über Fragen einer europäischen Perspektive auf das Thema, der vorhandenen Ansätze zur Aussöhnung und gemeinsamen Verarbeitung sowie der didaktischen Aufbereitung des Themas Zwangsmigration diskutiert. Zum Abschluss der Tagung wurde die in diesem Buch abgedruckte „Bonner Erklärung – Europäisches Netzwerk: Zwangsmigrationen und Vertreibungen im 20. Jahrhundert" verfasst, die den Wunsch der Experten nach einer gemeinsamen, europäischen Auf- und Bearbeitung von Zwangsmigrationen ausdrückt. Diese Erklärung wurde die Grundlage für die Verhandlungen der Kulturminister aus Deutschland, Polen, Ungarn, Tschechien und der Slowakei zum Vertreibungsproblem. Inzwischen wurde hierauf aufbauend ein Regierungsabkommen über die Gründung eines „Europäischen Netzwerks ‚Erinnerung und Solidarität'" abgeschlossen, das zeitgleich zum Erscheinen dieses Buches seine Arbeit mit Büro in Warschau aufnimmt.

Berlin/Bonn im November 2005

Anke Fuchs
Vorsitzende der
Friedrich-Ebert-Stiftung

Friedhelm Boll und Anja Kruke

Einleitung:
Zwangsmigration in Europa im 20. Jahrhundert – Erinnerungskultur auf dem Weg zur Europäisierung

1. Warum die Beschäftigung mit dem Thema „Zwangsmigration"?

Erzwungene Migrationen bilden einen festen Bestandteil der Politik des 20. Jahrhunderts. Während sie in den jeweiligen nationalen Erzählungen präsent sind und erforscht werden, entwickelt sich erst langsam eine erweiterte Perspektive auf die Geschichten der Vertreibungen.

Dabei hat die Historiografie zur Erforschung von Zwangsmigration in den letzten Jahren große Fortschritte gemacht. Bedingt durch die verstärkte Tendenz zur Erforschung transnationaler Zusammenhänge sowie ein steigendes Interesse an der „Europäisierung" als neuer Problemstellung sowohl in historischer wie in aktuell gesellschaftlicher Perspektive werden neue Fragen an die Geschichte der Zwangsmigrationen im 20. Jahrhundert gestellt. Dabei werden Blicke auf das Thema geworfen, die sich vom Duktus nationaler Zentrierung und der nationalen „Meistererzählung" entfernen.[1]

Diese Gegenstände historischer Forschung gehören nicht zum ‚kalten Material' der Geschichte, sondern sind oft für das jeweilige gesellschaftliche Selbstverständnis einer Nation von großer Relevanz. Je nach Konstellation der Ereignisse in einer Nation sind die Geschehnisse fester Bestandteil der historischen „Nationalerzählung" oder sie werden verdrängt/unterdrückt. So gehören die Geschehnisse zwar einerseits unzweifelhaft zum individuellen oder Familiengedächtnis, doch andererseits sind die Erinnerungen in der Öffentlichkeit in Form sozialer Praxis des öffentlichen Gedenkens und ihr Platz in der Erinnerungskultur eines Landes häufig umstritten.[2]

---

1 Vgl. für erste Ansätze Dieter Bingen/Włodzimierz Borodziej/Stefan Troebst (Hrsg.), Vertreibungen europäisch erinnern? Historische Erfahrungen – Erinnerungspolitik – Zukunftskonzeptionen, Wiesbaden 2003; Marina Cattaruzza, Aussiedlungen im Europa des 20. Jahrhunderts, in: Christof Dipper/Andreas Gestrich/Lutz Raphael (Hrsg.), Krieg, Frieden und Demokratie. Festschrift für Martin Vogt zum 65. Geburtstag, Frankfurt/Main u. a. 2001, S. 193–206.
2 Vgl. generell zum Terminus „Erinnerung" Maurice Halbwachs, Das kollektive Gedächtnis, Stuttgart 1967; Harald Welzer, Das kommunikative Gedächtnis, München 2002; Paul Ricœur, Das Rätsel der Vergangenheit. Erinnerung – Vergessen – Verzeihen, Essen 1998; Hans J. Markowitsch, Dem Gedächtnis auf der Spur. Vom Erinnern und Vergessen, Darmstadt 2002. Vgl. auch Hans Günter Hockerts, Zugänge zur Zeitgeschichte. Primärerfahrung, Erinnerungskultur, Geschichtswissenschaft,

Diese beiden Aspekte des Themas Zwangsmigration bilden den Hintergrund einer Tagung über „Geschichte als Politikum. Ein Europäisches Netzwerk gegen Vertreibungen", deren Beiträge die Grundlage des Sammelbandes bilden. Die Konferenz fand am 11./12. März 2004 in Bonn mit internationalen Expertinnen und Experten aus acht Ländern statt. Sie hatte sich drei Aufgaben gestellt: Zum einen ging es darum, den Forschungsstand zum Thema „Vertreibung" auf internationaler Ebene zu beleuchten; zum zweiten sollte der Frage nach einer didaktischen Aufbereitung in europäischer Perspektive nachgegangen werden. Der Fokus lag dabei auf den Vertreibungen im osteuropäischen Raum im Kontext des Zweiten Weltkrieges. Die beiden Perspektiven auf das Thema sollten ergänzt werden um eine Art Bestandsaufnahme der bereits bestehenden Initiativen zur Aufarbeitung und Versöhnung, die es in den verschiedenen Regionen gibt und die in vielen Fällen transnational, in binationaler oder trinationaler Zusammenarbeit existieren. Der vorliegende Band spiegelt diese unterschiedlichen Blickwinkel auf das Thema Vertreibung wider und zeigt gleichzeitig am Beispiel der Unterzeichnung der Bonner Erklärung eindeutig, dass innerhalb der wissenschaftlichen community der Historiker durchaus ein Konsens zur Bearbeitung und Darstellung der Zwangsmigrationen zu erzielen ist.

Diese „Bonner Erklärung: Europäisches Netzwerk gegen Zwangsmigration und Vertreibung im 20. Jahrhundert" ist hier abgedruckt.[3] Mit der Erklärung verbindet sich der Wille zu einer europäischen Einigung von unten, unter Ablehnung einseitiger nationaler oder gar revisionistischer „Erzählungen".[4] Ziele der Erklärung sind die Unterstützung der vor Ort existierenden Projekte der Aussöhnung und Dokumentation der Vertreibungen und die Förderung wissenschaftlicher Projekte zu dem Thema aus einer europäischen Perspektive im Sinne einer Vernetzung sowohl der Initiativen wie auch der Wissenschaftlerinnen und Wissenschaftler. Als erste Ergebnisse dieses Zusammenschlusses können neben der Veröffentlichung dieses Bandes die Behandlung des Themas im Rahmen der 31. Jahrestagung (2005)

---

in: Konrad H. Jarausch/Martin Sabrow (Hrsg.), Verletztes Gedächtnis. Erinnerungskultur und Zeitgeschichte im Konflikt, Frankfurt/Main/New York 2002, S. 39–73.

3 Die Erklärung findet sich auch im Internet unter der URL: <http://library.fes.de/library/netzquelle/zwangsmigration/48bonnererkl.html>. Sie ist dort eingebettet in die FES-Netzquelle „Zwangsmigrationen und Vertreibungen in Europa des 20. Jahrhunderts", ein Informationsangebot der Bibliothek der Friedrich-Ebert-Stiftung und des Archivs der sozialen Demokratie. Hier finden sich kürzere Texte von Fachwissenschaftlern, die verschiedene Aspekte populärwissenschaftlich aufbereiten; außerdem werden archivalische Quellen für didaktische Nutzung ins Netz gestellt. URL: <http://library.fes.de/library/netzquelle/zwangsmigration/index.html>. 600–700 Zugriffe pro Monat zeigen, wie stark das Thema nachgefragt ist.

4 Vgl. dazu Hans Lemberg, Geschichten und Geschichte. Das Gedächtnis der Vertriebenen in Deutschland nach 1945, in: Archiv für Sozialgeschichte 44 (2004), S. 509–523.

der Gemeinsamen deutsch-polnischen Schulbuchkommission[5] sowie das Projekt einer „Enzyklopädie Zwangsmigration im 20. Jahrhundert"[6] gelten.[7] Die „Bonner Erklärung" bildete seit 2004 die Grundlage für Verhandlungen über die Gründung eines entsprechenden europäischen Netzwerkes durch europäische Regierungen.[8] Das Ergebnis dieser Verhandlungen führte am 2. Februar 2005 zu einer Erklärung der Kulturminister Polens, der Slowakei, Ungarns und Deutschlands, durch die das „Europäische Netzwerk Erinnerung und Solidarität" gegründet wurde, das eine Stiftung polnischen Rechts ist und seinen Sitz in Warschau hat.[9]

2. „Geschichte als Politikum" – eine Tagung und ihre Hintergründe

Vor dem Hintergrund unterschiedlicher Faktoren hat sich das Thema „Vertreibung" in den letzten Jahren neu in den europäischen Erinnerungsdiskursen, vor allem in den deutschen, eingeschrieben. Die Erinnerungskultur wandelt sich nicht zuletzt unter dem Eindruck des „Endes der Zeitzeugenschaft" all derer, die die Vertreibungen während und nach dem Ende des Zweiten Weltkrieges miterlebten. Neben dem Eindruck der Geschehnisse im ehemaligen Jugoslawien Ende der Neunzigerjahre prägte insbesondere auch ein neuer deutscher Opferdiskurs diesen Wandel und beeinflusste die inter-

---

5 Das Thema lautete: Flucht, Vertreibung und Umsiedlung als Forschungsproblem und Unterrichtsgegenstand. Die Zwangsmigrationen und die deutsch-polnischen Beziehungen nach 1945. Die Beiträge werden veröffentlicht durch das Georg-Eckert-Institut für internationale Schulbuchforschung, Braunschweig 2006.
6 Die Enzyklopädie wird von Detlef Brandes, Holm Sundhaussen und Stefan Troebst herausgegeben werden und den Titel tragen: Das Jahrhundert der Vertreibungen. Deportation, Zwangsaussiedlung und ethnische Säuberung in Europa 1912–1999; vgl. auch den Beitrag von Troebst (Geschichte als politisiertes Szientifikum: Ein europäisches Netzwerk zur Erforschung ethnopolitisch motivierter Zwangsmigration) in diesem Band und den Projektbericht im HSozKult, URL: <http://hsozkult.geschichte.hu-berlin.de/projekte/id=137>.
7 Weitere Aktivitäten sind die Erstellung der FES-Netzquelle „Zwangsmigration und Vertreibungen im Europa des 20. Jahrhunderts, deren Seiten 2004 fertig gestellt wurden (URL siehe Anmerkung 3) und die Herausgabe des Sammelbandes zum Thema: „Wir gewähren Versöhnung und bitten um Versöhnung." 40 Jahre deutsch-polnische Verständigung. Im Auftrag der FES hrsg. von Friedhelm Boll unter Mitarbeit von Thomas Roth, erscheint im Sommer 2006.
8 Vgl. Presse- und Informationsamt der Bundesregierung, Konferenz zum Thema Vertreibung: Kulturstaatsministerin Weiss zieht positive Bilanz, Pressemitteilung Nr. 199, 23.4.2004; vom selben Tag Beiträge von Jens Bisky in der Süddeutschen Zeitung und Gerhard Gnauck in der Welt; Gabriele Lesser, Nicht ein – viele Aussichtspunkte, taz vom 24./25.4.2004; K. Erik Franzen, Leitkultur als Leidkultur. Konkurrenz der Paten: Nicht nur Christina Weiss, auch Erika Steinbach begrüßt das Europäische Netzwerk der Vertreibung, Frankfurt Rundschau vom 25.5.2004.
9 Vgl. Europäisches Netzwerk gegen Vertreibungen gegründet, Die Welt vom 3.2.2005; ähnlich: Süddeutsche Zeitung vom 16.9.2005. An den Verhandlungen wirkten Beteiligte der Tagung mit: Dr. Pawel Machcewicz, Prof. Dr. Stefan Troebst und Prof. Dr. Matthias Weber (Koordinator des Netzwerks in Deutschland).

nationale Wahrnehmung dieser Veränderungen. Wir befinden uns in einer Transformationsphase vom kommunikativen zum kulturellen Gedächtnis, in der sich der Fokus der Aufmerksamkeit verschiebt. Zuletzt traten die noch Lebenden, die als Kinder die Vertreibungen erlebt hatten, in den Vordergrund, wie die verstärkte psychologische Befassung mit dem Thema und das öffentliche Interesse daran zeigt.[10] In diesem Moment des Übergangs wird bewusst, wie wichtig eine Verankerung der Erinnerung an Vertreibung für die Betroffenen ist. Diese Verschiebung ist ein zentraler Aspekt der gesamten Debatte. Dabei wird von deutschen Historikerinnen und Historikern die Befürchtung geäußert, dass diese neue „Opfererzählung" international kostbares Porzellan zerschlagen könnte.[11] Die Bonner Tagung hatte vor diesem Hintergrund das Ziel, der Frage nachzugehen, wie das Gedenken den Opfern gerecht werden und gleichzeitig der europäischen Aussöhnung dienen könne. Die Mehrheit der anwesenden Expertinnen und Experten sprachen sich dabei für eine dezidiert europäische Perspektive aus, um historische „Erzählungen" zu erzeugen, die die Wahrheit offen aussprechen, aber dabei nicht stehen bleiben, sondern über die Wahrnehmung einer einzelnen Gruppe hinausreichen. Dies war der zentrale Angelpunkt, an dem sich die Vorstellung eines europäischen Netzwerkes zur Förderung von regionalen/ transnationalen Initiativen entwickelte und deutlich von der Vorstellung eines auf Deutschland konzentrierten „Zentrums gegen Vertreibungen" absetzte.

Als die 1998 zur Vorsitzenden des Bundes der Vertriebenen gewählte Erika Steinbach 1999 die Gründung einer eigenen Stiftung „Zentrum gegen Vertreibungen" ankündigte und als Zweck der Stiftung die Errichtung eines eigenen Hauses mit Dauerausstellung angab, entwickelte sich ein Politikum. Seitdem sind wellenartig auftauchende Debatten in der Öffentlichkeit in Deutschland, Polen und Tschechien zu beobachten, die sich mit der Entwicklung dieses Vorhabens beschäftigen.[12] Aus der Diskussion in Deutsch-

---

10 So fand vom 14.–16.4.2005 die Tagung „Die Generation der Kriegskinder und ihre Botschaft für Europa sechzig Jahre nach Kriegsende" in Frankfurt/Main mit 600 Teilnehmerinnen und Teilnehmern statt. Vgl. auch folgendes Interview eines an der Tagung beteiligten Experten: „Dir ist was Schreckliches passiert". Der Alternsforscher Hartmut Radebold über die psychischen Spätfolgen von Kriegsgräueln, die Macht der verdrängten Erinnerungen und seine eigene Kindheit während des Krieges, in: Der Spiegel, Nr. 17/2005, S. 172–177. Das große zeitgeschichtliche Interesse verbindet sich mit der Traumatologie, die sich mit Traumatisierung von Kindern und den Folgen beschäftigt, aber noch in den Anfängen steckt. Vgl. auch den Tagungsbericht von Petra Bühring, Die Generation der Kriegskinder: Kollektive Aufarbeitung notwendig, in: Ärzteblatt, Mai 2005, S. 214 f.
11 Vgl. Ute Frevert, Geschichtsvergessenheit und Geschichtsversessenheit revisited. Der jüngste Erinnerungsboom in der Kritik, in: Aus Politik und Zeitgeschichte B 40–41/2003, S. 6–13; Adam Krzemiński, Die schwierige deutsch-polnische Vergangenheitspolitik, in: Aus Politik und Zeitgeschichte B 40–41/2003, S. 3–5.
12 Die neueste Debatte fand während des Bundestagswahlkampfes 2005 statt, als zum einen die CDU die Forderung nach der Errichtung eines „Zentrums gegen Vertreibungen" in ihr Wahlkampfprogramm

land ging eine Entschließung des Bundestages vom 4. Juli 2002 hervor, die zu einem europäischen Gespräch über das Thema aufruft.[13] Daneben erfuhr der „Komplex Vertreibung" als europäisches Thema im Zusammenhang mit der Frage nach Erinnerung und Erinnerungspolitik auch in den Wissenschaften ein verstärktes Interesse, wie verschiedene Tagungen zeigen.[14] Von besonderem Interesse ist in diesem Zusammenhang die Tatsache, dass auch die Tschechische Republik, die auf der politischen Ebene wenig Interesse am Vertreibungsthema zeigt, im wissenschaftlichen Bereich einige Anstrengungen unternimmt, die Thematik aufzuarbeiten. So wurde im Jahre 2004 eigens ein Institut zur Erforschung der Deutschen in den Böhmischen Ländern (Collegium Bohemicum) an der Universität Aussig gegründet und mit Unterstützung von Präsident Vaclav Klaus eröffnet.[15]

Aus der Tagung „Ein europäisches Zentrum gegen Vertreibungen. Historische Erfahrungen – Erinnerungspolitik – Zukunftskonzeptionen" entstand 2002 die Forderung nach einem europäischen Zentrum.[16] Diese Idee wurde von dem deutschen SPD-Politiker Markus Meckel aufgenommen, der in einem international stark beachteten Aufruf im Juli 2003, „Gemeinsame Erinnerung als Schritt in die Zukunft", als alternativen Entwurf zu dem geplanten deutschen Zentrum ein europäisches mit Sitz in Breslau vorschlägt. In seinem Ansinnen wird er von polnischen Politikern und Publizisten wie Władysław Bartoszewski, Adam Krzemiński und Adam Michnik, aber auch

---

aufnahm und – kurz, aber heftig – über die Nutzung der Kirche St. Michael im Herzen Berlins diskutiert wurde, bevor die Verhandlungen über die Nutzung des Gebäudes seitens der katholischen Kirche mit dem Hinweis darauf beendet wurden, dass diese Nutzung der internationalen Aussöhnung entgegenstehen könne. Vgl. z. B. Steinbach betont Idee der Versöhnung, Frankfurter Rundschau vom 15.8.2005; Zentrum gegen Vertreibungen in Berlin Mitte, Die Welt vom 15.8.2005; Einlass abgelehnt, Süddeutsche Zeitung vom 18.8.2005.
13 Vgl. Entschließung: „Für ein europäisch ausgerichtetes Zentrum gegen Vertreibungen", Drucksache 14/9033/9661.
14 Vgl. z. B. den Workshop „Gedächtnis – Erfahrung – Historiographie. Aspekte der Diskussion um den ‚Komplex Vertreibung' in europäischer Perspektive, Centre Marc Bloch und Zentrum für vergleichende Geschichte Europas am 19./20.2.2004 in Berlin, vgl. dazu den Bericht von Martina Winkler im HSozKult, 19.5.2004, <http://hsozkult.geschichte.hu-berlin.de/tagungsberichte/id=430>; vgl. auch den Workshop „Commemorating Migrants and Migrations" im September 2004 in Paris und andere Aktivitäten eines Zusammenschlusses von Soziologen und Politikwissenschaftlern im „Netzwerk Migration in Europe e. V.", URL: <http://www.network-migration.org> [20.6.2005].
15 Vgl. die Tagung „Toleranz an Stelle von Intoleranz, 26.–28. März 2004: Deutsche in den böhmischen Ländern – gestern, heute, morgen", die vom 26.–28.3.2004 in Usti nad Labem stattfand. Das Programm findet sich online, URL: <http://www.muzeumusti.cz>[20.6.2005].
16 Vgl. Dieter Bingen/Stefan Troebst/Włodzimierz Borodziej, Denkanstöße, in: Bingen/Borodziej/Troebst, Vertreibungen europäisch erinnern?, S. 316–318; vgl. auch dies., Erklärung zum internationalen wissenschaftlichen Kolloquium „Ein europäisches Zentrum gegen Vertreibungen. Historische Erfahrungen – Erinnerungspolitik – Zukunftskonzeptionen", in: Zeitschrift für Geschichtswissenschaft 51 (2003), S. 102–104. Die Bonner Tagung stellt eine konsequente Fortsetzung dieser Diskussion dar.

deutschen Politikern wie Hans-Dietrich Genscher unterstützt.[17] Daneben gab es weitere Vorschläge und Ideen für das Gedenken an Zwangsmigration und ihre Erforschung.[18]

Auch wenn die Stiftung „Zentrum gegen Vertreibungen" versuchte, durch breit gestreute Unterstützer und einen international besetzten wissenschaftlichen Beirat die gesellschaftliche Zustimmung zu erhöhen, blieben dennoch Reserven gegenüber dem Vorhaben bestehen. Diese verbinden sich hauptsächlich mit dem Umstand, dass das Vorhaben grundsätzlich von der Interessengruppe des Bundes der Vertriebenen (BdV) betrieben wird, nicht zuletzt jedoch auch mit der Person der Stiftungsvorsitzenden Steinbach. In Bezug auf den BdV macht sich die bisherige Tradition des Umgangs mit den „Vertreibernationen" bemerkbar, da der Bund kaum je zu einer vorbehaltlosen Aussöhnung bereit war, sondern vielmehr Entschuldigungen und Entschädigungen von Polen und der Tschechoslowakei forderte bzw. die ausgesprochenen Entschuldigungen als nicht ausreichend zurückwies, sich mit der Anerkennung der Oder-Neiße-Grenze immer schwer tat und im Rahmen der EU-Erweiterung einen Beitritt Tschechiens an die Forderung der Rücknahme der Beneš-Dekrete band – unerfüllbar allein schon wegen der Art, in der diese Forderungen vorgebracht wurden. Hinter allen wortreichen Erklärungen von Gewaltverzicht und europäischer Einheit standen handfeste Interessen und Forderungen nach Rückkehr(-recht), Heimat- und Volksgruppenrechten. Damit schlossen sich die Vertreter des BdV vom europäischen Verständigungs- und Versöhnungsdiskurs aus, der nicht anders funktionieren konnte als auf der Basis der Anerkennung der Tatsachen und des Verzichts auf ausgesprochene oder unausgesprochene Revisionsforderungen. Erika Steinbach trug darüber hinaus mit verschiedenen Äußerungen, auch gerade auf Reisen in Polen, zu dieser mangelnden Glaubwürdigkeit der Vertriebenenorganisation bei. Der Höhepunkt dieser zweischneidigen Erinnerungspolitik bedeutete die Gründung und das Vorgehen der „Preußischen Treuhand", die von führenden Funktionären des BdV und einzelnen Landsmannschaften zur juristischen Durchsetzung von Entschädigungsforderungen betrieben wird.[19] Dies löste wiederum heftige Reaktio-

---

17 Vgl. den Aufruf sowie die Unterschriftenliste auf der Website Markus Meckels, URL: <http://www.markusmeckel.de> und der Aufruf: <http://www.markusmeckel.de/pdf2/zentrumvertreibung/aufruf-europaeisches-zentrum-gegen-vertreibungen.pdf> [20.6.2005].
18 Vgl. auch die Auflistung im Beitrag von Troebst in diesem Band; für die Diskussion vgl. auch die von Friedhelm Boll erstellte Dokumentation der Debatte: Geschichte als Politikum. Ein europäisches Netzwerk gegen Vertreibungen, Bonn 2004 (MS).
19 Die 2001 gegründete GmbH & Co. trägt Unterlagen für Sammelklagen zusammen und wird von führenden BdV-Funktionären geleitet.

nen in Polen aus, wo nun Reparationsforderungen erhoben werden.[20] Den Gipfelpunkt einer aufgeregten politischen Debatte stellte eine geschmacklose Karikatur in der polnischen Zeitschrift *Wrpost* dar, in der eine als SS-Domina verkleidete Steinbach auf dem Rücken Gerhard Schröders reitet, Titel: „Das deutsche trojanische Pferd".[21]

Eine innenpolitische Instrumentalisierung in den jeweiligen nationalen Debatten ist nicht von der Hand zu weisen[22], doch bringt ein derartiger Verweis die Diskussion in der Sache nicht einen Schritt vorwärts. Vielmehr weisen auch die schrillsten Töne dieser Debatte auf reale Kerne: die den deutsch-osteuropäischen Beziehungen zugrunde liegende, auf leidvollen Erfahrungen beruhende Emotionalität einerseits, aber auch unterschiedliche juristisch-politische Vorstellungen andererseits.[23]

Trotzdem hat die Diskussion um das „Zentrum gegen Vertreibungen" zu einer offensiveren Auseinandersetzung mit dem Thema geführt und damit sicherlich eines der Ziele der Stiftung erreicht, nämlich die Vertreibung der Deutschen als Teil des deutschen Selbstverständnisses zu diskutieren. Die Stiftung publizierte schließlich ihr Konzept einer Dauerausstellung. Es wurde zunächst in der Öffentlichkeit kritisiert; die Fachöffentlichkeit folgte mit Zeitverzögerung.[24] Die Kritik betraf zunächst und vor allem den Entwurf für ein solches Zentrum, das ja gleichzeitig Forschungsstelle, Museum, Gedenkstätte und ritueller Erinnerungsraum werden sollte. Ging man bei

---

20 Das polnische Parlament, der Sejm, forderte in einer Entschließung am 10. September 2004 die Regierung auf, weitere Reparationszahlungen an Deutschland zu stellen. Vgl. den Wortlaut der Erklärung in deutscher Übersetzung (dpa) in der Welt vom 13.9.2004 (Der polnische Beschluss zur Kriegsentschädigung im Wortlaut) und den Beitrag von Gerhard Gnauck, Polens Parlament verlangt deutsche Reparationen, Die Welt vom 11.9.2004; vgl. auch Gabriele Lesser, Neue Fronten an der Oder, taz vom 13.9.2004; Trübung der deutsch-polnischen Klimas, Neue Zürcher Zeitung vom 13.9.2004; Severin Weiland, Warum Frau Brodacka Deutschland verklagt, Spiegel Online vom 10.9.2004, URL: <http://www.spiegel.de/politik/ausland/0,1518,317371,00.html>.
21 Wrpost, September 2003. Für die Debatte in Polen vgl. Pawel Lutomski, The Debate About a Center Against Expulsion: An Unexpected Crisis in German-Polish Relations?, in: German Studies Review 27 (2004), S. 449–468, hier S. 449–457.
22 Lutomski meint, dass die polnischen Politiker und Medien sich lieber alter Vorurteile bedienten, statt sich ernsthaft mit dem Wandel der politischen Kultur in Deutschland auseinanderzusetzen. Vgl. Lutomski, The Debate About a Center Against Expulsions, S. 457–468.
23 Vgl. dazu für Polen die Untersuchung des ehemaligen polnischen Botschafters in Deutschland, Jerzy Kranz, Polen und Deutschland: getrennte oder gemeinsame Wege der Geschichtsbewältigung? Juristisch-politische Bemerkungen aus polnischer Sicht, Bonn 2005, auch im Internet abrufbar, URL: <http://library.fes.de/pdf-files/historiker/02971.pdf>.
24 Vgl. als Auswahl zur öffentlichen Wahrnehmung in Feuilleton und Fachwissenschaft: Jörg Lau, Blühende Museumslandschaften. Der Bund fördert die Kultur der Vertriebenen mit Millionen – zum Hintergrund des Denkmalstreits, Die Zeit 40/2003; Philipp Ther, Erinnern und aufklären. Zur Konzeption eines Zentrums gegen Vertreibungen, in: Zeitschrift für Geschichtswissenschaft 51 (2003), S. 36–41. Das gesamte Heft der Zeitschrift ist dem Thema Vertreibungen gewidmet und steht auf der Webseite des Verlags zum Download bereit, URL: <http://www.metropol-verlag.de/_ftp/zfg_01_2003.pdf> [3.7.2005].

der ersten Konzeption noch davon aus, in den Mittelpunkt der Gedenkstätte eine Rotunde zu bauen, bei der kreisförmig des Schicksals aller Landsmannschaften gedacht werden sollte, so wurde diese Konzeption unter dem Eindruck der öffentlichen Kritik zwar noch nicht grundlegend, aber in Ansätzen geändert und die Überlegungen zur Rotunde wohl zunächst zurückgestellt.[25] Die deutsch-zentrierte Konzeption ließ kein Verständnis dafür aufkommen, dass das Vertreibungsgeschehen des 20. Jahrhunderts weit über die deutsche Dimension hinausging, was im Modell der Rotunde der deutschen Landsmannschaften aber wohl kaum darstellbar ist. Daher wird von den Verantwortlichen des Zentrums nun zunächst eine Ausstellung geplant, bei der nichtdeutsche Vertriebene, vor allem der Genozid an den Armeniern 1915, im Vordergrund stehen sollen. Auch in der alten Konzeption war an die Repräsentanz nichtdeutscher Vertriebenengruppen in der Form von kleinen Wechselausstellungen gedacht. Gerade das Festhalten am deutsch-zentrierten Rotundenentwurf lässt darauf schließen, dass die immer wieder behauptete europäische Konzeption nur ein Nebenaspekt ist, ein sprachlich-politisches Beiwerk. Wissenschaftliche Beobachter deuten das strikte Festhalten der Stiftung an ihrem Konzept als Versuch, ihre Idee ohne wesentliche Beteiligung ausländischer Experten – von einzelnen, meist nicht auf dem Fachgebiet arbeitenden Forschern abgesehen – durchzusetzen.[26] Anlässlich mehrerer Tagungen, die zwischen Dezember 2002 und Sommer 2003 stattfanden, erklärten Vertreter des Bundes der Vertriebenen (BdV) immer wieder, ihr Konzept für eine europäische Perspektive öffnen zu wollen, eine qualitativ relevante Zusammenarbeit mit den an diesen Tagungen beteiligten Historikerinnen und Historikern lehnten sie jedoch strikt ab.[27] Renommierte Fachleute z. B. aus der deutsch-polnischen Historikerkommission, aus der Gemeinsamen deutsch-polnischen Schulbuchkommission oder aus vergleichbaren Einrichtungen der deutsch-tschechischen Kooperation finden sich daher nicht im Beirat des „Zentrums gegen Vertreibungen". Anlässlich einer im Frühsommer an der Viadrina-Universität in Frankfurt/Oder statt-

---

25 Vgl. den Internetauftritt der Stiftung, URL: <http://www.z-g-v.de> und das dort eingestellte Konzept <http://www.z-g-v.de/aktuelles/?id=49> [16.6.2005].
26 Dem Beirat gehören folgende Experten aus dem Ausland an: Rudolf Kucera, Politikwissenschaftler, Karlsuniversität Prag, Tschechien; Christoph Pan, Sozialwissenschaftler, Direktor des Südtiroler Volksgruppen-Instituts, Italien; Krisztián Ungváry, Historiker, Institut für die Erforschung der ungarischen Revolution 1956, Budapest, Ungarn; Alfred-Maurice de Zayas, Völkerrechtler und Generalsekretär des PEN-Club Genf, Schweiz; Zoran Ziletic, Historiker und Germanist, Serbien-Montenegro; Moshe Zimmermann, Direktor des Richard Koebner Center for German History; Hebräische Universität Jerusalem, Israel.
27 Vgl. die Dokumentation der entsprechenden Tagung in Darmstadt: Bingen/Borodziej/Troebst (Hrsg.), Vertreibungen europäisch erinnern? Einige Vertreter des Konzepts von E. Steinbach wollten nicht auf der im Band abgedruckten Teilnehmerliste der Darmstädter Tagung erwähnt werden.

gefundenen Tagung erklärten Vertreter/innen des Zentrums sinngemäß, dass der BdV die Deutungshoheit über die Vertreibungen nicht aus der Hand geben möchte. Dies zeigt auch die Neuauflage der sieben Bände zählenden „Dokumentation der Vertreibung der Deutschen aus Ost-Mitteleuropa", deren problematische Seiten in den letzten Jahren gut erforscht, aber nicht in die neuen Auflagen eingegangen sind.[28] Wenn der BdV es ernst meinte mit dem Anspruch der Vertriebenen auf Integration in die deutsche Gesellschaft und Anerkennung als Opfer, wäre eigentlich ein gesamtgesellschaftliches Projekt im Rahmen einer Ausstellung im Deutschen Historischen Museum Berlin folgerichtig, wie Karl Schlögel in seinem Beitrag in diesem Band vorschlägt.

Das Spannungsverhältnis zwischen nationalstaatlichen Identitäten und einer nicht klar umrissenen europäischen Identität ist und bleibt die zentrale Herausforderung für die Entwicklung einer europäischen Perspektive auf Zwangsmigrationen im 20. Jahrhundert. Es ist inzwischen vielfach analysiert worden, dass die unterschiedlichen Ansichten und die umstrittenen Punkte in der Erinnerungspolitik nicht nur auf unterschiedlichen Diktaturerfahrungen in West- und Osteuropa beruhen, sondern auch auf der Entwicklung nach dem Ende des Kalten Krieges. Waren in den osteuropäischen Ländern die nationalen Identitäten seit 1945 weitgehend unterdrückt oder nur in einer spezifischen, in die sowjetische Deutung eingefügten nationalen Identität zugelassen, so entwickelte sich nach dem November 1989 schnell eine (re-)nationalisierende Selbstverständigung, die oftmals in einem sehr geringen Maße von den historischen Fachvertretern mitgestaltet wurde. Diese Sicht wurde im Laufe der Neunzigerjahre ergänzt durch eine zunehmend auf Europa als politisches Projekt fokussierte Politik, die das gerade neu gewonnene nationale Selbstverständnis erneut herausforderte und zeigte, wie sehr die Vergangenheitspolitik einen offenen Kampfplatz darstellt. Dieser Herausforderung wurde durch den Versuch, die Mitte Europas neu zu definieren, begegnet, genauso wie in verschiedenen Ländern im Osten Europas unterschiedliche Umgangsweisen gegenüber belasteten Geschichtsphasen entstanden.[29] Während sich für Deutschland und im Folgenden für ganz

---

28 Vgl. zur Problematik dieser Dokumentation Mathias Beer, Im Spannungsfeld von Politik und Zeitgeschichte. Das Großforschungsprojekt „Dokumentation der Vertreibung der Deutschen aus Ost-Mitteleuropa", in: Vierteljahreshefte für Zeitgeschichte 46 (1998), S. 345–389; Dokumentation der Vertreibung der Deutschen aus Ost-Mitteleuropa, bearb. von Theodor Schieder, Bd. I/1-V, Bonn 1953–1961, Nachdruck 1984 und 2004.

29 Hier müssen unterschiedliche Umgangsweisen und Geschwindigkeiten der verschiedenen Länder konzediert werden, die hier aufgrund der knapp zu haltenden Einleitung nicht im Einzelnen beschrieben werden können. Vgl. für die Geschichtspolitik in verschiedenen Ländern (Süd/Mittel-)Osteuropas: Christoph Cornelißen/Roman Holec/Jiří Pešek (Hrsg.), Diktatur – Krieg – Vertreibungen. Erinnerungskulturen in Tschechien, der Slowakei und Deutschland, Essen 2005; Stefan Troebst, „Was

Westeuropa in den letzten drei Jahrzehnten das Gedenken an den Holocaust als negativer ‚Gründungsmythos' der modernen Zivilgesellschaft konstituierte und als Kern einer zivilen, friedlichen Gesellschaft universalisiert wurde, liegt die Betonung der osteuropäischen Länder in dieser Hinsicht vor allem auf der kommunistischen Diktaturerfahrung.[30] Das „Zentrum gegen Vertreibungen" wird in Deutschland und anderen Ländern Westeuropas als Herausforderung des Stellenwerts der Shoa gesehen, ob das Zentrum dies nun bezweckt oder nicht – die Wahrnehmung entscheidet. Darum kann auch ein noch so ehrlich gemeintes Angebot der „Empathie" missverstanden und als genau das Gegenteil dessen, was gemeint war, wahrgenommen werden.[31] In diesem Sinne einer „umkämpften Vergangenheit"[32] werden sowohl die räumliche Positionierung des geplanten Zentrums in mittelbarer Nachbarschaft zum Holocaust-Mahnmal wie auch das Bildprogramm der Erinnerung interpretiert.[33] Öffentliches Gedenken ist soziale Praxis und „zeremonialisierte Kommunikation über die Vergangenheit"[34], deren Vollzug ein „Medium kollektiver Selbstverständigung" darstellt und auf die Transformation von Erinnerung zu aktuellen Handlungsprämissen zielt bei gleich-

---

für ein Teppich?" Postkommunistische Erinnerungskulturen in Ost(Mittel)Europa, in: Volkhard Knigge/Ulrich Mählert (Hrsg.), Der Kommunismus im Museum. Formen der Auseinandersetzung in Deutschland und Ostmitteleuropa, Köln/Weimar/Wien 2005 (i. E.); Ulf Brunnbauer (Hrsg.), (Re)Writing History. Historiography in Southeast Europe after Socialism, Münster 2004; Alojz Ivaniševic u. a. (Hrsg.), Klio ohne Fesseln? Historiographie im östlichen Europa nach den Zusammenbruch des Kommunismus, Frankfurt/Main 2003; Andrea Corbea-Hoisie/Rudolf Jaworski/Monika Sommer (Hrsg.), Umbruch in Osteuropa. Die nationale Wende und das kollektive Gedächtnis, Innsbruck u. a. 2004. Vgl. weiterhin für einzelne Nationen und die Rolle der Zwangsmigrationen für Erinnerungskulturen in Europa auch den Bericht zur Tagung „Transformation der Erinnerungskulturen?" des Forschungsinstituts Arbeit Bildung Partizipation e. V., Institut an der Ruhr-Universität Bochum, in Kooperation mit der Stiftung Aufarbeitung der SED-Diktatur am 21.–24. Februar 2005 in Recklinghausen von Christoph Thonfeld im HSozKult, 23.3.2005, URL: <http://hsozkult.geschichte.hu-berlin.de/tagungsberichte/id=741>; vgl. auch den Beitrag Rüdiger Ritters auf des Tagung „Die europäische Dimension von Geschichtspolitik" des Arbeitskreises „Politik und Geschichte" der Deutschen Vereinigung für politische Wissenschaft in Kooperation mit der Forschungsstelle für Zeitgeschichte am 17./18. Juni 2005 – vgl. dazu den Tagungsbericht von Werner Tschacher im HSozKult, 4.8.2005, URL: <http://hsozkult.geschichte.hu-berlin.de/tagungsberichte/id=840>.
30 Vgl. für die Universalisierung des Gedenkens Daniel Levy/Natan Sznaider, Erinnerung im globalen Zeitalter. Der Holocaust, Frankfurt/Main 2001; für die Bezugnahme der europäischen Identität auf den Holocaust vgl. Dan Diner, Gedächtniszeiten. Über jüdische und andere Geschichten, München 2003.
31 Im Sommer 2004 startete eine Veranstaltungsreihe in Berlin unter dem Titel „Empathie – der Weg zum Miteinander" ausgerechnet zur Jahrestag des Warschauer Aufstandes und befeuerte von Neuem die Debatte. Vgl. Polen entsetzt über Vertriebenengedenkfeier, taz vom 21.7.2004; Text und Subtext, Frankfurter Rundschau vom 21.7.2004.
32 Petra Bock/Edgar Wolfrum (Hrsg.), Umkämpfte Vergangenheit, Göttingen 1999.
33 Vgl. hierzu den Beitrag von Heidemarie Uhl in diesem Band. Für die Frage nach einem kanonisierten Bildprogramm einer europäischen Identität vgl. Susanne Popp, Auf dem Weg zu einem europäischen „Geschichtsbild", in: Aus Politik und Zeitgeschichte B 7–8/2004, S. 23–31.
34 So definiert es Harald Welzer, Das soziale Gedächtnis, in: ders., Geschichte, Erinnerung, Tradierung, Hamburg, S. 9–24.

zeitiger Möglichkeit, dass verschiedene Gruppen unterschiedliche Schlüsse daraus ziehen können. Damit gehört in der demokratischen Gedenkkultur die Koexistenz verschiedener Initiativen zur Selbstverständlichkeit.[35] Jedoch reibt sich diese Vorstellung mit dem Bemühen der BdV-geführten Stiftung, staatliche Schützenhilfe für ein Projekt zu erhalten, das ein partikulares Selbstverständnis ausdrückt. Da die Erfahrung der Vertreibung der Deutschen aus Osteuropa zu den zentralen Erfahrungen für die Geschichte der Bundesrepublik und der DDR gehört, die bis jetzt und auf nicht absehbare Zeit einen wichtigen Ort in der Erinnerung der deutschen Gesellschaft einnehmen werden, sollte das Thema nicht dieser einen Gruppe überlassen bleiben, sondern in einem tatsächlich der Integration verpflichteten Ansatz umfassend umgesetzt werden.

3. Ein Netzwerk

Es erwies sich auf der erwähnten Bonner Tagung, dass das Thema der Vertreibungen historisch inzwischen an vielen Stellen aufgearbeitet ist und die weißen Flecken der Forschung allmählich verschwinden.[36] Vielfältige Projekte der deutsch-polnischen und der deutsch-tschechischen Historikerkommissionen haben erwiesen, dass grenzüberschreitende Forschung zum Thema Vertreibungen möglich und sogar außerordentlich ertragreich ist.[37] Gerade in der Historikerzunft ist die Überzeugung weit verbreitet, dass diese historisch belastete Geschichte auch grenzüberschreitend bearbeitet werden kann und in dieser Weise auch aufgearbeitet werden sollte. Selbstverständlich werden gerade im geschichtspolitischen Bereich unterschiedliche Sichtweisen bestehen bleiben. In verschiedenen Vorträgen der Bonner Tagung wurde deutlich, welche große Vielfalt von gut funktionierenden lokalen, grenzüberschreitenden Initiativen es bereits gibt. Oft wissen diese auf private Initiativen zurückgehenden Ansätze nichts voneinander. Es käme also darauf an, für diese Initiativen in einem Netzwerk – wie der Name besagt – Kontakte herzustellen und Austauschmöglichkeiten zu schaffen, sie insgesamt in die Lage zu versetzen, sich Wissen über die anderen Initiativen zu verschaffen. Darüber hinaus scheint es sinnvoll und notwendig, generell alle

---

35 Insa Eschebach, Öffentliches Gedenken. Deutsche Erinnerungskulturen seit der Weimarer Republik, Frankfurt/Main/New York 2005, S. 9 ff., Zitat S. 9.
36 Vgl. z. B. Benjamin Frommer, National Cleansing. Retribution Against Nazi Collaborateurs in Postwar Czechoslovakia, New York 2005.
37 Vgl. die mehrbändige Dokumentation Włodzimierz Borodziej/Hans Lemberg (Hrsg.), „Unsere Heimat ist uns ein fremdes Land geworden…" Die Deutschen östlich von Oder und Neiße 1945–1950. Dokumente aus polnischen Archiven, Marburg 2000–2004. Seit 2004 wird in deutsch-tschechischer Kooperation an einer Dokumentation gearbeitet, vgl. dazu die Liste im Beitrag von Tomáš Kafka.

vorhandenen Initiativen (zivilgesellschaftliche Gruppen, Städtepartnerschaften, Museen, Forschungseinrichtungen etc.) miteinander ins Gespräch zu bringen und zu vernetzen. Die Entwicklung eines solchen Netzwerks ist nicht vorherseh- oder gar steuerbar, aber das genau ist das Programm: Von unten, unter Verzicht auf nationale „Meistererzählungen" und regierungsamtliche Kommissionen, ist eine eigene Entwicklung möglich, die im besten Fall einen europaweiten Austausch vollzieht und dabei über ihre Kommunikation eine europäische Identität von unten aufbaut oder sogar praktisch vollzieht. Das wissenschaftliche Netzwerk, das sich in Bonn konstituierte, möchte mit der Bonner Erklärung einen symbolischen Anfang machen und mit gutem Beispiel vorangehen.

Dass nationale und europäische Sichtweisen auf die Vergangenheit miteinander konkurrieren und umkämpft sind, zeigte sich auch in den Diskussionen der Tagung. Auch in den Diskussionen war die „ungerufene Erinnerung" (Ulrich Raulff) zu verspüren, die sich in den Themen Flucht und Vertreibung, Bombenkrieg und Vergewaltigung in den letzten Jahren zu einem neuen deutschen Opferdiskurs verdichtet hat, der in den anderen europäischen Ländern teilweise verwundert oder mit Unverständnis aufgenommen wurde.[38] So spiegelte sich zumindest streckenweise die gesellschaftspolitische Debatte darüber wider. Es stellte sich heraus, dass noch umfangreiche und komplexe Forschungsarbeiten notwendig sind, um die gesamte Problematik der Zwangsmigrationen und Vertreibungen in ihren Voraussetzungen, Ausprägungen und Folgen einigermaßen korrekt darzustellen. Vor allem scheint es notwendig, durch populärwissenschaftliche Darstellungen und vor allem in (schul-)didaktischen Handreichungen das Wissen zu verbreiten, da hier viele Vorurteile und oft Unkenntnis über Vorgänge und Zusammenhänge herrschen. Auf der Tagung stellte Mathias Beer die von ihm erstellte Lehrerhandreichung „Umsiedlung, Flucht und Vertreibung der Deutschen als internationales Problem. Zur Geschichte eines europäischen Irrwegs" zur Diskussion, um zu klären, ob sie europaweite Gültigkeit besitze und auch den Forschungsstand widerspiegele.[39] Sie erwies sich als eine durchaus geeignete Darstellung, auch wenn noch einige Kritik an dem Text geäußert wurde.[40]

---

38 Das Thema fand Eingang in unterschiedliche Publikationen. So stand das erste Heft 2005 der Central European History unter dem Thema: Germans as Victims during the Second World War.
39 Vgl. [Mathias Beer], Umsiedlung, Flucht und Vertreibung der Deutschen als internationales Problem. Zur Geschichte eines europäischen Irrwegs, hrsg. v. Haus der Heimat des Landes Württemberg 2002.
40 Diese Anmerkungen spiegeln sich auch teilweise in den Beiträgen dieses Bandes wider, vgl. den Beitrag Gert von Pistohlkors'.

4. Zum Inhalt des Sammelbandes

Der vorliegende Band vereinigt vielfältige Beiträge – Forschungsergebnisse, thesenartige Essays und Kommentare – mit ganz unterschiedlichen Perspektiven. Werden zunächst die Beiträge mit übergreifender Perspektive gebündelt, folgen in drei weiteren Teilen Beiträge nach regionaler Gliederung.

Ganz am Anfang steht das Ergebnis der Tagung, die „Bonner Erklärung", mitsamt einer Liste der Unterzeichner. Auf sie folgen zwei Beiträge von Stefan Troebst und Bernd Faulenbach, die zum Teil während der Tagung verfasst wurden und die Grundlage für die Abschlusserklärung bildeten.[41]

Diesem dokumentarischen Teil folgen Beiträge mit einer übergreifenden Perspektive auf Zwangsmigration im 20. Jahrhundert. Hier stehen Fragen nach der europäischen Dimension der Erinnerung und der didaktischen/ musealen Aufbereitung im Mittelpunkt.

Zunächst erklärt Karl Schlögel, wie denn eine „europäische Erinnerung an Umsiedlung und Vertreibung aussehen könnte". Für ihn besteht die Hauptaufgabe in der Rekonstruktion dessen, was passiert ist – die „Erzählungen" müssten in Gang gebracht werden. Nur ein offener Umgang mit den unterschiedlich geprägten Vergangenheiten der Orte und eine beruhigte, von der Tagespolitik losgelöste Betrachtungsweise könnten zu einer Aufarbeitung der Geschehnisse beitragen.

Dass dies ein schwieriges Unterfangen in der Arena der Öffentlichkeit ist, zeigt Heidemarie Uhl in ihrem Beitrag über die Ikonografie der Vertreibung. Durch den massiven Einsatz eines spezifischen Bildprogramms in der Öffentlichkeit lässt sich eine Verschiebung des Erinnerungsdiskurses an die Opfer des Zweiten Weltkriegs und des Nationalsozialismus feststellen; die Vertreibungen werden bildlich in die Nähe des Holocaust gestellt und damit die dominierende Stellung der Judenvernichtung in der Erinnerungskultur in Frage gestellt.[42]

Demgegenüber widmet sich Peter Haslinger der Frage, wie Umsiedlung und Vertreibung didaktisch aufbereitet werden können. Er weist insbesondere auf die auch für die wissenschaftliche Aufarbeitung schwierige Frage der Kategorienbildung hin: Wenn man die Geschichte der zwangsweise Umgesiedelten beleuchtet, ist zu fragen, wie man damit umgeht, dass die Definition dieser Gruppen von den Tätern vorgenommen wurde und sich damit erneut durchsetzt? Eigentlich gelte es, eben diese Kategorien als Kon-

---

41 Der Beitrag von Stefan Troebst lag als „papier martyr" auf der Tagung vor, während Bernd Faulenbach seinen Beitrag als Zusammenfassung der Tagungsdiskussion während der Tagung erstellte.
42 Vgl. für das Bildprogramm des Holocaust dagegen: Cornelia Brink, Ikonen der Vernichtung. Öffentlicher Gebrauch von Fotografien aus nationalsozialistischen Konzentrationslagern nach 1945, Berlin 1998.

strukte einer politischen Instrumentalisierung zu dechiffrieren. Den zweiten sensiblen Punkt einer didaktischen Bearbeitung macht Haslinger in der komparativen Perspektive aus: Welche Aspekte soll und kann man sinnvoller Weise miteinander vergleichen, wo liegen die Vergleichsachsen?

Hierauf hat auch Thomas Serrier keine Antwort, aber er bietet Vergleichsaspekte aus der französischen Geschichte an, die dazu dienen könnten, sich dem Thema der Vertreibung aus einer gesellschaftshistorischen Sicht zu nähern, wenn er auf die „vergessene" Vertreibung der Deutschen aus dem Elsass und auf die Beziehungsgeschichte Frankreichs zu Nordafrika verweist.

Hermann Schäfer, Präsident des Hauses der Geschichte in Bonn, berichtet in seinem Beitrag über die Vorbereitungen zur Ausstellung „Flucht, Vertreibung und Integration", die im Dezember 2005 eröffnet wird. Diese Ausstellung wird die erste umfassende Ausstellung in der Republik sein, die die Vertreibung wie auch die Integration der Vertriebenen in die west- und ostdeutsche Gesellschaft museal aufbereitet.[43]

Den ersten Teil des Bandes rundet der Beitrag Wolfgang Höpkens zur Thematisierung der Zwangsmigration in deutschen Schulbüchern ab, indem er die Frage der Thematisierung mit generellen Fragestellungen zu Kontextualisierung, didaktischer Aufbereitung und Rezeption durch verschiedene Schülergruppen verbindet.

Die drei folgenden Teile sind regional gegliedert. Die Beiträge im ersten Abschnitt befassen sich mit Zwangsmigration in der ost-/nordosteuropäischen Region. Claudia Kraft beschreibt in ihrem Beitrag die „regionalen Institutionen und Initiativen der Aufarbeitung und des Gedenkens in Polen". Sie macht eine große Vielfalt lokaler und regionaler Ansätze aus, die sich (noch) vereinzelt auch in internationalen Zusammenhängen entwickeln. Die Rekonstruktion von Lebensgeschichten und deren baulicher Ausdruck stehen häufig im Zentrum der Initiativen, die sich oft explizit dem Ziel der Aussöhnung widmen und dazu Kontakte zwischen deutschen Vertriebenen und (ebenfalls vertriebenen) Polen herstellen und ausbauen: Aussöhnung findet vor Ort zwischen den Menschen statt. Diese Initiativen sollten gestärkt und ein Austausch untereinander gefördert werden.

Dieser Schlussfolgerung stimmt auch Pawel Machcewicz, der stellvertretende Direktor des polnischen Instituts der nationalen Erinnerung (IPN), zu. Er beschreibt seine Idee eines Netzwerks, dass sich s. E. nicht allein mit Zwangsmigration, sondern in erster Linie mit den Bedingungen dieser Vorgänge, den zwei Totalitarismen des Jahrhunderts, widmen sollte. Nur durch

---

43 Vgl. auch Homepage des Hauses der Geschichte, URL:<http://www.hdg.de>.

die starke Einbindung der nationalsozialistischen und der sowjetischen Diktatur in die Darstellung hält er eine angemessene Kontextualisierung für möglich.

Krzysztof Ruchniewicz nimmt sich der Entwicklung der Schulbuchrevisionen seit den Siebzigerjahren an und arbeitet die mangelhafte Darstellung der Vertreibungen in polnischen Schulbüchern heraus.

Gert von Pistohlkors beschreibt die Bedingungen, unter denen die Umsiedlung der Baltendeutschen stattfand. Er betont, wie sehr sich die Situation in den baltischen Ländern von der in den ehemaligen ostdeutschen Gebieten unterschied.

Aus der tschechischen Sicht werden skeptische Töne angeschlagen. Tomáš Kafka, Geschäftsführer des Deutsch-tschechischen Zukunftsfonds, beschreibt die Aussöhnungsbemühungen als einen harten „Ringkampf", bei dem Aufarbeitung zum „Leistungssport" gerät. Dennoch stellt er auch positive Ansätze heraus, wenn er im Anhang einige der lokalen oder regionalen wie auch wissenschaftlichen Ansätze zur Aufarbeitung beschreibt.

Detlef Brandes und Jiří Pešek stellen demgegenüber in ihrem Thesenpapier die Bedingungen und Umstände der Vertreibung der Deutschen aus den tschechischen Gebieten heraus. Ihr Papier leistet damit einen Beitrag zur Aufklärung über die mystifizierten Beneš-Dekrete.

Ebenfalls der Aufklärung verpflichtet hat sich der englischsprachige Beitrag des slowakischen Soziologen Miroslav Kusý. Er beschreibt das Schicksal der Ungarn in der Slowakei nach dem Ende des Zweiten Weltkriegs und den Umgang in der slowakischen Gesellschaft damit.

Edita Ivaničková kommt in ihrem Beitrag zum Umgang mit dem Thema „Vertreibung und Aussiedlung in der slowakischen Gesellschaft und der Historiografie nach 1989" zu dem Schluss, dass in der Slowakei die „ungarische Frage" die Frage nach der Verarbeitung der Vertreibung der Deutschen bislang überdeckt habe. Sie konstatiert für die slowakische Gesellschaft insgesamt einen gespaltenen Umgang mit Zwangsmigration nach dem November 1989, der auf die Beziehung zum tschechischen Teil der zuvor gemeinsamen Republik und die (Re-)Nationalisierung der eigenen Geschichte zurückzuführen sei und der bislang zu keiner zufrieden stellenden Auseinandersetzung mit dem Thema geführt habe.

Für den südosteuropäischen Raum dominieren Beiträge zu Ungarn. Ágnes Tóth, Krisztián Ungváry und Éva Kovács beschäftigen sich mit der Frage nach der Aufarbeitung der Vertreibungen in Ungarn. Während Ágnes Tóth auf die Entwicklung des Erinnerungsdiskurses seit den Fünfzigerjahren schaut und dabei feststellt, dass die Aufarbeitung der Vertreibung zumindest auf fachwissenschaftlicher Seite schon früh begann, aber bis heute trotz ermutigender Beispiele lokaler Aufarbeitung eher zweischneidig gehandhabt wurde, konstatiert Krisztián Ungváry ein klares Defizit. Allerdings schaut Ungváry hauptsächlich auf die nationale Ebene des Gedenkens, die er als nationale Erinnerungskultur versteht. Er folgt in seiner Analyse dem Ansatz, dass Deutschland grundsätzlich eine Vorbildfunktion in Sachen Aufarbeitung zukomme, die das Land akzeptieren und in Form einer zentralen Ausstellung des „Zentrums gegen Vertreibungen", das er unterstützt, umsetzen müsse. Indem Ungváry zugunsten einer rein staatlichen Erinnerungskultur argumentiert, wird der plurale, gesellschaftliche Charakter einer demokratischen Erinnerungskultur ausgeblendet. Auf diese Weise wird die Möglichkeit eröffnet, Aufarbeitung und Aussöhnung auf einer rein nationalen Ebene zu erörtern, obwohl sich gerade daraus in Bezug auf das „Zentrum", sollte es staatliche Unterstützung erhalten, zwischenstaatliche Probleme ergeben könnten. Diese Einwände lehnt Ungváry jedoch mit dem Hinweis auf nationale Selbstbestimmung und die Notwendigkeit der Einbindung eines selbstbewussten Deutschlands ab.

Im folgenden Beitrag beschäftigt sich Éva Kovács mit der Frage, inwiefern eine neue nationale Selbstverständigung durch eine spezifische historische Verarbeitung der beiden Totalitarismen in Ungarn zustande kommt. Ausgehend von der These der Universalisierung des Holocaust als Amerikanisierung der Erinnerung, probt sie die Übertragung auf die ungarische Erinnerungskultur.

Dass diese Fragestellung auch für andere Regionen bzw. Länder gilt, zeigt Marina Cattaruzza in dem abschließenden Essay. Sie verweist darauf, dass die Wissenschaftler der westlichen Hemisphäre auf den Spuren einer neuen, noch nicht ausgeformten „Meistererzählung" seien. Sie analysiert die Suchbewegungen in allen Ländern Europas als eine länger andauernde Transformationsphase mit offenem Ausgang. Derweil sei die Erinnerungskultur eingebunden in eine ganz aktuelle Erinnerungspolitik, die sich als Kampfplatz der gesellschaftlichen Selbstverständigung und in vielen Fällen der nationalen Selbstvergewisserung darstelle.

Auf diesem Wege werden alle Facetten der Beschäftigung mit dem Thema Vertreibung in diesem Band aufgegriffen: Der Bogen wird gespannt von der Beobachtung und den eigenen Erfahrungen als Historiker in der Arena der Erinnerungspolitik über die wissenschaftliche Bearbeitung und didaktisch/museale Aufarbeitung bis hin zur Begleitung der lokalen Initiativen.

5. Europäisierung und Erinnerungskultur

Hier nun stellt sich die Frage, was „Europäisierung" in Bezug auf die Erinnerungskultur in Europa überhaupt bedeuten kann. Oft wird unter dem

Stichwort der Europäisierung eine Vereinheitlichung verstanden, die mit einer Missdeutung als Homogenisierung oder Gleichmachung einhergeht.⁴⁴ Die verschiedenen Geisteswissenschaften und die allgemeine Debatte in den Feuilletons bieten verschiedene Möglichkeiten der Interpretation, was „Europäisierung" eigentlich meint, an. Stellt sie in den Politikwissenschaften eine Form der Bezugnahme dar, ein Eindringen europäischer Politik in die nationalen und regionalen Politiken und eine Verankerung in ihnen, mit einer dauerhaften Präsenz und Einflussnahme einhergehend⁴⁵, kann man diese Bezugnahme in der historischen Forschung auch als verstärke und verdichtete Kommunikation verstehen, als diskursive Zusammenhänge, die Grenzen überschreiten. In der Zeitgeschichte lautet das Stichwort „Westernisierung". Darunter wird ein Wandel mentaler Dispositionen durch einen dauerhaften (auf Gegenseitigkeit beruhenden) Austausch kultureller, sozialer und wirtschaftlicher Art verstanden, der sich in Westdeutschland vor allem durch eine Akzeptanz und „Aneignung" der westlichen Vorstellungen einer parlamentarischen Demokratie ausdrückt; eine weniger differenzierte Variante wird unter dem *Label* der „Amerikanisierung" diskutiert.⁴⁶ Jedoch fehlt es noch an methodischer und theoretischer Präzision in der Zeitgeschichte. Dies wird schon lange als Desiderat beklagt, nun aber unter den Vorzeichen der „Europäisierung der Zeitgeschichte" bearbeitet.⁴⁷

Ganz ähnlich würde in der alltagsgeschichtlichen Dimension argumentiert werden. Die Alltagsgeschichte setzt auf die Erfahrungen der Menschen

---

44 Vgl. zu dieser Fehlinterpretation auch Michael Jeismann, Völkermord und Vertreibung. Medien der Europäisierung?, in: Historische Anthropologie 13 (2005), S. 111–120, hier S. 118.
45 Vgl. als Beispiele für das boomende Feld der „Europäisierung" in der Politikwissenschaft Hermann K. Richard/Thomas Risse/Marylinn B. Brewer (Hrsg.), Transnational Identities: Becoming European in the EU, Lanham 2004; Kevin Featherstone/Claudio M. Radaelli (Hrsg.), The Politics of Europeanization, Oxford 2003; Maria Green Cowles/Tanja A. Börzel (Hrsg.), Transforming Europe. Europeanization and Domestic Change, Ithaca u. a. 2001.
46 Vgl. Anselm Doering-Manteuffel, Wie westlich sind die Deutschen?, Göttingen 2001; Julia Angster, Konsenskapitalismus und Sozialdemokratie. Die Westernisierung von SPD und DGB, München 2003. Dazu wird für Ostdeutschland parallel eine „Sowjetisierung" postuliert: Konrad H. Jarausch/Hannes Siegrist (Hrsg.), Amerikanisierung und Sowjetisierung in Deutschland 1945–1970, Frankfurt/Main 1997.
47 Vgl. dazu die in letzter Zeit erschienenen Beiträge: Konrad H. Jarausch, Zeitgeschichte zwischen Nation und Europa. Eine transnationale Herausforderung, in: Aus Politik und Zeitgeschichte, B 39/2004, S. 3–10 (überarbeitete Einführung zur Konferenz „Thinking Europe. Towards a Europeanization of Contemporary Histories" in Berlin/Potsdam, 6.–8. Mai 2004); Ute Frevert, Europeanizing German History, in: Bulletin of the German Historical Institute [Washington], 36/Spring 2005, S. 9–24; dies., Europeanizing Germany's Twentieth Century, in: History and Memory 6 (2004), S. 87–116. Dass das Thema Interesse findet und ihm eine Zukunft zugeschrieben wird, erkennt man auch daran, dass in den letzten Jahren gleich zwei neue Fachzeitschriften auf den Markt gekommen sind, die sich zum Ziel gesetzt haben, europäische Zeitgeschichte zu betreiben: Zeithistorische Forschungen/Studies in Contemporary History (2004) und das Journal of Modern European History/Journal de l'histoire européenne moderne (2003).

als das entscheidende Moment für die Wahrnehmung des „Anderen": Die Europäisierung des Alltags meint dann nichts anderes als die Präsenz und Selbstverständlichkeit Europas/anderer Länder im Alltag durch Reisen, Begegnungen und Wahrnehmungen durch Städtepartnerschaften, internationale Öffentlichkeit etc. – womit wiederum eine Verbindung zur ersten Definition herzustellen ist.

Diesem gesamten Definitionsspektrum ist gemein, dass bei all den eintretenden gesellschaftlichen Veränderungen die ‚Eigenheiten' nationaler Geschichte nicht ignoriert oder eingeebnet werden. Es geht demnach „nicht um Homogenisierung oder gar Harmonisierung der europäischen Geschichte, sondern um Kohärenzbildung und Relationierung von Geschichten, die Europäer gemacht haben."[48] Oder anders ausgedrückt: Es ist ein Blickwechsel von einem eindimensionalen, harmonisierenden Europabild zu einem Kontinent voll der Spannungsbilder: „Nicht nur der Fortschritt, sondern auch der Genozid [wie auch die Zwangsmigrationen im Europa des 20. Jahrhunderts, d. Verf.] ist das Produkt der europäischen Modernisierung, und besonders dieser Widerspruch begründet die Notwendigkeit des friedlichen Zusammenlebens durch den Versuch der Integration."[49]

Gleich dem komplementären Zugewinn, der bei neuen Kommunikationsformen durch neue Medien entsteht, verdrängen neuere Identifikationsangebote/Dimensionen der „Erzählung" nicht die älteren Identitäten/Dimensionen, sie überlagern und modifizieren sie vielleicht. Seit dem Ende des Kalten Krieges war zu beobachten, dass gleichzeitig mit einem verstärkten europäischen Aufbruch in Westeuropa eine Re-Nationalisierung der historischen „Erzählungen" in den osteuropäischen Staaten stattfand. Sie erlebten ihre gewonnene Souveränität nach 1990 ganz neu, so dass für sie die Loslösung von rein nationalen Vorstellungen zugunsten der Europäischen Union kein leichtes Unternehmen ist. Vor diesem Hintergrund der unterschiedlichen Erfahrungen im west- und osteuropäischen Raum wird deutlich, dass und wie die unterschiedlichen Identitäten zum Teil hart konfligieren. Das bedeutet jedoch nicht, dass sie sich von vornherein gegenseitig ausschließen.[50]

Europäisierung ist ein Prozess, der in den Rahmen der allgemein stattfindenden Globalisierung eingebettet ist, so dass die analytische Abgrenzung durch die ähnlichen Verdichtungsprozesse manchmal schwer fällt. Diese

---

48 Hannes Siegrist/Rolf Petri, Geschichten Europas. Probleme, Methoden und Perspektiven, in: Comparativ 14 (2004), S. 7–14.
49 Jarausch, Zeitgeschichte zwischen Nation und Europa, S. 10.
50 Vgl. für die Vorstellung der Zusammenwirkung verschiedener Ebenen: Michael Gehler, Zeitgeschichte im dynamischen Mehrebenensystem. Zwischen Regionalisierung, Nationalstaat, Europäisierung, internationaler Arena und Globalisierung, Bochum 2001.

eher diffusen Perspektiven zusammengenommen, ergeben zuweilen eine Europäisierung, deren Beschreibung manchmal eher einem Wunschprojekt als realen Prozessen in Europa ähnelt. Dennoch lassen sich einige Aspekte und Faktoren ausmachen, mit deren Hilfe sich Europäisierung konkretisieren und vor allem deren Analyse konzeptionell verbessern lässt.

Europäisierung bedeutet zunächst einmal mehr als die Nebeneinanderstellung nationaler Erzählungen. Wenn man sich die Aufarbeitung der erzwungenen Migration in Europa zum Ziel gesetzt hat, droht mit der Aufzählung der Akte der Zwangsmigration in Europa im 20. Jahrhundert eine Konkurrenz der Narrationen. In einer solchen Aufzählung wird die Vertreibung der Deutschen immer die größte Gruppe ausmachen, so dass einer Relativierung der Erfahrungen kleinerer Gruppen Vorschub geleistet werden könnte. Außerdem verbindet sich mit einer Aufzählung kaum ein Erkenntnisgewinn. Abgesehen von dem Verweis auf das gesamte Spektrum der Formen und Varianten des Themas als bekräftigende Aussage, dass Zwangsumsiedlung ein wichtiges Instrument der Politik des 20. Jahrhunderts darstellt, gewährt eine solche Darstellung kaum generelle Aussagekraft über das Thema. Auch die enge Verbindung mit der Entwicklung des Nationalstaats und seinen Vorstellungen von der Homogenität seiner Staatsbürger ist nur mit einigem Aufwand als jeweilige „Einzelerzählung" sinnvoll in diesem Zusammenhang zu vermitteln. Diese Fragen des Kontextes spielen eine Rolle für die kognitive Verarbeitung des Themas, nicht unbedingt für die affirmative. Hier bieten komparative Ansätze eine weiterführende Perspektive. Der Königsweg des Vergleichs versetzt Historiker in die Lage, in den Untersuchungen die Ähnlichkeiten, aber auch gerade die Besonderheiten der zwangsweisen Umsiedlung herauszuarbeiten, ohne eine Gewichtung nach Quantität o. Ä. vornehmen zu müssen.[51] Doch bleiben die Fragen nach den Variablen des Vergleichs offen – was soll eigentlich miteinander verglichen werden? Das Leiden sicherlich nicht, aber politische Kontexte und Kategorienbildungen, die die Konstrukte der Gruppendefinition zum Gegenstand der Analyse und die Zusammenhänge zwischen verschiedenen Politiken gegenüber unterschiedlichen (oder ähnlichen) Gruppierungen durch verschiedene Regierungen herausarbeiten können. Auf diese Weise werden die gegenseitige Beobachtung nationaler Regierungen und ihre mehr oder weniger impliziten Reaktionen aufeinander deutlich, somit ein anderer Blick auf

---

51 Vgl. als Plädoyer für einen solchen sozialstatistischen Ansatz in der kulturwissenschaftlichen Erweiterung durch diskurs- und ideengeschichtliche Vergleichsaspekte Heinz-Gerhard Haupt, Die Geschichte Europas als vergleichende Geschichtsschreibung, in: Comparativ 14 (2004), S. 83–97.

"internationale Beziehungen" zulässig, die einem stärker gesellschaftsgeschichtlichen Zugriff unterworfen würden.[52]

Mit dem Begriff der Bezugnahme ist ein erster zentraler Aspekt der Europäisierung angesprochen, den es näher zu untersuchen gilt: Wie sahen die Bezugnahmen der Nationen oder politischer Gruppierungen in Europa im 20. Jahrhundert aus? Einerseits zu begreifen als neuer Ansatz der internationalen Beziehungsgeschichte, stellt er gleichzeitig die Bedeutung des kommunikationsgeschichtlichen Ansatzes der Europäisierung gleich in mehrfacher Hinsicht heraus. Kommunikation ist generell als verbindendes wie trennendes Element zu verstehen, das über In- und Exklusion von Gruppen entscheidet und damit einen zentralen Analyseaspekt für Bedingungen und politische sowie gesellschaftliche Durchsetzung von Vertreibung darstellt. Darüber hinaus ist Bezugnahme, die immer auch kommunikativ zu fassen ist, als gesellschaftliches Verdichtungselement zwischen Gruppen und über Distanzen hinweg zu begreifen. Wie wurden Ansichten, Ideen und soziale/politische Verhaltensweisen transferiert? Hier lässt sich an transnationale Forschung anknüpfen, die an die historische Kulturtransferforschung anschließt und sie mit Ansätzen des internationalen Vergleichs verbindet.[53] Transnationale Forschung bedeutet nicht, dass die nationale und die regionale/lokale Dimension von Geschichte gegeneinander ausgespielt, sondern dass vielmehr die jeweilige Bedeutung der Ebenen für bestimmte Entwicklungen herausgearbeitet werden. Die Ausweitung dieses Ansatzes ist schon in vollem Gange und sollte auch auf Fragen der Bedingungen und Durchführung von Vertreibungen sowie auf die Entwicklung und Transformation von Geschichtsbildern angewendet werden, da sie eine Möglichkeit der Verbindung der verschiedenen Ebenen bietet und damit die Komplexität histo-

---

52 Einen solchen Anspruch formuliert: Eckart Conze/Ulrich Lappenküper/Guido Müller (Hrsg.), Geschichte der internationalen Beziehungen. Erneuerung und Erweiterung einer historischen Disziplin, Köln 2004.
53 Vgl. Michael Werner/Bénédicte Zimmermann (Hrsg.), De la comparaison à l'histoire croisée, Paris 2004; Philipp Ther, Beyond the Nation: The Relational Basis of a Comparative History of Germany and Europe, in: Central European History 36 (2003), S. 45–73; Jürgen Osterhammel, Transnationale Gesellschaftsgeschichte: Erweiterung oder Alternative?, in: Geschichte und Gesellschaft 27 (2001), S. 464–479; Klaus Kiran Patel, Überlegungen zu einer transnationalen Geschichte, in: Zeitschrift für Geschichtswissenschaft 52 (2004), S. 645–675; außerdem vgl. die Artikelserie „Transnationale Geschichte", in: HSozKult, seit dem 12.1.2005, URL: <http://hsozkult.geschichte.hu-berlin.de/index.asp?id=584&pn=texte>; vgl. auch das interdisziplinäre Fachforum geschichte.transnational, URL: <http://geschichte-transnational.clio-online.net/>; vgl. für Ansatz und Fallstudien Peter Jackson/Philip Crang/Claire Dwyer (Hrsg.), Transnational Spaces, London 2004; für den Kulturtransfer-Ansatz vgl. konkret Sabrina P. Ramet/Gordana P. Crnkovic (Hrsg.), Kazaaam! Splat! Ploof! The American Impact on European Popular Culture since 1945, Lanham/New York 2003; Jörg Requate/Martin Schulze-Wessel (Hrsg.), Europäische Öffentlichkeit. Transnationale Kommunikation seit dem 18. Jahrhundert, Frankfurt/Main/New York 2002; Michel Espagne/Matthias Middel (Hrsg.), Von der Elbe bis an die Seine. Kulturtransfer zwischen Sachsen und Frankreich im 18. und 19. Jahrhundert, Leipzig 1999.

rischer Erklärung erhöht. Ihr Erkenntnisgewinn läge zudem in der Erforschung der ‚Transportwege' der Verbreitung der Idee des homogenen Nationalstaats und der gesellschaftlichen In- und Exklusionsmomente. In jedem Fall würde eine solche Forschung europäische Kommunikationszusammenhänge nachweisen, die in vielen Fällen vermutet und behauptet werden.

Diese Aspekte führen zu zwei weiteren zentralen Aspekten der Europäisierung. Gemeint sind die Aspekte Raum/Ort und eigene Erfahrung. In der regionalen Forschung lassen sie sich als „Erinnerungslandschaften" beschreiben, als Gegenden mit eigenständiger Erinnerung, die nicht allein national bestimmt waren. Allein die Rekonstruktion solcher Erinnerungslandschaften trüge dazu bei, die verschiedenen Dimensionen oder Schichten von Identitäten und Zugehörigkeiten freizulegen und einer neuen Erzählung zugänglich zu machen. Die Elemente Ort und Erfahrung bilden dabei die Grundlagen eines jeden privaten wie offiziellen Geschichtsbildes. Zusammengefasst findet man sie auch in dem Konzept des Erinnerungsortes, das auf Pierre Noras Überlegungen zurückgeht.[54] Es bietet den fundamentalen Vorteil, die Erfahrungen, Wahrnehmungen und Verhaltensweisen der jeweils betroffenen Erinnerungsgemeinschaft aufarbeiten zu können, ohne dabei das analysierte Erinnerungsprogramm den politischen Strukturen oder der nationalen Ebene zu unterwerfen.

Was ist dann abschließend eine Europäisierung der Erinnerungskultur? So genau lässt sich dies noch nicht definitiv festmachen, aber aus der Vielzahl unterschiedlicher Ansätze sei als vielleicht kleinster gemeinsamer Nenner hervorgehoben: eine Erweiterung des Wissens um die Erfahrungen anderer und vor allem eine Anerkennung der Erfahrung anderer. Die Bezugnahme aufeinander steht dabei im Zentrum, d. h. die Herstellung von Bezügen zwischen den verschiedenen Vorgängen in Europa wie auch die Herstellung von Beziehungen. Nur Kommunikation und Austausch können die Dimensionen und Bedeutung des Themas Zwangsmigration für Europa und den Erfolg seines heutigen friedlichen Zustands erhellen; eigenes und fremdes Leiden sind oft voneinander abhängig und weisen damit ebenso oft über die nationale Ebene hinaus. Rein nationales Gedenken verliert in der sich verdichtenden europäischen Kommunikation ganz allmählich an Bedeutung, wenn auch nicht an Brisanz – im Gegenteil, viele Prozesse der Anerkennung und Erhellung sind mit Schmerzen verbunden. Allerdings sorgt eben die Wahrnehmung der anderen Erfahrungen für eine „produktive Verunsi-

---

54 Pierre Nora, Zwischen Geschichte und Gedächtnis, Berlin 1990 und ders. (Hrsg.), Erinnerungsorte Frankreichs, München 2005 (frz: Les lieux des mémoires, Paris 1984).

cherung", die die auf der Suche nach einem Geschichtsbild als konstituierenden Faktor zu begreifende Ambivalenz auf den Punkt bringt.[55] Insbesondere die Erkenntnis, dass Zwangsmigration eines der bedeutendsten und dramatischsten Mittel der Politik im Europa des letzten Jahrhunderts war, erfordert daher eine europäische und das heißt: multiple Perspektive auf die Vertreibungen. Europäisierung meint also einen demokratischen, offenen Prozess des Austauschs, der Begegnung und Diskussion. Diese Perspektive wird mit dem „Netzwerk gegen Zwangsmigration und Vertreibung" angeboten und gefördert.

---

55 Klaus Naumann, Institutionalisierende Ambivalenz. Deutsche Erinnerungspolitik und Gedenkkultur nach 1945, in: Mittelweg 36 13 (2004), H. 2, S. 64–75, Zitat S. 75.

Zwangsmigration
in übergreifender Perspektive

Bonner Erklärung

„Europäisches Netzwerk: Zwangsmigrationen und Vertreibungen im 20. Jahrhundert"

Um die europäischen Zusammenhänge von Zwangsmigrationen und Vertreibungen im 20. Jahrhundert zu erforschen, zu dokumentieren und einer breiteren Öffentlichkeit nahe zu bringen, hat sich im Anschluss an die internationale Bonner Konferenz vom 11. und 12. März 2004 ein Initiativkreis gebildet, der die bestehenden vielfältigen dezentralen und teilweise grenzüberschreitenden Aktivitäten auf europäischer Ebene unterstützen und vernetzen will. Damit weiß der Kreis sich im Einklang mit der Danziger Erklärung der Präsidenten Polens und Deutschlands. Diese unterstreichen, dass **jede** Nation das selbstverständliche Recht hat, um ihre Opfer zu trauern, zugleich aber darum besorgt sein sollte, dass Erinnerung und Trauer nicht für gegenseitige Schuldzuweisungen, Aufrechnung und Entschädigungsansprüche missbraucht werden. Vielmehr sollte die **Geschichte gemeinsam erinnert** werden.

Gedenken, Erinnerung und intellektuelle Verarbeitung der Zwangsmigrationen und Vertreibungen im 20. Jahrhundert sind eine **europäische Aufgabe**. Ziel sollte es sein, die verschiedenen nationalen Geschichtsbilder füreinander zu öffnen, um die aufkeimenden **Ansätze eines europäischen Geschichtsbewusstseins** in seiner ganzen lokalen, regionalen, die nationalen Grenzen oftmals überschreitenden Vielfalt zu befördern.

Um dieses Ziel zu erreichen, ist **eine gemeinsame europäische Einrichtung** nötig, die den Titel tragen könnte: „**Europäische Stiftung: Zwangsmigrationen und Vertreibungen im 20. Jahrhundert**".

1. Aufgaben der Europäischen Stiftung sind **Vernetzung, Entwicklung** und **Förderung** von Aktivitäten und Initiativen in verschiedenen Ländern und Bereichen, in Geschichtswissenschaft, Schulen und Bildungseinrichtungen, in Ausstellungen und Museen, bei Städtepartnerschaften, bei sonstigen grenzüberschreitenden zivilgesellschaftlichen Initiativen, nicht zuletzt in der Gedenk- und Mahnmalkultur.

2. Die Europäische Stiftung steht **allen Personen und Institutionen offen**, die sich diesem Thema in **europäischer** Perspektive verpflichten. Die Europäische Stiftung wird von sich aus Kommunikation und Netzwerkbildung intensivieren und damit eine **gesamteuropäische** Öffentlichkeit befördern, u. a. durch

- Veranstaltung von Konferenzen, Tagungen und Foren der Begegnung
- Anregung und Förderung von transnationalen Projekten und Arbeitsgruppen, z. B. für Forschungsvorhaben, Ausstellungswesen und filmische Dokumentation
- Erstellung von Dokumentationen, Übersetzungen und Informationsmaterialien für Wissenschaft, Schule und andere Bildungseinrichtungen
- Schaffung eines gemeinsamen Internetportals.

3. Die Europäische Stiftung soll auf der einen Seite ein **Sekretariat**, auf der anderen Seite ein **Gremium (Kuratorium)** von herausragenden Persönlichkeiten der verschiedenen europäischen Länder, die von den Staatsoberhäuptern benannt werden, umfassen.

4. Dauerhaft finanziert werden sollte die Europäische Stiftung nicht durch ein einzelnes Land, sondern durch eine Mischfinanzierung nationaler sowie europäischer oder anderer internationaler Organisationen (EU, Europarat, UN, UNHCR). Anzustreben ist auch die Einwerbung von Sponsorenmitteln. Eine zeitlich begrenzte Anlauffinanzierung deutscherseits durch die Beauftragte der Bundesregierung für Kultur und Medien und weitere Förderer wäre wünschenswert.

5. Der Initiativkreis fasst ein mehrstufiges Vorgehen ins Auge:
    a. Er bereitet verschiedene Netzwerke vor. Als konkrete Anlauf- und Kontaktstelle für ein **wissenschaftlich ausgerichtetes „Europäisches Netzwerk: Zwangsmigrationen und Vertreibungen im 20. Jahrhundert"** wird der Lehrstuhl Osteuropäische Geschichte (Prof. Dr. Karl Schlögel) der Europa-Universität Viadrina Frankfurt (Oder) fungieren. Erste Projekte des wissenschaftlichen Netzwerks werden **eine internationale Konferenz zur Behandlung der Zwangsmigrationen in Schulbüchern** sowie die Herausgabe einer **Europäischen Enzyklopädie zu den Zwangsmigrationen** im 20. Jahrhundert sein.
    b. Ein zweites **Netzwerk der Orte des Geschehens und der Erinnerung an Zwangsmigrationen und Vertreibungen** sowie der zivilgesellschaftlichen Initiativen ist von ebenso großer Bedeutung. Es wird zur Zeit vorbereitet.
    c. Zur Koordination dieser Netzwerke und zur Mitarbeit weiterer interessierter Persönlichkeiten fasst der Initiativkreis die Gründung einer **International Society for Forced Migration History** ins Auge.

d. Diese sollte die **Europäische Stiftung: Zwangsmigrationen und Vertreibungen im 20. Jahrhundert** vorbereiten.

Unterzeichner der Bonner Erklärung sind:

Prof. Dr. Włodzimierz Borodziej, Universität Warschau
Prof. Dr. Marina Cattaruzza, Historisches Institut, Universität Bern
Éva Kovács, Ph. D., Centre for Central European Studies, Budapest
Prof. Dr. Jiří Pešek, Karls-Universität Prag
Prof. Dr. Jan Sokol, Karls-Universität Prag
Dr. Krzysztof Ruchniewicz, Direktor des Willy-Brandt-Zentrums für Deutschland- und Europaforschung, Breslau
Univ.-Doz. DDr. Oliver Rathkolb, Ludwig-Boltzmann-Institut für Geschichte und Gesellschaft, Wien
Dr. Thomas Serrier, Universität Paris VIII
Róza Thun, Robert-Schuman-Stiftung, Warschau
Dr. Heidemarie Uhl, Österreichische Akademie der Wissenschaften, Wien
Dr. Krisztián Ungváry, Institut für die Erforschung der Ungarischen Revolution 1956, Budapest
Dr. Dieter Bingen, Köln/Darmstadt
Prof. Dr. Friedhelm Boll, Institut für Sozialgeschichte, Bonn
Prof. Dr. phil. Dr. h.c. Detlef Brandes, Heinrich-Heine-Universität Düsseldorf
Prof. Dr. Dieter Dowe, Leiter des Historischen Forschungszentrums der Friedrich-Ebert-Stiftung, Bonn
Prof. Dr. Bernd Faulenbach, Ruhr-Universität Bochum
Dr. Claudia Kraft, Deutsches Historisches Institut Warschau/Ruhr-Universität Bochum
Prof. Dr. Hans Lemberg, Philipps-Universität Marburg
Prof. Dr. Hans Mommsen, Feldafing
Dr. Dr. h. c. Gert von Pistohlkors, Akademischer Direktor a.D., Universität Göttingen
Prof. Dr. Karl Schlögel, Europa-Universität Viadrina Frankfurt (Oder)
Prof. Dr. Holm Sundhaussen, Osteuropa-Institut, Freie Universität Berlin
Prof. Dr. Stefan Troebst, Universität Leipzig
Prof. Dr. Philipp Ther, Europa-Universität Viadrina Frankfurt (Oder)

Prof. Dr. Matthias Weber, Wissenschaftlicher Direktor im Bundesinstitut für Kultur und Geschichte der Deutschen im östlichen Europa, Oldenburg

Prof. Dr. Klaus Ziemer, Direktor des Deutschen Historischen Instituts Warschau

Bernd Faulenbach

Überlegungen zu einer Bonner Erklärung zur Notwendigkeit eines Europäischen Netzwerkes zur Auseinandersetzung mit Vertreibungen im 20. Jahrhundert in Wissenschaft und Erinnerungskultur[1]

1. Die internationale Konferenz am 11./12. März 2004 hat in einer ganzen Reihe von Ländern eine Vielfalt der wissenschaftlichen, musealen und zivilgesellschaftlichen Beschäftigung mit Flucht und Vertreibung im 20. Jahrhundert erkennen lassen. Diese Beschäftigung ist nicht nur dadurch gekennzeichnet, dass die verschiedenen Aktivitäten vielfach wenig systematisch angelegt sind und unverbunden nebeneinander stehen, sondern auch immer noch ganz überwiegend national zentriert und begrenzt sind. Die internationale Bonner Konferenz ist von der Fruchtbarkeit eines europäischen Ansatzes sowie der Verknüpfung von Aktivitäten verschiedener Ebenen zu diesem Thema im europäischen Rahmen überzeugt, und möchte deshalb die Möglichkeiten der Zusammenarbeit durch die Schaffung einer europäischen Einrichtung verbessern.

2. Vertreibungen im 20. Jahrhundert waren per se grenzüberschreitende, in der Regel mehrere Nationen betreffende historische Phänomene, die dementsprechend „grenzüberschreitend" zu erforschen und zu bewältigen sind. Dabei ist der jeweilige internationale, d. h. europäische Kontext zu berücksichtigen. Es kommt aus der Sicht der Konferenz darauf an, gleichzeitig Folgendes bei der Aufarbeitung der Vertreibungen im 20. Jahrhundert zu beachten:

a) Es gilt die Vertreibungsphänomene jeweils differenziert aufzuarbeiten, das Bündel von Ursachen zu benennen, die Verläufe und die Folgen (für die Betroffenen, doch auch für die Gesellschaften, die abgebenden wie die aufnehmenden Gesellschaften und in diesem Zusammenhang auftretende Konflikte) zu bestimmen;
b) Besonderes Augenmerk ist auf die Verknüpfung, teilweise auch Amalgamierung der Vertreibungen, die in der Regel auf die Bildung ethnisch ho-

---

[1] Dieser Text bildet die Grundlage für die Entstehung der Bonner Erklärung, die am Abschluss der Konferenz „Geschichte als Politikum. Ein Europäisches Netzwerk gegen Vertreibungen" des Historischen Forschungszentrums der Friedrich-Ebert-Stiftung, Bonn, 11.–12. März 2004, diskutiert wurde.

mogener Nationen bzw. Nationalstaaten zielten, mit anderen Fragen zu richten: religiöse Gegensätze, strategisch-machtpolitische Kalküle, ökonomisch-soziale Fragen usw. Es kann kein Zweifel bestehen, dass die nationalen Fragen mit anderen Fragen verbunden, nicht selten amalgamiert waren; generell empfiehlt sich ein nicht zu enger multiperspektivischer Zugang, der auch verwandte Phänomene in den Blick kommen lässt und hilft, dass Umschlagen von Verhaltensweisen und Politiken ins Pathologische zu bestimmen.

c) Bedeutsam ist nicht zuletzt, die europäischen Wirkungszusammenhänge und Kontexte aufzuarbeiten, die Zusammenhänge zwischen den Einzelphänomenen zu beleuchten, etwa den Zusammenhang mit Krieg und Gewaltanwendung, mit Prozessen des *nationbuilding*, mit Fragen der Modernisierung etc. Aus einem derartigen Blickwinkel wird etwa die Verschränkung von Flucht und Vertreibungen sowie Zwangsmigrationen mit dem Juden-Genozid deutlich. Selbstverständlich kann von der Aufdeckung derartiger Zusammenhänge nicht abgesehen werden, was es unmöglich erscheinen lässt, die (gewiss als gravierende Vorgang zu betrachtende) Vertreibung von 12–14 Millionen Deutschen am Ende des Zweiten Weltkriegs und in der unmittelbaren Nachkriegszeit isoliert zu betrachten.

3. Aus einer gemeinsamen europäischen Perspektive werden die enormen gemeinsamen Verluste (Menschenleben, Kultur, soziale Potenziale etc.) durch die Vertreibungen im 20. Jahrhundert sichtbar. Trotz aller Probleme bei der Neubewertung der historischen Zwangsmigrationen, dürfte heute unstrittig sein, dass Zwangsmigrationen keine Probleme lösen. Angesichts des europäischen Vereinigungsprozesses, nicht zuletzt des Beitritts von zehn weiteren Staaten im Jahre 2004, kommt es darauf an, die verschiedenen nationalen historischen Betrachtungsweisen zueinander zu öffnen. Sicherlich werden die nationalen Gesellschaftsbilder (ungeachtet eines auch hier einsetzenden, freilich unterschiedlich weit vorangeschrittenen Prozesses der inneren Pluralisierung) auf unabsehbare Zeit im vereinigten Europa weiter existieren. Sie sollen jedoch miteinander verknüpft werden. Ein europäisches Geschichtsbewusstsein und eine europäische Erinnerungskultur sollten die verschiedenen nationalen Gedächtnisse ergänzen und auch ein Stück weit durchdringen; ein europäisches Gedächtnis kann auf diese Weise entstehen. Die gemeinsame Aufarbeitung von Vertreibungen im 20. Jahrhundert und das Festhalten an gemeinsamen europäischen Erfahrungen sollten als ein Schritt zur Herausbildung eines europäischen Geschichtsbewusstseins, einer europäischen Zeitgeschichtsforschung und einer europäischen Erinnerungs-

kultur (mit europäischen „Erinnerungsorten") betrachtet werden. Basis dieses Prozesses ist der gemeine europäische Wertehorizont.

4. Die Beschäftigung mit Vertreibungen im 20. Jahrhundert ist nicht auf die Geschichtswissenschaft beschränkt. Dem Thema widmen sich auch Museen, Schulen und andere Bildungseinrichtungen, Medien, auch zivilgesellschaftliche Initiativen (in bestimmten Regionen sogar grenzüberschreitende Initiativen). Zu nennen sind auch Städtepartnerschaften, die dem Thema vielfach nicht ausweichen. Angesichts der Bedeutung der Vertreibungen muss das Thema im Geschichtsunterricht behandelt werden, was sorgfältige geschichtsdidaktische Reflexion über die nationalen Zusammenhänge hinaus erfordert. Nicht zuletzt sind Vertreibungen auch Gegenstand der Denk- und Mahnmalskultur. Aus der Sicht der internationalen Bonner Konferenz sollte deshalb nicht nur international bzw. transnational die Kommunikation über dieses Thema verbessert werden, sondern auch die Kommunikation zwischen den verschiedenen Ebenen – ungeachtet ihres jeweiligen Eigenrechtes und der spezifischen Formen – verbessert werden. Keine Frage, dass es auch Probleme der Vermittlung zwischen der Geschichtsforschung auf der einen Seite und Schule, Öffentlichkeit usw. auf der anderen Seite gibt.

5. Aus der Sicht der internationalen Bonner Konferenz wird eine europäische Einrichtung benötigt, die auf der Basis vielfältiger dezentraler Aktivitäten die Bildung von transnationalen Netzwerken (die selbstverständlich regionale und nationale Netze nicht ausschließt) fördert, eine Einrichtung, die die Zusammenarbeit auf europäischer Ebene bei der Auseinandersetzung mit den Vertreibungen im 20. Jahrhundert fördert und zu verstetigen hilft. Netzwerke sind zu schaffen bzw. zu erweitern auf der Ebene der Geschichtswissenschaft und benachbarter Wissenschaften (zwischen den Historikern, zeithistorischen und anderen Forschungseinrichtungen, Sozialwissenschaftlern etc.), zwischen den Museen und Ausstellungsmachern, Einrichtungen der politischen Bildung, den Verantwortlichen für Schulbücher und den an diesem Thema interessierten zivilgesellschaftlichen Initiativen. Für alle diese Ebenen erscheinen Netzwerke sinnvoll, allerdings sollten auch die verschiedenen horizontalen Netzwerke untereinander verknüpft werden, um eine Kommunikation zwischen diesen zu erleichtern.

6. Die zu schaffende europäische Einrichtung sollte als Anlaufstelle für alle Personen und Institutionen dienen, die sich mit diesem Thema in europäischer Perspektive beschäftigen wollen. Sie sollte von sich aus die Kommunikation- und Netzwerkbildung fördern, u. a. durch

- Konferenzen, Tagungen und andere Forumsveranstaltungen

- Förderung von transnationalen Projekten (etwa Forschungsvorhaben und -verbünden)
- die Bildung von Arbeitsgruppen zu Themen von europäischer Bedeutung,
- die Anregung von Projekten zu diesem Thema (etwa Wanderausstellungen oder Filmen),
- gemeinsame Internetportale, die Herausgabe von Dokumentationen und anderen Informationen,
- die Schaffung eines Stücks gesamteuropäischer Öffentlichkeit zu diesen zusammenhängenden Themen.

Benötigt wird dazu auf der einen Seite ein Sekretariat, auf der anderen Seite ein Gremium von herausragenden Persönlichkeiten der verschiedenen europäischen Länder. Denkbar ist die Rechtsform einer Stiftung. Sekundär erscheint die Wahl eines Ortes für die entsprechende Einrichtung. Eine Möglichkeit wäre Straßburg.

7. Dauerhaft finanziert werden sollte die Einrichtung nicht durch ein einzelnes Land, sondern durch europäische oder andere internationale Organisationen (durch die EU, den Europarat, die UNESCO). Anzustreben ist auch die Einwerbung von Mitteln durch Sponsoren. Eine zeitlich begrenzte Anlauffinanzierung durch Einrichtungen der Bundesrepublik Deutschland (Beauftragte der Bundesregierung für Kultur und Medien, Stiftungen) wäre aus der Sicht der Konferenz sehr wünschenswert.

8. Die Bonner Konferenz sieht in ihren Vorschlägen eine Konkretisierung und Weiterführung des durch den Bundespräsidenten Johannes Rau und Polens Staatspräsidenten Aleksander Kwaśniewski in der Danziger Erklärung entwickelten Gedanken.

Stefan Troebst

Geschichte als politisiertes Szientifikum: Ein europäisches Netzwerk zur Erforschung ethnopolitisch motivierter Zwangsmigration[1]

1. In ihrer gemeinsamen Erklärung in Danzig vom 29. Oktober 2003 haben Bundespräsident Johannes Rau und Staatspräsident Aleksander Kwaśniewski angeregt, „[d]ie Europäer sollten alle Fälle von Umsiedlung, Flucht und Vertreibung, die sich im 20. Jahrhundert in Europa ereignet haben, gemeinsam neu bewerten und dokumentieren, um ihre Ursachen, ihre historischen Hintergründe und ihre vielfältigen Konsequenzen für die Öffentlichkeit verständlich zu machen." Unter denjenigen, von denen sie erwarten, einen „aufrichtigen Dialog über diese wichtige Frage, die unsere Vergangenheit und unsere gemeinsame Zukunft betrifft zu führen", nennen sie „hoch angesehene Persönlichkeiten, Politiker und Vertreter der Zivilgesellschaft" – nicht hingegen Historiker oder andere Geistes- und Sozialwissenschaftler. Dies ist insofern ein erstaunliches Versäumnis, als es gerade die *scientific community* West- wie Osteuropas – und hier vor allem die „Ökumene der Historiker" – war, die sich in deutlichem Unterschied zu nationalstaatlichen Öffentlichkeiten, Medien und politischen Klassen bereits unmittelbar nach dem Epochenjahr 1989 und den dadurch gegebenen Archivöffnungen an die kooperative, konsensuale und arbeitsteilige Erforschung des „Jahrhunderts der Vertreibungen" gemacht hat. Und in der seit 2000 anschwellenden deutschen, deutsch-tschechischen und deutsch-polnischen medialen Kontroverse über ein nationales „Zentrum gegen Vertreibungen" in Berlin sind es erneut Historiker, welche zum einen transnationalen Zusammenhalt beweisen, und zum anderen auf die emotionalisierte Debatte im politischen Raum historisch-kontextualisierend und damit rationalisierend einwirken – Ute Frevert und Norman Naimark sind hier *pars pro toto* zu nennen.[2] Aber

---
1 Bei diesem Beitrag handelt es sich um die leicht überarbeitete Fassung eines Diskussionspapiers, eines „papier martyr", für die Konferenz „Geschichte als Politikum. Ein Europäisches Netzwerk gegen Vertreibungen" des Historischen Forschungszentrums der Friedrich-Ebert-Stiftung, Bonn, 11.–12. März 2004.
2 Ute Frevert, Die Rückkehr der Opfer im Land der Täter. Über den Erinnerungsboom und die Chancen der Historisierung, in: Neue Zürcher Zeitung vom 30./31. August 2003; dies., Geschichtsvergessenheit und Geschichtsversessenheit *revisited*. Der jüngste Erinnerungsboom in der Kritik, in: Aus Politik und Zeitgeschichte B 40–41/2003 vom 29. September 2003, S. 6–13, und Norman M. Naimark, Strategische Argumente, in: Frankfurter Allgemeine Zeitung, Nr. 17 vom 21. Januar 2004, S. 7. Vgl. jetzt auch die deutsche Übersetzung von Naimarks 2001 erschienenem Buch Fires of Hatred. Ethnic

nicht nur nationale Öffentlichkeiten und Politik profitieren vom Rationalisierungsschub der internationalen Geschichtswissenschaft, sondern umgekehrt kann auch die historische Forschung in Europa die Chance der grenzüberschreitenden Vertreibungsdebatte nutzen – sowohl zur Legitimierung ihres Tuns im Allgemeinen durch wissenschaftlichen Erkenntnisfortschritt mit intellektueller Öffentlichkeitswirkung als vor allem auch zur Institutionalisierung einer europaweiten, auf die Geschichte politisch motivierter Zwangsmigrationen fokussierten Forschungsinfrastruktur im Besonderen. Die in fast allen Staaten Europas bereits vorhandenen (aber nicht immer kooperativ interagierenden) wissenschaftlichen Einrichtungen, die sich zur Gänze oder teilweise mit dieser Fragestellung befassen, wären in einem ersten Schritt im Zuge einer gründlichen Bestandsaufnahme gemäß der Rau-Kwaśniewski-Erklärung zu erfassen.[3] Der zweite Schritt wäre ihre Vernetzung, etwa auf elektronischem Wege, wie von Holm Sundhaussen 2002 vorgeschlagen.[4] Und der dritte ist dann das Ausloten gemeinsamer Forschungsinteressen und idealerweise die Formulierung eines gemeinsamen Forschungsprogramms. Auf der Basis eines solchen Programms können dann der mittelfristige Finanzbedarf für die Arbeit eines solchen europäischen Netzwerks zur Erforschung politisch motivierter Zwangsmigration ermittelt, potenzielle Sponsoren kontaktiert sowie ein „Schirmherr", etwa in Gestalt einer multilateralen Organisation wie Europarat, OSZE, Europäische Union oder eine UN-Untergliederung[5], gesucht werden.

2. In inhaltlicher Hinsicht gibt es unter den mit europäischen Vertreibungsvorgängen befassten Historikern in Europa und Übersee einen breiten Konsens: Nicht eine singularisierende deutsche Einrichtung mit Mahnmalscharakter und einigen europäischen Bezügen in Berlin, sondern ein europaweites Forschungsnetzwerk, das unter anderen Vertreibungsgeschehen auch den deutschen Fall behandelt, diesen in die deutsche Geschichte des 20.

Cleansing in Twentieth-Century Europe (Cambridge, MA): Flammender Hass. Ethnische Säuberungen im 20. Jahrhundert. Aus dem Amerikanischen von Martin Richter, München 2004, sowie allgemein die Dokumentation von Piotr Buras/Piotr M. Majewski (Hrsg.), Pamięć wypędzonych. Grass, Beneš i środkowoeuropejskie rozrachunki. Antologia tekstów polskich, niemieckich i czeskich, Warszawa 2003. Siehe auch den Überblick bei Stefan Troebst, Unterwegs in Europa. Wissenschaftler plädieren dafür, die Vertreibung europäisch zu erforschen und zu erinnern. Eine kleine Übersicht zum Stand der Diskussion, in: Freitag, Nr. 6 vom 30. Januar 2004, S. 15.

3 Die „Danziger Erklärung" ruft dazu auf, „Empfehlungen [zu] formulieren, in welchen Formen und Strukturen dieser Prozess einer europäischen Bestandsaufnahme und Dokumentation durchgeführt werden kann." Zu einer provisorischen Übersicht einschlägiger Institutionen siehe Fikret Adanır, Diskussionsbeitrag, in: Dieter Bingen/Włodzimierz Borodziej/Stefan Troebst (Hrsg.), Vertreibungen europäisch erinnern? Historische Erfahrungen – Erinnerungspolitik – Zukunftskonzeptionen, Wiesbaden 2003, S. 199–200, hier S. 200.

4 Holm Sundhaussen, Diskussionsbeitrag, in: ebd., S. 303.

5 Siehe dazu die Vorschläge von Karl Schlögel, Stefan Troebst und Klaus Ziemer, in: ebd., S. 306 und 310.

Jahrhunderts einordnet sowie ihn in den gesamteuropäischen Kontext stellt, wird angestrebt. Übereinstimmung besteht überdies darin, zwar den „verflochtenen Geschichten" von Deutschen, Polen und Tschechen in der kritischen Dekade 1938–1948 besondere Aufmerksamkeit zukommen zu lassen, die Vertreibung der Deutschen aber der Opfer-Täter-Ambivalenz wegen nicht „zum zentralen Paradigma oder strukturierenden Motiv" zu machen.[6] Insgesamt, so die einhellige Meinung, sind die inhaltliche und chronologische Spannweite von den ethnopuristischen Nationalbewegungen des 19. Jahrhunderts bis zu den „ethnischen Säuberungen" um die Wende vom 20. zum 21. Jahrhundert abzudecken und dabei die Berührungspunkte zu Holocaust/Shoa, Genozid und Soziozid eingehend zu berücksichtigen. Was die an der Fragestellung interessierten geistes- und sozialwissenschaftlichen Disziplinen betrifft, so optieren diese also für eine transnational vergleichende, multidisziplinäre sowie von kurzfristigen politischen Interessen freie wissenschaftliche Aufarbeitung in einem der europäischen Erinnerungskultur verpflichteten Diskurs. Zugleich wird als *raison d'être* einer solchen zukunftsorientierten Neugründung die Prävention künftiger Vertreibungsgeschehen ausgemacht, wie sie derzeit etwa in Turkmenistan oder Kosovo drohen.

3. Mehrstimmigkeit herrscht im wissenschaftlichen Bereich bislang bezüglich der konkreten Aktionsformen, mit denen ein solches Netzwerk seine Ziele erreichen und seine Aufgaben realisieren soll. Aus diesem Grund haben eine Reihe geistes- und sozialwissenschaftlicher Fachvertreter und Institutionen in Deutschland und Polen unter reger europäischer wie überseeischer Beteiligung Brainstorming-Aktivitäten entwickelt, um die Bandbreite vorstellbarer Tätigkeitsgattungen auszuloten und um Vorschläge zu einer Profilbildung zu formulieren. So haben das Deutsche Polen-Institut in Darmstadt (DPI), das Geisteswissenschaftliche Zentrum Geschichte und Kultur Ostmitteleuropas in Leipzig (GWZO) und das Historische Institut der Universität Warschau im Dezember 2002 ein internationales wissenschaftliches Kolloquium mit dem Titel „Ein europäisches Zentrum gegen Vertreibungen. Historische Erfahrungen – Erinnerungspolitik – Zukunftskonzeptionen" durchgeführt, das in dem Materialienband „Vertreibungen europäisch erinnern? Historische Erfahrungen – Erinnerungspolitik – Zukunftskonzeptionen"[7] resultierte, und das Zentrum für vergleichende Geschichte Europas in Berlin (ZVGE) sowie das Zentrum für Zeithistorische Forschung in Potsdam (ZZF) haben Anfang 2003 das Themenheft „Flucht

---

6 Naimark, Strategische Argumente.
7 Bingen/Borodziej/Troebst, Vertreibungen europäisch erinnern?.

und Vertreibung in europäischer Perspektive" der Zeitschrift für Geschichtswissenschaft (1/2003) publiziert. Die seitens der Wissenschaft dabei sowie andernorts gemachten konkreten Vorschläge zu Konzeption, Struktur, Funktionsweise und Aktionsformen sind die folgenden:

- Holm Sundhaussen (Freie Universität Berlin) regt eine auf internationaler Arbeitsteilung basierende „Enzyklopädie der Vertreibungen" an.[8]
- Philipp Ther (Europa-Universität Viadrina Frankfurt/Oder) optiert für „Verstetigung der Erinnerung, Musealisierung, Didaktisierung und bedingt Verwissenschaftlichung" mittels einer „alleuropäischen Wanderausstellung", die „in Geschichtswerkstätten an dem jeweiligen Ort der Ausstellung" zu präsentieren wäre.[9]
- Stefan Laube (Luthergedenkstätten Wittenberg) rät angesichts des Umstandes, dass die Erlebnisgeneration der Vertreibungen der Jahre 1938–1948 derzeit ausstirbt, dazu, „die Erinnerung systematisch zu musealisieren". Ein „zentrales Ausstellungs- und Dokumentationszentrum über Flucht und Vertreibung" erscheint ihm „als zwingende Notwendigkeit": „Wenn nicht gehandelt wird, verschwinden mit dem Ableben der Betroffenen die Brucherfahrungen ins Grab und viele dazugehörige Dokumente und Artefakte wandern in den Müll. Jetzt sei die Zeit sammlungs- und ausstellungspolitischer Initiativen gekommen." Ihm schwebt „auf der Basis von Originalen eine multisensuelle, szenografische Museumswelt vor", die „als „emotional-intellektuelles Erlebnis ein touristisches High-Light" jedes denkbaren Standorts wäre. Vorbilder erkennt er im Jüdischen Museum Berlin sowie in dem als *museum of conflict* konzipierten Imperial War Museum North in Manchester. Dabei denkt er neben einem „Dokumentenspeicher/Erlebnismuseum" zugleich an ein „Mahnmal/Forschungszentrum", das „therapeutische Funktion", „wissenschaftliche Ziele", „pädagogische und präventive Aspekte" vereint. Zugleich warnt er davor, dass „Erinnerungsarbeit vom Trauerdiskurs und Opferperspektiven absorbiert wird", denn „diejenigen, die das Vertreibungsgeschehen im Zweiten Weltkrieg noch ‚hautnah' miterlebt bzw. -erlitten haben, werden zum großen Teil nicht mehr leben. Die Frage, an wen sich dann der Traueroktroi und die Therapieziele richten sollen, bleibt ohne Antwort".

---

8 Holm Sundhaussen, Diskussionsbeitrag, S. 303. Entsprechend figuriert Sundhaussen als Mitherausgeber eines in Planung befindlichen einschlägigen Kompendiums: Detlef Brandes/Holm Sundhaussen/Stefan Troebst (Hrsg.), Das Jahrhundert der Vertreibungen. Deportation, Zwangsaussiedlung und ethnische Säuberung in Europa 1912–1999. Ein Lexikon.
9 Philipp Ther, Die Ursachen von Zwangsmigrationen im 20. Jahrhundert und das geplante Zentrum gegen Vertreibungen, in: Bingen/Borodziej/Troebst, Vertreibungen europäisch erinnern?, S. 215–221, hier S. 221, und ders.: Diskussionsbeitrag, in: ebd., S. 309.

Als Museumsmacher rät er überdies dazu, „das Projekt nicht nur in der Hand von Zeithistorikern zu lassen, sondern in die Diskussion Wissenschaftler anderer Disziplinen, zudem Museologen, Künstler sowie touristische Standortpolitiker einzubeziehen."[10]
- Matthias Theodor Vogt (Fachhochschule Görlitz) wirbt für eine dezentrale Struktur, eine Art von „Erarbeitungsstätte von Wanderausstellungen", wo didaktisches Material erarbeitet wird, unter Integration auch der neuen Medien. Lehrern und anderen Multiplikatoren sollen Handreichungen dafür gegeben werden, daß die nächste Generation positiv beeinflusst werden kann. Und dies nun wiederum muß in der Kooperation mit existierenden Einrichtungen geschehen, d. h. es müssen von dort Forschungsaufträge an die einzelnen Einrichtungen gegeben werden. Überdies regt er an, nicht nur an ein klassisches Museum-(s)gebäude zu denken, sondern an „eine Stadt, in der man Vertreibungsschicksal durchwandern, persönlich erleben kann".[11]
- John S. Micgiel (Columbia University) optiert neben dem Blick auf die Vergangenheit für eine Zukunftsorientierung auf ein „multi-cultural Europe that is in the process of self-definition and integration". Entsprechend hält er „education as a means of providing information on the mechanisms of ethnic cleansing and population transfer with the goal of preventing such suffering in the future" für prioritär.[12]
- Thomas Lutz (GedenkstättenForum) hält es zum einen für „unmöglich, zu diesem Thema eine Ausstellung zu erarbeiten", zum anderen für vordringlich, „den Dialog über die unterschiedlichen Vertreibungsvorgänge zu fördern." Methodisch scheinen ihm dazu „Studienaufenthalte von internationalen Gruppen, Seminare oder Veröffentlichungen, zumeist in Buchform", geeignet.[13]
- Referate und Diskussionen der Darmstädter Tagung resümierend haben Dieter Bingen, Włodzimierz Borodziej und Stefan Troebst sieben Funktionen eines „Europäischen Zentrums gegen Vertreibungen" identifiziert:[14]

---

10 Stefan Laube, Aufgaben, Inhalte und Methoden eines europäischen Zentrums über Flucht und Vertreibung. Umrisse eines Konzepts, in: ebd., S. 287–292.
11 Matthias Theodor Vogt, Historischer Anspruch und Potential der Europastadt Görlitz, Zgorzelec als möglicher Sitz eines Europäischen Zentrums gegen Vertreibungen, in: ebd., S. 293–298, hier S. 297.
12 John S. Micgiel, A Plea for a European Perspective, in: ebd., S. 205–207, hier S. 207.
13 Thomas Lutz, Gedächtniskultur, Erinnerungspolitik und gemeinsame europäische Zukunft, in: ebd., S. 251–260, hier S. 258.
14 Dieter Bingen/Stefan Troebst/Włodzimierz Borodziej, Erklärung zum internationalen wissenschaftlichen Kolloquium „Ein europäisches Zentrum gegen Vertreibungen. Historische Erfahrungen – Erinnerungspolitik – Zukunftskonzeptionen", in: Zeitschrift für Geschichtswissenschaft 51 (2003), S. 102–104, hier S. 104; dass. auch als Denkanstöße, in: Bingen/Borodziej/Troebst, Vertreibungen europäisch erinnern?, S. 316–318.

- Dokumentation;
- Forschung;
- Konferenz;
- Beratung bei der konstruktiven Bearbeitung solcher Konflikte, in denen Vertreibungen stattgefunden haben;
- Ort des Dialogs der Opfer/Täter über noch nicht ‚verarbeitete' Vertreibungen;
- Ausstellung/Wanderausstellung;
- Mahnbereich – europäisches Denkmal.

Das Resümee enthält darüber hinaus die beiden Funktionen von
- „Prävention angesichts zukünftiger Versuchungen, politische Probleme durch ethnische Säuberungen und Massenumsiedlung zu lösen" und
- einem „zukunftsorientierten, pädagogischen Aspekt der wissenschaftlich fundierten Darstellung und mehrdimensionalen Vermittlung der historischen, politischen, sozialen und psychologischen Mechanismen" von Vertreibungen.[15]

- Ute Frevert (Yale University) optiert dafür, „über gemeinsame europäische Erinnerungsorte nachzudenken", die mit Vertreibungserfahrungen verknüpft sind – Breslau, Straßburg und Lemberg etwa.[16]
- Norman M. Naimark (Stanford University) zieht eine Parallele zu den Debatten im Vorfeld der Gründung des Holocaust Museum in Washington, DC, und zu dessen tatsächlicher Entwicklung nach erfolgter Gründung, wobei er mit Blick auf ein „Dokumentationszentrum über Vertreibung" von einer Modellfunktion des Holocaust Museum spricht. Den Debatten über Standort und Zielgruppen – Deutschland/Täter oder USA/Opfer? – folgten damals Diskussionen über den Kreis derjeniger, derer zu gedenken wäre – nur Juden oder auch Sinti und Roma, Homosexuellen, Euthanasieopfern? – sowie über eine Ausweitung auf amerikanische Indianer und Afroamerikaner. Und schließlich wurden auch die Inhalte diskutiert: „Sollte es ein Ort des Lernens und Forschens werden und nicht nur ein Ort des Erinnerns und der Einkehr?" Im Ergebnis konstatiert Naimark, dass die Neugründung „zu einer der wichtigsten Institutionen für das Studium der Shoah und des Genozids allgemein geworden" ist: „Es hat eine ganze Reihe von hochrangigen wissenschaftlichen Konferenzen veranstaltet und unterstützt ein wichtiges Journal auf dem Gebiet der Genozidforschung. Mehr noch: Es wurde zu einer wichtigen Archiveinrichtung, die im Bereich der Erforschung der Massentötungen im

---

15 Bingen/Troebst/Borodziej, Erklärung, S. 103.
16 Frevert, Geschichtsvergessenheit, S. 13.

Europa des zwanzigsten Jahrhunderts ihresgleichen sucht." Diesen auch in der Öffentlichkeit einhellig so gesehenen Erfolg des Holocaust Museum sieht Naimark vor allem in der „kreativen Absorption der verschiedenen Kontroversen um seine Entstehung", denn „durch Integration statt Exklusion konnte" es „zu einer Modellinstitution für die Forschung und Bildung, zu einem Ort des Lernens wie auch der Erinnerung und des Totengedenkens werden."[17]

- Jürgen Danyel und Christoph Klessmann (ZZF, Potsdam) sehen als Aufgabe eines „europäischen Zentrums gegen Vertreibungen" „einen Prozess der gemeinsamen Erinnerung und Begegnung einzuleiten bzw. ihn dort, wo er schon in Gang gekommen ist, zu stärken. Nur so kann den zahllosen europäischen Regionen, die durch die gewaltsamen Bevölkerungstransfers gebeutelt wurden, ihre ganze Geschichte zurückgegeben werden." Dabei sind sie für eine dezentrale Struktur, denn „Projekt und Gespräche vor Ort bewirken hier mehr als jene von den politisch formierten Erinnerungskollektiven eingeklagten und inzwischen wohlfeil gewordenen Rituale der Entschuldigung oder weiterer zentraler Denkmäler."[18] Ein solches Zentrum „kann zwar einen festen Ort haben, sollte aber im Kern als eine Wanderausstellung konzipiert werden. Es müsste unterwegs in Europa sein, wie es einst die Flüchtlinge, Vertriebenen und Deportierten waren oder heute wieder sind." Ein Zentrum, „,das ‚unterwegs' in Europa ist, könnte lokale und regionale Projekte einbinden und Diskussionen vor Ort auslösen" und wäre zugleich „immer wieder zur kritischen Selbstreflexion gezwungen". Obwohl ihnen zufolge als „mobiles Projekt, das auch die neuen Möglichkeiten des Internets nutzen könnte", zu konzipieren, sollte das Zentrum dennoch einen Hauptstandort samt einer Dependance besitzen. Von hier aus sollte „unter Beteiligung möglichst vieler europäischer Länder ein dezentral angelegtes Gesamtkonzept im Detail vorgeplant und in den Grundzügen ausgestaltet" und „übergreifende Themen, multilaterale Projekte, notwendige Debatten hier angestoßen und koordiniert werden."[19]

---

17 Norman M. Naimark, Ethnische Säuberung in vergleichender Perspektive: Themen für ein Dokumentationszentrum über die Vertreibung, in: Zeitschrift für Geschichtswissenschaft 51 (2003), S. 20–30, hier S. 21. In seinem genannten FAZ-Beitrag hat Naimark überdies auf den bislang unzureichend beleuchteten Gender-Aspekt der Vertreibungsproblematik hingewiesen: „Ethnische Säuberungen richten sich stets gegen Frauen"; hier „greifen Männer Frauen an." Naimark, Strategische Argumente.
18 Jürgen Danyel/Christoph Klessmann, Unterwegs wie die Flüchtlinge und Vertriebenen. Zur Debatte über ein europäisches Zentrum gegen Vertreibungen, in: Zeitschrift für Geschichtswissenschaft 51 (2003), S. 31–35, hier S. 33.
19 Ebd., S. 34.

- Zbigniew Gluza (*Karta*, Warschau) schlägt aus zivilgesellschaftlicher Sicht ein „Dokumentationszentrum der Vertreibungen im Europa des 20. Jahrhunderts" vor, das „in jedem der beteiligten Länder [...] Partnerorganisationen" unterhält. Dieses nach Yad Vashem-Vorbild zu gestaltende „Informations- und Erinnerungsmal" sollte „Ausstellungen, Filme, multimediale Präsentationen" erarbeiten und gegebenenfalls in ein Museum überführt werden.[20]

Diese Aufzählung der verschiedenen Vorschläge dazu, was eine paneuropäische wissenschaftliche Einrichtung zur Erforschung politisch motivierter Zwangsmigration leisten sollte, kann im weiteren Prozess konzeptionellen Nachdenkens als Inspirationsquelle und *shopping list* dienen – eine kollektiv zu erarbeitende Konzeption selbst ersetzt sie nicht. Angesichts der Initiativen im politischen Raum des erweiterten Europa wird eine solche Konzeption immer dringlicher. Zum einen gibt es den Plan der deutschen Kulturstaatsministerin Christina Weiss zur Gründung eines „Europäischen Netzwerks Erinnerung und Solidarität", welches von den Regierungen Deutschlands und Polens sowie einiger anderer ostmitteleuropäischer Staaten getragen werden und seinen Sitz in Warschau haben soll[21], und zum anderen berät die Parlamentarische Versammlung des Europarats den polnischen Vorschlag der Gründung eines „Centre for European Nations' Remembrance".[22] In beiden Fällen steht – ungeachtet der wenig präzisen Benennung – das Vertreibungsgeschehen im Europa des 20. Jahrhunderts im Zentrum.

---

20 Zbigniew Gluza, Dokumentationszentrum der Vertreibungen im Europa des 20. Jahrhunderts, in: Karta. Zeitzeugnisse aus Ostmitteleuropa 3 (2002), S. 1–3.

21 Am 22. und 23. April 2004 fand in Warschau ein Treffen der Kulturminister der Visegrád-Staaten und Deutschlands unter Beteiligung Österreichs statt, auf dem Christina Weiss sowie ihre Kollegen aus Polen und der Slowakei, Waldemar Dąbrowski und Rudolf Chmel, zur Gründung eines solchen Netzwerks aufriefen. Überdies fanden parallel zu dem April-Treffen der Minister sowie erneut am 12. und 13. Juli 2004 in Warschau Treffen von Experten statt, welche die Regierungen Deutschlands, Polens, der Tschechischen Republik, der Slowakei, Österreichs und Ungarns ernannt hatten. Vgl. Gerhard Gnauck, Schwierige Debatte über Vertreibungen. Fünf Länder wollen den Austausch vertiefen, in: Die Welt vom 23. April 2004, S. 28; Michael Ludwig, Schön reden. Korrekte Minister: Warschauer „Initiative gegen Vertreibungen", in: Frankfurter Allgemeine Zeitung, Nr. 96 vom 24. April 2004, S. 36, und Gabriele Lesser, Ein Zentrum wird vertrieben. Das lange umstrittene Zentrum für Vertriebene wird bedeutungslos. Sechs Kulturminister einigen sich in Warschau auf ein „Europäisches Netzwerk für Zwangsmigration und Vertreibung", in: die tageszeitung, Nr. 7.342 vom 24./25. April 2004, S. 1; siehe auch Christina Weiss, Niemand will vergessen. Aber nur ein Netz von Geschichtswerkstätten in ganz Europa dient der historischen Aufklärung, in: Die Zeit, Nr. 41 vom 1. Oktober 2003, S. 46, und dies., Europa als kultureller Raum. Kulturpolitische Perspektiven der EU-Osterweiterung, in: Osteuropa 53 (2003), H. 11 (November), S. 1.595–1.604, hier S. 1.603.

22 Vgl. den Bericht Establishment of the Centre for European Nations' Remembrance under the auspices of the Council of Europe. Revised memorandum. Parliamentary Assembly of the Council of Europe. Committee on Migration, Refugees and Populations. Rapporteur Mr Mats Einarsson, Sweden, Group of the Unified European Left (AS/Mig [2004] 18 rev. 14 April 2004 Or. Fr.).

Karl Schlögel
Wie europäische Erinnerung an Umsiedlung und Vertreibungen aussehen könnte

Die Diskussion, die um die Einrichtung eines „Zentrums gegen Vertreibungen" in Gang gekommen ist, hat zu Polarisierungen und schiefen Frontbildungen geführt, deren Auflösung eine Bedingung für den Fortgang der Debatte und Entscheidungsfindung ist. Man muss sich noch einmal die Freiheit nehmen, aus diesen Frontbildungen und vorschnellen Lagerbildungen herauszutreten. Es geht im Folgenden um Präzisierungen, Kommentierungen, Ergänzungen zu dem, was an anderer Stelle schon einmal ausführlicher dargelegt worden ist, um vor allem eines zu ermöglichen: die Wieder-Eröffnung einer Diskussion, die sich allzu rasch auf Ergebnisse festgelegt hat.[1] Hier soll versucht werden, noch einmal den Grundgedanken zu formulieren: Wie können die Europäer und wie können die Deutschen mit der traumatischen Erfahrung von Krieg, Flucht, Umsiedlung und Vertreibung fertig werden? In welcher Form können sie die damit verbundenen Vorgänge sich vergegenwärtigen, der Opfer gedenken und so vielleicht zu einer begriffenen europäischen Geschichte gelangen, in der sich hoffentlich nicht wiederholt, was im 20. Jahrhundert Millionen von Menschen in Europa widerfahren ist. Es handelt sich im Folgenden nicht um einen Beitrag zu einem Seminar über europäische Erinnerungskultur, sondern um die Anstrengung, den Raum für die Verhandlung des Themas noch einmal zu öffnen. Der Einfachheit und Knappheit halber werden die Überlegungen in Thesenform dargelegt.

Die Ministerpräsidenten Rau und Kwaśniewski haben mit ihrer Stellungnahme in Danzig einen wichtigen Beitrag zur Entdramatisierung und Beruhigung der Debatte um das „Zentrum gegen Vertreibungen" geleistet. Es ist noch nicht lange her, da schien es kein anderes und kein wichtigeres Thema der deutschen Öffentlichkeit zu geben als die Frage der Errichtung eines „Zentrums gegen Vertreibungen". Der innere und der äußere Friede, die Zukunft der deutsch-polnischen Beziehungen schienen daran zu hängen. Die Vertreibung der Deutschen war Thema von Fernsehdokumentationen, Talkshows, Podiumsdiskussionen, des Feuilletons. Nachdem im Sommer

---

[1] Vgl. Karl Schlögel, Nach der Rechthaberei. Umsiedlung und Vertreibung als europäisches Problem, in: Dieter Bingen/Włodzimierz Borodziej/Stefan Troebst (Hrsg.), Vertreibungen europäisch erinnern? Historische Erfahrungen – Vergangenheitspolitik – Zukunftskonzeptionen, Wiesbaden 2003, S. 11–43.

2002 bereits alle Parteien des Deutschen Bundestages sich, wenn auch ganz allgemein, dafür ausgesprochen hatten, dass in irgendeiner Form der Geschichte der Vertreibung und des Schicksals der Heimatvertriebenen gedacht werden sollte, hatte sich die Diskussion des Sommers 2003 an dem Vorschlag zur Errichtung des „Zentrums gegen Vertreibungen" entzündet, der von der Vorsitzenden des Bundes der Vertriebenen, Erika Steinbach, gemacht worden war. Man reibt sich die Augen und fragt sich, wie es möglich ist, dass eine Debatte, die soeben noch die Gemüter erregt hatte, von heute auf morgen wieder abrupt verstummen kann. Als wäre nichts gewesen. Als könnte man öffentliche Diskurse gleichsam per Knopfdruck in Gang setzen oder auch wieder abstellen – je nachdem. Die Wellen der Erregung waren im Sommer 2003 hoch gegangen und die Diskussion schien zu entgleisen, als das polnische Nachrichtenmagazin *Wprost* auf der Titelseite Erika Steinbach in schwarzer SS-Uniform auf dem Rücken von Bundeskanzler Schröder reitend zeigte und „Das deutsche trojanische Pferd" titelte. Man beeilte sich auf beiden Seiten, in Polen wie in Deutschland, sich von derartigen Entgleisungen und Geschmacklosigkeiten zu distanzieren. Aber mit einem Mal schien denkbar, was lange undenkbar gegolten hatte: dass das so stabile deutsch-polnische Verhältnis nachhaltig beschädigt werden könnte, dass die mittlerweile erreichte Normalität in den Beziehungen vielleicht doch ganz fragil sein könnte. Władyslaw Bartoszewski, der Auschwitzhäftling, Außenminister im nachkommunistischen Polen, vorzüglicher Deutschlandkenner und Deutschlandfreund; Leszek Kołakowski, der polnische Philosoph, der in den 1960er-Jahren ins Exil gegangen war und sich von Oxford aus zu Wort meldete; jüngere polnische Historiker, die im letzten Jahrzehnt die Hauptlast bei der Aufarbeitung des „kompleks wypedzenia", des „Vertreibungskomplexes" getragen hatten – wie der Warschauer Historiker Włodzimierz Borodziej. Dies waren allesamt Leute, die sich ihr Lebtag lang für das Ende der Feinderklärungen, für die Aufarbeitung der Geschichte der deutsch-polnischen Beziehungen, für die „Aussöhnung" eingesetzt hatten – sie alle meldeten sich zu Wort mit der inständigen Bitte, alles zu unterlassen, was „Irritationen" auslösen könnte. An Beruhigungsversuchen auf deutscher Seite fehlte es nicht – unter ihnen Peter Glotz, prominentes SPD-Mitglied, selber Flüchtling und zusammen mit Frau Steinbach im Vorstand der 1999 gegründeten Stiftung „Zentrum gegen Vertreibungen", der auf Bartoszewski geantwortet hatte, oder Markus Meckel, der ehemalige Dissident und zeitweilige DDR-Außenminister mit seinem Versuch, eine dezidiert „europäisch orientierte Aufarbeitung des Vertreibungen" in Gang zu setzen. Es wurde erst still, nachdem die Präsidenten der Bundesrepublik Deutschland und der Republik Polens, Rau und Kwaśniewski, erklärt hatten, dass man sich gemeinsam, ohne Scheuklappen und voller Behutsamkeit an die Aufarbeitung des Vertreibungskomplexes machen und dafür die geeigneten Wege finden sollte.

Wir sollten dankbar sein für diese Atempause und sollten die uns vergönnte Ruhe dazu nutzen, um einen Blick zurückzuwerfen und den Ton, der bekanntlich die Musik macht, zu prüfen. Es ist gut, dass keine Entscheidung für oder gegen das „Zentrum" getroffen worden ist. Wenn das Anliegen – die Erinnerung an das Schicksal der Heimatvertriebenen – so wichtig ist, wie alle Kontrahenten behaupten, dann kann es auf ein paar Monate mehr auch nicht ankommen, zumal wenn, wie ebenfalls behauptet wird, das Thema nach Jahrzehnten der Verdrängung erst jetzt wieder in die Öffentlichkeit zurückkehre. Die Öffentlichkeit ist gut beraten, sich nicht von jedem Einfall und Profilierungsversuch von wem auch immer in Erregung versetzen zu lassen. Öffentlichkeiten von Gemeinwesen müssen gleichsam erregungsresistent werden, müssen gegen die Dramatisierung und Hysterisierung – meistens von Seiten politischer Parteien – auf der Gelassenheit, die auf der Erfahrung der langen Dauer beruht, bestehen. Sie müssen einen zähen Kampf gegen Wichtigtuerei und Wichtigmacher führen oder noch besser: die Wellen öffentlicher und veröffentlichter Erregung über sich hinweggehen lassen. Man könnte sagen: Erregungsresistenz ist eine immer wichtiger werdende Bürgertugend.

Aber was bedeutet das für unseren Fall – die Erörterung und das Finden einer angemessenen Form des Erinnerns und Gedenkens an das millionenfache Schicksal von Umsiedlung und Vertreibung?

Jede Generation macht sich aufs Neue ihr Bild von der Geschichte. Das ist der Normalfall eines lebendigen Geschichtsbewusstseins, darin ist nichts Spektakuläres und nichts Gefährliches. Jede Zeit macht sich aufs Neue ein Bild von der Vergangenheit. Darin besteht ja lebendiges Geschichtsbewusstsein – im Unterschied zu dem, was Friedrich Nietzsche in seiner Zweiten Unzeitgemäßen Betrachtung als „monumentalische" und „antiquarische" Geschichtsschreibung bezeichnet hatte. Die Inhalte und Formen der Erinnerung folgen nicht dem Rhythmus von Legislaturperioden oder gar den Direktiven von Parteitagen. Erinnerung und Gedächtnis stehen nicht beliebig für allerlei „Geschichts- oder Vergangenheitspolitiken" zur Verfügung. Sie sind ziemlich selbständig und eigensinnig. Die Goethesche Sentenz, dass jede Generation Geschichte neu schreibe, trifft exakt den Punkt, ist eigentlich unumstritten, unspektakulär und man fragt sich, was Beunruhigendes daran sein soll, dass die Geschichte immer wieder neu gesehen wird. Die Goethesche Sentenz gilt auch für das Thema Vertreibung. Man kann davon ausgehen, dass uns das Thema nicht in Ruhe lässt, es kommt wieder, und es hängt nicht an einem Nobelpreisträger, der eine Nase für markttrachtige Stoffe hat, wenn ein Thema wie der Untergang der „Wilhelm Gustloff" auch 50 Jahr später noch einmal die Gemüter bewegt. Die Vertreibung und Umsiedlung von zwölf bis 15 Millionen Deutschen ist der größte Vertreibungsvorgang der modernen Geschichte. Er ist so einschneidend, dass er zweifellos ein Höhepunkt – oder besser: Tiefpunkt – der deutschen Geschichte ist. Nichts lässt sich im Deutschland nach dem Zweiten Weltkrieg angemessen verstehen ohne diesen ungeheuren Bruch. Das Thema wird die jetzt Lebenden beschäftigen wie die Generation vor uns und die Generation nach uns – freilich auf ganz verschiedene Weise. Es ist selbst dann anwesend, wenn es nicht offen verhandelt wird. Es kommt immer wieder auf je spezifische Weise zur Sprache. Das zeigt ein Vergleich auf die Wahrnehmung des „Vertreibungskomplexes" bei der so genannten Erlebnisgeneration, bei den so genannten 68ern und bei der Generation der „Enkel", die heute das Thema für sich neu erschließt. Es ist nicht wahr, dass das Thema nicht offen verhandelt worden wäre.

Zunächst zur „Erlebnisgeneration". Auf sie trifft im strengen Sinne zu, dass sie sich „erinnert". Die unmittelbar Betroffenen hatten alles noch vor Augen. Sie hatten die Heimat verloren in einem unmittelbaren und radikalen Sinne. Sie waren vollständig davon beherrscht, ja traumatisiert, wie es anders auch nicht denkbar ist. Sie konnten einen Augenblick daran glauben, dass sie die Hauptbetroffenen der deutschen Tragödie waren und dass sie stellvertretend für alle Deutschen die Zeche für den deutschen Wahn zu bezahlen hatten. Es stünde den Nachgeborenen gut an, die Radikalität des Einschnittes – den millionenfachen Heimatverlust – zu verstehen oder sich wenigstens darum zu bemühen, anstatt aus überlegener historischer Warte zu urteilen oder zu verurteilen. Die Vorstellung, dass die Heimat für immer verloren sein könnte, war unmittelbar nach dem Krieg – durch alle Parteien hindurch – geradezu abwegig, und die Hoffnung auf Rückkehr war für viele, keineswegs alle „Revanchisten", das Selbstverständliche. Der öffentliche Raum der Bundesrepublik war vom Gespräch über dieses Thema erfüllt – während vom Leid der anderen und vornehmlich den von Deutschen begangenen Verbrechen erst sehr spät gesprochen wurde – spätestens seit dem Frankfurter Auschwitzprozess 1963, mit dem eine ganz neue Ära der Freilegung der Vergangenheit anbrach. Die Deutschen fingen an zu lernen, dass es noch etwas ganz anderes, Ungeheuerliches gab: den Völkermord an den Juden. Das Zentrum der Aufmerksamkeit verschob sich dramatisch.

Die Generation, die nach dem Krieg in Deutschland aufwuchs, die Generation von 1968, hatte keine eigene Erinnerung, sondern über Eltern oder Bekannte vermittelte Erzählungen. Sie war voll beschäftigt mit der Archäologie des Völkermordes. Sie hatte in der Regel kein Interesse am „Vertreibungskomplex", sie kultivierte sogar eine gewisse Kälte und Mitleidlosigkeit gegenüber den Heimatvertriebenen im Angesicht des Genozids, des Schweigens, das der Vätergeneration vorgehalten wurde. Sie wollte die Barrieren zu einer Normalisierung der Lage in Mitteleuropa beseitigen, sie war für die Neue Ostpolitik, für eine Politik, der die Zukunft gehörte, anstelle eines Einklagens obsoleter Ansprüche der Vergangenheit. Die Flüchtlingsfrage war in Nachkriegsdeutschland also immer vorhanden, wenn auch streckenweise negativ, verdrängt, als systematische Gleichgültigkeit, als Vorwurf, als Ignoranz.

Nun gibt es bei der Generation der Enkel nach der Wende von 1989 noch einmal einen Wechsel. Es gibt keine offenen Grenzfragen mehr, es gibt eigentlich auch keinen Revanchismus mehr. Die Generation, die jetzt versucht, sich ein Bild zu machen, hat keine Bilder mehr im Kopf wie die Erlebnisgeneration. Es ist alles Wissen aus Erzählungen, gleichsam *secondhand*. Sie steht anders als die mittlere Generation auch nicht mehr unter dem Schock der Entdeckung der Nazi-Verbrechen. Sie muss sich nicht mehr abarbeiten an der unguten Konjunktion von Kaltem Krieg und Infragestellung der Nachkriegsgrenzen, von Erinnerung und Revisionspolitik. Die Lage heute ist in vieler Hinsicht gänzlich anders. Der Blick heute ist, so könnte man zusammenfassen, frei: man kann über Vertreibung sprechen, ohne Grenzen in Frage zu stellen; wer sich für das Leid, das den Flüchtlingen zugefügt wurde, interessiert, weiß, was den Opfern der Deutschen wiederfahren ist.

Heute steht uns die Tragödie im vollen Ausmaße vor Augen, auch wenn das große Werk einer „künstlerischen Bewältigung" der deutschen Tragödie im Sinne etwa von Wasilij Grossmans für Russland im 20. Jahrhundert gültiger, aber erst posthum veröffentlichter Roman „Leben und Schicksal" nie geschrieben worden ist.[2] Wir haben es heute also eher mit einer erweiterten und reichen Sicht zu tun. Daran ist nichts Skandalöses, sondern etwas fast Zwangsläufiges. Die Geschichte wird weitergeschrieben. Gelassenheit, nicht Hysterie ist am Platz. Der größte Gewinn seit 1989 ist vielleicht, dass wir als Schauplatz das ganze Europa wieder ins Auge fassen und dass die Zeit der Ab- und Aufrechnungen vorüber ist. Europa traut sich zu, sich ein Bild von sich selbst zu machen.

Vertreibungserfahrungen stehen im europäischen Kontext, aber sie werden nicht als europäische, sondern als je spezifische, in der Regel: nationale erinnert. Die Herstellung eines gemeinsamen Wissens um staatliche Gewalt und Bevölkerungsbewegungen in Europa im 20. Jahrhundert dürfte ein wichtiges Moment bei der Herausbildung einer europäischen Identität werden.

---

2 Wassilij Grossman, Leben und Schicksal. Roman, München 1984.

Maurice Halbwachs hat im Abschnitt über das kollektive Familiengedächtnis Folgendes ausgeführt:

„Die Erinnerungen einer Familie entwickeln sich tatsächlich im Bewußtsein der verschiedenen Mitglieder der Familiengruppe als auf ebenso vielen verschiedenen Böden; selbst wenn sie beisammen sind, erst recht aber wenn sie im Leben voneinander getrennt sind, erinnert sich jeder von ihnen auf seine Weise an die gemeinsame Familienvergangenheit. Diese Bewußtseins bleiben in gewissen Hinsichten füreinander undurchdringlich, aber nur in gewissen Hinsichten. Trotz der Distanz zwischen ihnen auf Grund der Gegensätzlichkeit der Temperamente und der Verschiedenartigkeit der Umstände bemerken die Familienmitglieder schon deswegen, weil sie an demselben täglichen Leben teilhaben und weil zwischen ihnen der dauernde Austausch von Meinungen und Eindrücken die Bande nur enger geschürzt hat, die sie um so lebhafter verspüren, je mehr sie sie zuweilen zerbrechen möchten, daß die Gedanken der anderen sich in ihnen verzweigten und man ihnen insgesamt nur folgen und dies nur verstehen kann, wenn man alle diese Gedanken zusammenstellt und sie irgendwie miteinander verbindet."[3]

Wie weit kann das in Europa stattgefundene Umsiedlungs- und Vertreibungsgeschehen als europäisches erinnert werden? Zunächst wird erinnert, was man selbst unmittelbar erlebt, gesehen, gehört, erlebt hat; das sind die einen selbst betreffenden Vorgänge. Dies kann dazu führen, dass die großen historischen Vorgänge, die für die Nachwelt zusammenhängen, für die Erlebnisgeneration überhaupt nicht zusammenhängen. In der Regel handelt es sich um spezifische, individuell gemachte Erfahrungen und Erlebnisse: die einen haben die Juden-Deportationen gesehen oder erlebt, die anderen den Bombenkrieg, wieder andere das Geschehen an der Ostfront und noch einmal andere das Leben im besetzten Paris. Oder auf unsere Frage bezogen: die einen haben die Deportationen aus Pinsk nach Kasachstan erlebt, die anderen die Evakuierungen aus Berlin, wieder andere die Flucht aus Ostpreußen, und wiederum andere die Ansiedlung in Thessalien und so fort. Dass alles in einem europäischen Zusammenhang steht, erschließt sich eher der Nachwelt. Ein weiteres Moment spielt eine Rolle: Die Umsiedlungs- und Vertreibungserfahrung ist nicht gleichmäßig in Europa gemacht worden, sondern in ganz verschiedener Intensität, geradezu in qualitativer Abstufung. Portugal und Frankreich kannten die Rückkehr der Siedler aus den Kolonien, Spanien die 400.000 Bürgerkriegsflüchtlinge. Großbritannien oder Skandinavien ist von dem Phänomen fast unberührt geblieben, während doch offensichtlich die Zone der größten Erschütterungen im mittleren, östlichen und südöstlichen Europa lag. Dies ist ja auch einer der Gründe, weshalb es

---

3   Maurice Halbwachs, Das Gedächtnis und seine sozialen Bedingungen, Frankfurt/Main 1985, S. 203 f.

geradezu verwegen oder tollkühn anmutet, ein Museum der Vertreibungen oder ethnischen Säuberungen in Brüssel, Luxemburg oder Strassburg ansiedeln zu wollen – in Sachen Vertreibung gleichsam erfahrungslosen oder erfahrungsarmen europäischen Regionen. Weshalb dies so ist, ist ja bekannt: Erbschaft der Imperien, spezifische Züge der Nationalstaats-Entwicklung, Minderheiten-Probleme, schließlich: Zentraleuropa als Hauptschauplatz für das Kräftemessen von Nationalsozialismus und Kommunismus.

Erinnerung schließlich ist außerordentlich selektiv: Sie hebt das eine hervor und vernachlässigt das andere. Dies gilt schon für den persönlichen Bereich, auch für die kollektive Erinnerung eines Volkes und einer Nation, und erst recht für das, was man europäische Erinnerung nennen könnte. Man kann das kritisieren oder denunzieren, aber es ist eine Tatsache. Es ist leicht, darüber moralisch zu rechten, besser wäre es, nach den Gründen für die Reichweite historischer Erinnerung zu fragen. Vielleicht gibt es so etwas wie eine psychische Ökonomie der Erinnerung, die viel mit der Verarbeitungskapazität, mit dem, was man sich zumutet, zu tun hat. Es fällt auf, dass in den litauischen Orten, an denen des Genozids gedacht wird, die Massendeportationen von Litauern ins Innere der UdSSR, die einen hohen Prozentsatz des litauischen Volkes betrafen, gemeint waren, dann erst die Ausrottung des Judentums in Litauen (so z. B. im Fort XVI in Kaunas). Etwas Ähnliches kann man vom Museum in Riga sagen, wo die Deportationen der Letten in den Gulag vergegenwärtigt werden, während der Untergang der Rigaer Juden im jüdischen Museum dargestellt wird. Es muss auch etwas mit dem Fassungsvermögen von Erinnerung, mit der Kompetenz des Gedächtnisses, mit Ende und Weite der Erinnerung, mit den Grenzen des Erinnerbaren zu tun haben, wenn dies so ist; und es ist ganz gewiss eine höhere Stufe der Erinnerung, des Gedenkens, des Synthetisierens, das Zeichen einer reicheren und souveränen Gedenkkultur, wenn Erinnerung auch fremde Erfahrung, die Erfahrung anderer einzuschließen beginnt. Europäische Erinnerung kann nicht weiter sein als Europa selbst. Europa ist bisher ein Ensemble von Subjekten, nicht ein Subjekt, begabt und ausgestattet mit einer kollektiven Erinnerung – oder sie betrifft nur übergreifende europäische Vorgänge: die Pest, den Durchbruch der Gotik oder des Barock, die Industrialisierung, den Ersten und Zweiten Weltkrieg, die Ausrottung der Juden.

Europäische Erinnerung wäre über weite Strecken die Rekonstruktion der Bezüge und Horizonte, in denen sich das Geschehen vor Ort abgespielt hat, es wäre – nach dem Verschwinden des Eisernen Vorhanges – die Wiedergewinnung der gesamteuropäischen Dimension anstelle der halbeuropäisch west-östlichen. Das Sichtbarmachen des Zusammenhangs eines Geschehens, die Wiedergewinnung des Zusammenhangs und des Kontextes ist indes eine überaus schwierige Arbeit, eine Generationenanstrengung. Die mechanische Zusammenstellung verwandter Vorgänge bringt wenig. In unserem Zusammenhang beispielsweise heißt dies: Es führt kein direkter Weg vom Armeniermord zum Judenmord, es gibt keine direkte Linie von Lausanne nach Potsdam oder vom griechisch-türkischen Bevölkerungstransfer von 1923 zum Bevölkerungstransfer von Polen und Deutschen zwischen 1939 und 1948.

Wiedergewinnung der europäischen Dimension des Geschehens ist auch etwas anderes als die Summe von vergleichenden Fallstudien, die sich wie alle Vergleiche zu allen Fällen anstellen lassen, was aber nur wenig über den konkreten Erkenntnisgewinn aussagt. Zum System erhoben führt der komparatistische Weg sogar in die Irre, in die Isolierung der Vertreibungsvorgänge. Mir scheint der Hauptweg in eine andere Richtung zu führen: in die Rekonstruktion des Zusammenhangs von staatlicher Gewalt von Bevölkerungsverschiebungen im mittleren und östlichen Europa in der Weltkriegsepoche. Die Voraussetzung oder: *eine* wesentliche Voraussetzung für diese Rekonstruktion des Geschehens in seinem Zusammenhang ist, die Erzählung in Gang zu setzen oder in Gang kommen zu lassen. Dies klingt wie eine Banalität, aber die Verhältnisse nach den Ereignissen in Europa waren nicht so, dass sie der freien Erzählung günstig gewesen wären: im östlichen Europa waren die Grenzverschiebungen, die bevölkerungspolitischen Aktionen tabu, nicht diskutabel, es gab keinen öffentlichen Raum, um die Schicksale von Millionen von Menschen, die Verschiebung ganzer kultureller Räume zur Sprache bringen zu können. Für Erinnerung ist dies eigentlich eine Art Ausnahmezustand, eine Anomalie. Erinnerung kommt in ihrem ganzen Reichtum der Vergegenwärtigung, der Exaktheit der Details, der Gerechtigkeit gegenüber Sachverhalten und gegenüber Personen nur in einer erinnerungsfreundlichen Situation zur Geltung, idealiter: in einer Art herrschaftsfreiem Diskurs.

Aber auch unter den Bedingungen der „freien Welt" gab es gewisse Anomalien: Die Erinnerung fungierte als Element der ideologischen, politischen und weltanschaulichen Auseinandersetzung im Kalten Krieg, was seinerseits zu erheblichen Verkürzungen, Verkümmerungen, Deformationen führte. Der Vertreibungsdiskurs ist nur einer von vielen im Schatten des nationalsozialistischen Diskurses und im Schatten des ost-westlichen Diskurses (mit allen Ambivalenzen: häufig kann man ja im Windschatten segeln, im Schatten von etwas Spielraum haben und etwas bewerkstelligen – so auch hier). Europäisierung der Erinnerung, so die Implikation, hat daher nicht nur die Öffnung gegenüber dem europäischen Raum zur Bedingung, sondern auch und wahrscheinlich zuerst: das Ingangkommen der Erzählung vor Ort. Das müsste eigentlich jetzt, mehr als ein halbes Jahrhundert nach Kriegsende, möglich sein.

Europäisierung der Erinnerung hat viele Aspekte: Aufschreiben von Erinnerungen, wissenschaftliche Untersuchungen, Quelleneditionen, Markieren von *lieux de mémoire*[4], Konferenzen, Symposien, Austausch, Übersetzungen und Zur-Kenntnis-Nehmen der je anderen Seite; Vergegenwärtigung von Bildern, Aufsuchen der historischen Regionen, Zusammenbringen von Leuten aus der alten und aus der neuen Heimat, Pflege der verwitterten und verfallenen Schichten und Spuren, Zusammenführen von Depots, Archiven, Fotobeständen, Wiederherstellung bedrohter Denkmäler, Initiativen zu einer Art von „Wahrheitskommissionen", wo es sich anbietet, Totengedenken. Zur Europäisierung der Erinnerung gehört aber auch das Vergessen. Eine Erinnerung, die alles erinnert, wird nicht nur unlebbar, man erstickt an ihr. Erinnerung ist selektiv und eine Erinnerungskultur kann man daran bemessen, wie entschieden sie an der Komplexität festhält ohne sich ihr auszuliefern. Was erinnerungswürdig, „denkwürdig" und „merkwürdig" sein soll, stellt sich im laufenden öffentlichen Diskurs heraus.

Diese Diskurse können europäisch sein, meist bilden sie jedoch die nationalen Öffentlichkeiten und Befindlichkeiten ab, manchmal können sie auch zusammenkommen. Wenn die Frage von Flucht und Vertreibung für viele überraschend wichtig geworden ist, dann, weil da viele Momente zusammenkamen: die Bilder aus den Jugoslawienkriegen, die ethnischen Säuberungen auch anderswo – Osttimor, Ruanda – das Ausscheiden der Erlebnisgeneration der Vertriebenen aus dem aktiven (politischen) Leben, das Ende des Kalten Krieges, die Öffnung der Grenzen und das Zugänglichwerden der alten Heimat, die Entdeckung lange unterbelichteter Aspekte der eigenen Geschichte – zum Beispiel der Bombenkrieg.

Die Umsiedlung und Austreibung der zwölf bis 15 Millionen Deutschen aus dem mittleren und östlichen Europa ist ein geschichtlicher Vorgang von beispielloser Größe, ein Bruch. Dass die Deutschen nach der Beschäftigung mit dem Problem des Heimatverlustes unmittelbar nach dem Krieg nun, nach dem Ende des Kalten Krieges angefangen haben, sich damit auseinander zu setzen, ist ein Zeichen von Normalisierung, kein Rückfall. Es besagt, dass man sich mit einem Großereignis der eigenen Geschichte, mit dem alles anders wurde – die Westverschiebung Deutschlands –, zu beschäftigen begonnen hat. Es geschieht auf eine andere Weise als in den 1950er-Jahren, in den Jahren des Wiederaufbaus, der noch nicht anerkannten Grenzen. Man

---

4 Für das Konzept der „Erinnerungsorte" vgl. Pierre Nora, Zwischen Geschichte und Gedächtnis, Berlin 1990.

beschäftigt sich mit den Folgen eines historischen Bruchs, der aus verschiedenen Gründen lange Zeit verdrängt, ja tabuisiert worden ist. Es ist das Moment einer Selbstverortung in einem Europa, das den Krieg und die Nachkriegsordnung hinter sich gelassen hat. Und es ist selbst ein europäischer Vorgang, insofern als sich mit diesem Vorgang auch die ganze mittel- und osteuropäische Szenerie verwandelt hatte. Die Rekonstruktion dieser Vorgänge durch die Betroffenen/Beteiligten ist das Moment einer Selbstverständigung darüber, warum Europa heute so ist, wie es ist. Das ist ein Abschluss, die geistige Sanktionierung von etwas, was wie ein Verhängnis über die Deutschen gekommen ist. Es wird darin, wie in all solchen Vorgängen, keine Wiedergutmachung geben können: Zerstörte Leben sind nicht wiedergutzumachen. Aber wir können wenigstens verstehen, warum es heute so ist, wie es ist. Das ist für viele zu wenig. In Wahrheit ist es außerordentlich viel. Es ist die Aussöhnung mit dem, was der Fall ist, die Bedingung für einen freien Neuanfang.

Es hat sich mittlerweile herumgesprochen, dass die Geschichte der Vertreibungen ein europäisches, nur im europäischen Rahmen fassbares Phänomen ist. Dafür spricht die Größenordnung, wenn 40 bis 60 Millionen Menschen aus verschiedenen Gründen im Zeitraum von 30 Jahren ihre Heimat verloren haben. Europa hat im 20. Jahrhundert einen weiten Weg zurückgelegt von den alten Vielvölkerimperien zu den ethnisch mehr oder weniger „homogenisierten" Nationalstaaten, in denen sich erst jetzt, im Zug der zweiten Globalisierung erneut transnationale *communities* zu bilden begonnen haben. Die multiethnischen und multikulturellen Zentren sind auf radikal veränderter Grundlage nachgewachsen, in einem von ethnischer Säuberung und sozialer Nivellierung planierten Europa. Dieser Prozess ging in mehreren Stufen, in einer sich zunehmend radikalisierenden Sequenz vor sich. Mit jeder Grenzziehung wurde ein Stück ethnischer Vielfalt herausoperiert. Mit jedem Abkommen wurden Minderheiten zur Assimilation gezwungen oder Minderheiten als Fünfte Kolonnen verdächtigt und bei der nächst sich bietenden Gelegenheit über die Grenze abgeschoben. Kriege waren die radikalsten Beschleuniger dieses Prozesses. Der Krieg ist der große Entwurzler, der große Beweger. Es ist kein Zufall, dass der Viehwaggon wahrscheinlich das charakteristische Gefährt des 20. Jahrhunderts geworden ist. Es steht für die Verschiebung ganzer Völker, für das Wegbewegen, für das De-Portieren, für Ein- und Aussiedlung. Die Geschichte der Zwangsmigrationen beginnt mit der Vorgeschichte des Ersten Weltkrieges, mit den Balkankriegen im Vorfeld des Ersten Weltkrieges, als zum ersten Mal der organisierte Bevölkerungsaustausch – Abkommen von Adrianopel von 1913 – als Mittel zur Vermeidung von Konflikten angesehen und praktiziert wurde: die Entfernung von Bevölkerungs- oder Religionsgruppen aus dem Herrschaftsbereich der jeweils anderen Seite. So ging es dann drei Jahrzehnte lang von 1914 bis 1948 mit grausigen Höhepunkten: der Deportation und dem Völkermord an der im Osmanischen Reich ansässigen Volksgruppe der Armenier im Ersten Weltkrieg, der Austauschaktion christlicher Griechen gegen muslimische Türken nach dem Ende des Osmanischen Reiches und dem griechisch-türkischen Kriegen 1923 im Abkommen von Lausanne; den Umsiedlungen von Volksdeutschen, die nach 1939 aus dem der sowjetischen Einflusssphäre zugeschlagenen östlichen Europa „Heim ins Reich" geholt wurden, in dem sie nie zuvor gelebt hatten. Die deutschen Kriegshandlungen nach 1939 begannen mit Umsiedlungs- und Vertreibungsaktionen – aus dem besetzten Warthegau und Posen. Es ist kein Zufall, dass ein Mann wie Adolf Eichmann, der Logistiker der „Endlösung", seine ersten Erfahrungen in großmaßstäblicher Umsiedlung und Deportation als Beamter der Umsiedlungszentrale im Warthegau gemacht hatte. Freilich konnten sich zu jenem Zeitpunkt nur ganz wenige vorstellen, dass die „Bereinigung der ethnographischen Landkarte", von der Adolf Hitler am 6. Oktober 1939 gesprochen hatte, einmal mit der Verschiebung des europäischen Judentums in den Osten und ins Gas enden würde, und ebenso wenig konnte sich jemand vorstellen, dass die Bereinigung der ethnografischen Landkarte einmal mit der Austreibung der Deutschen aus dem mittleren und östlichen Europa enden würde.[5]

Die neuen Herren der von den Deutschen terrorisierten Staaten und Völker hatten ein leichtes Spiel, die Losung, wir wollen die Deutschen loswerden, zu verwirklichen. Alles Deutsche war nach dem, was geschehen war, verhasst. Es kam die Stunde der Vergeltung: Das ist die Stunde des Mobs, der sich straflos an Gut und Leben anderer, vor allem Hilfloser vergreift. Es ist die schwarze Stunde der Straflosigkeit, in welcher hervortritt, zu welcher Gemeinheit Menschen in der Lage sind, wenn alle Sicherungen der Zivilisationsruine durchgebrannt sind. Das ist die Stunde der Amnesie und oft auch der Amnestie.

Der Grund für eine nachdrückliche Europäisierung in der Darstellung des Vertreibungsgeschehens ist vor allem ein sachlicher. Der Vertreibungszusammenhang machte vor Staatsgrenzen nicht halt, er war in einem buchstäblichen Sinne grenzüberschreitend. Die Narrative der Nationalhistoriografie versagen hier. Dies zu betonen ist deshalb so wichtig, weil im Streit um ein „Zentrum" von einer Seite eingewendet worden ist, dass jede Form

---

[5] Nach wie vor bahnbrechend: Götz Aly, „Endlösung". Völkerverschiebung und der Mord an den europäischen Juden, Frankfurt/Main 1995; eine Reihe von Fallstudien in systematischer Absicht hat vorgelegt: Norman M. Naimark, Flammender Hass. Ethnische Säuberung im 20. Jahrhundert, München 2004.

der nationalen Darstellung zu Verfeindung führen müsse und zu vermeiden sei. Das war ein ins Leere gehender Einwand, denn freilich ist der Vertreibungszusammenhang europäisch, aber zugleich wird er als nationales Trauma erfahren. Es gibt nicht das europäische Vertreibungsopfer an und für sich und schlechthin, das ist eine abstrakte Konstruktion. Man wurde im 20. Jahrhundert ja gerade für seine Zugehörigkeit zu einer spezifischen Gruppe – ethnisch, religiös, sozial – ausgegrenzt und vertrieben. Dass die je spezifischen nationalen Erfahrungen mit Umsiedlung und Vertreibung in einen europäischen Kontext gehören, ist unbestritten und fast so etwas wie eine Phrase geworden. Vielleicht ist sogar eher zu befürchten, dass „Europa" der große Gemeinplatz wird, auf dem die konkreten Kontexte verwischt und die nationalen Verantwortlichkeiten abgeladen und entsorgt werden können. Es gibt dann keinen Zusammenhang mehr zwischen dem Beginn des Zweitens Weltkriegs am 1. September 1939 und der Vertreibung der Deutschen aus dem östlichen Europa, sondern nur noch eine allgemeine Geschichte der Zwangsmigration, die mit den Balkantürken beginnt und mit den Deutschen im östlichen Europa endet. Das wäre eine schlechte Europäisierung, die wenig mit Aufklärung und Sichtbarmachen von Zusammenhängen zu tun hat. Aber um den realexistierenden europäischen „Vertreibungskomplex" aufzuarbeiten, dazu bedarf es nicht nur noch vieler Einzeluntersuchungen und Forschung, sondern eines ebenso mutigen wie behutsamen Zugriffs, der das Reden in platten Analogien, griffigen Vergleichen und Metaphern hinter sich gelassen hat. So weit sind wir noch lange nicht. Wir haben ja noch nicht einmal die großen und kleinen Erzählungen in den vielen Sprachen der europäischen Völker zur Kenntnis nehmen können. Europäisierung ist nicht nur ein Wort, sondern eine Anstrengung, die etwas mit der Veränderung der *mental maps* in den Köpfen, mit den Narrativen in Schulbüchern, mit dem Parcours von Ausstellungen, mit dem Tonfall und den Sprachregelungen in den je nationalen Öffentlichkeiten zu tun hat.

Man versteht das heutige Europa gar nicht ohne die massiven „bevölkerungspolitischen Eingriffe" von 1939 bis 1948. Verdienstvoll wäre eine Ausstellung, die in ganz Europa gezeigt werden könnte und die ihren ständigen Sitz in einem der Zentren des neuen Europa haben könne – etwa in Straßburg oder Brüssel. Dies gehörte gleichsam zur düsteren Seite der Geschichte des „dunklen Kontinents", wie Mark Mazower Europa genannt hat.[6] Doch darauf kann und soll niemand warten. Es gibt längst eine andere Bewegung: nämlich an den Orten, an denen sich die Geschichte von Heimatverlust, Umsiedlung und Vertreibung ereignet hat, der Ereignisse und der

---

6 Mark Mazower, Der dunkle Kontinent. Europa im 20. Jahrhundert, Berlin 2000.

Betroffenen zu gedenken. Die Schauplätze von einst könnten zu Orten der Vergegenwärtigung einer verworrenen und heillosen Geschichte werden – Lodz/Lodsch, Riga, Klajpeda/Memel, Kaliningrad/Königsberg, Gdansk/Danzig, Wroclaw/Breslau, Pinsk, Klausenburg/Cluj, Karlsbad/Karlovy Vary – Europa ist übersät von Punkten des Leidens und gezeichnet von Routen der Flucht – in alle Richtungen. Für jede Nation gibt es auf dieser Karte eine sehr spezifische Serie von *lieux des mémoires*.

„Die" europäische Erinnerung gibt es nicht, dies ist eine in der Wirklichkeit nicht vorkommende Abstraktion. Erinnerungen sind konkret, vor Ort, je spezifisch, und das heißt im Falle der Flucht, Umsiedlung und Vertreibung, dass sie sich in der kollektiven Erinnerung spezifischer – d. h. meist: ethnischer – Gruppen sedimentiert. Dies ist eine elementare Tatsache und hat mit nationaler Borniertheit oder antieuropäischer Haltung gar nichts zu tun. Borniert und „antieuropäisch" wird eine Betrachtung dann, wenn Kontexte gelöscht, die Relationen von Ursache und Folge getilgt werden. Bislang gibt es aber in der ganzen Debatte niemanden, der dies ernsthaft vorgeschlagen hätte. Es gibt nur plausible und weniger plausible Kontextualisierungen – und für mich ist der Zusammenhang von nationalsozialistischer Herrschaft im Osten Europas und Austreibung der Deutschen zwingender, plausibler als der eher gedankliche oder vermittelte Zusammenhang zwischen türkisch-griechischem Bevölkerungsaustausch nach Lausanner Abkommen 1923 und Umsiedlung nach Art. XIII des Potsdamer Abkommens. Es hat mit Nationalismus nicht das Geringste zu tun, von der Erfahrung der Umsiedlung und Vertreibung der Deutschen auszugehen. Es hat allerdings etwas mit Nationalismus, noch mehr: mit Unwahrheit und Geschichtsklitterung etwas zu tun, wenn man den ursächlichen Zusammenhang von Krieg und Terror deutscher Herrschaft und folgender Vertreibung in Abrede stellen würde – ich kenne aber niemanden, der dies ernsthaft täte.

Die Opposition von nationaler und europäischer Betrachtung in der Frage, wie man die Vertreibung erinnern soll, ist – über weite Strecken – künstlich. Sie ist die verfremdete Form eines anderen Konfliktes, nämlich der Befürchtung und des Verdachts, dass das „Zentrum gegen Vertreibungen" für politische Auseinandersetzungen instrumentalisiert und damit die Arbeit an einem neuen Europa torpediert werden könnte. Dieser Konflikt lässt sich leicht entschärfen und auflösen: Das „Zentrum gegen Vertreibungen" muss, wenn es seinen Aufgaben gerecht werden will, Abschied nehmen von tagespolitischen Ambitionen, und kann daher nur heißen: „Zentrum zur Geschichte der Vertreibungen in Europa".

Der europäische Vertreibungskomplex war in der Nachkriegszeit eingebunden in die ideologischen und politischen Kämpfe des Kalten Krieges.

Sie waren verwoben mit den innenpolitischen und außenpolitischen Lagerbildungen und Haltungen zu Grenz- und Territorialfragen, zur Regelung der Kriegsfolgen und so fort. Kurz: der Vertreibungskomplex war Teil der aktuellen Politik von Regierungen und Parteien. Mit der Wende von 1989 ist eine gänzlich neue Situation eingetreten. Es gibt in Europa keine offenen Grenz- und Territorialfragen mehr. Umsiedlung und Vertreibung sind zu einem Teil der Geschichte geworden, deren Folgen freilich bis auf den heutigen Tag nachwirken. Die Depolitisierung des Vertreibungskomplexes öffnet das Tor zu ihrer historischen Erforschung und Darstellung. Man kann nur hoffen, dass sich daraus bleibende Einsichten ergeben. Die Vorstellung indes, ein solches Zentrum könne auch in die aktuelle Politik intervenieren, ist irreführend. Vertreibungen, ethnische Säuberungen, Gewalt und Ähnliches werden durch das Handeln der internationalen Politik unterbunden, nicht durch die Aktivitäten von Zentren, deren primärer Zweck Ausstellung und Dokumentation ist. Es wäre eine völlige Überforderung einer nichtpolitischen Institution mit politischen Aufgaben. Es muss der Verdacht ausgeräumt werden, mit einer solchen Einrichtung würden indirekt oder direkt politische Ziele verfolgt. Die Federführung eines solchen Projektes kann nicht bei einer politischen Interessenvertretung der Vertriebenen liegen. Solange dies der Fall ist, bleibt der Verdacht, es handele sich um ein Projekt der Vertriebenenverbände, bestehen. Die Beunruhigung im Ausland resultierte weniger aus einer Beunruhigung über die Einrichtung eines Zentrums zur Geschichte der Vertreibungen als vielmehr aus der Befürchtung, es könnte instrumentalisiert werden für gegenwärtige und laufende Auseinandersetzungen; jedoch gibt es auch im Ausland ein innenpolitisches Spiel mit Befürchtungen und Ängsten.

Die Bewältigung der Flucht- und Vertreibungserfahrung darf nicht allein auf die Schultern der Flüchtlinge und Vertriebenen abgewälzt werden; vielmehr muss endlich die „Normalgesellschaft" sich mit Geschichte und Folgen von Flucht und Vertreibung beschäftigen. Eine so zentrale Erfahrung wie Flucht und Vertreibung der Deutschen aus den östlichen Provinzen muss in die Mitte der Gesellschaft zurückgeholt werden. Der Komplex aus Krieg, Flucht und Vertreibung ist neben dem von Deutschen an anderen Völkern begangenen Verbrechen, insbesondere der Ausrottung der Juden, das zentrale Ereignis der deutschen Geschichte, wenigstens im 20. Jahrhundert. Dies sagend, wird weder eine innere Logik noch eine Symmetrie noch sonst etwas unterstellt, sondern lediglich auf die gleichsam monumentale Dimension geschichtlicher Erfahrung und ihres Niederschlags in der kollektiven Erinnerung bzw. Gedächtnis hingewiesen. Kollektive Erinnerungen sind plastisch, ändern sich mit der Zeit, transformieren sich. Vieles spricht dafür, dass es lange Zeit keinen Raum gegeben hat für die Aussprache über diese traumatischen und ganz verschiedenen Erfahrungen. Bis auf den heutigen Tag ist m. E. das Problem ungelöst, wie man ohne in falsche Logifizierungen und Vereinfachungen zu verfallen, über an Deutschen begangenes Unrecht und an Deutschen begangene Verbrechen im Schatten eines anderen, des von Deutschen begangenen Verbrechens spricht. Hier liegt ein wirkliches gedankliches und sprachliches Problem vor, das nichts mit Viktimisierung und Selbstviktimisierung zu tun hat. Die deutsche Nachkriegsgesellschaft hat die Folgen des Nationalsozialismus sehr ungleich zu spüren bekommen. Die Hauptlast hatten gewiss die Flüchtlinge und Heimatvertriebenen zu tragen, ohne dass dies wirklich in einer Anerkennung zum Ausdruck gekommen wäre. Die „Normalgesellschaft" zog es vor, in Ruhe gelassen zu werden, wenn nicht noch schlimmer: die Probleme abzuschieben, zu marginalisieren und letztlich auf eine „biologische Lösung" zu hoffen. Biologische Lösungen gibt es aber in geistigen Prozessen nicht. Die „Normalgesellschaft" schuldete den Heimatvertriebenen daher etwas. Sie schuldet denen, die mit Heimatverlust bezahlt haben, wenigstens die Pflege der Erinnerung, die Arbeit am kulturellen Erbe und Gedächtnis. Die Integration der verloren gegangenen Welt ist kein mechanischer Prozess, sondern ein Vorgang der kulturellen Aneignung, der in Deutschland noch lange nicht abgeschlossen ist, in vieler Hinsicht sogar erst aufgenommen werden muss. Die Transformation Nachkriegsdeutschlands dürfte erst abgeschlossen sein, wenn die geistige Aneignung der verlorenen kulturellen Provinzen vollzogen ist.

Eine so zentrale Erfahrung wie der Verlust der Ostprovinzen des Deutschen Reiches und Flucht, Vertreibung und Umsiedlung von mehr als zehn Millionen Deutschen darf nicht irgendwohin ausgelagert werden, sondern muss einen zentralen Ort in der Vergegenwärtigung deutscher Geschichte im 20. Jahrhundert haben. Dieser zentrale Ort ist das Deutsche Historische Museum in Berlin Unter den Linden. Es wird immer gefragt, welcher der Ort der Vergegenwärtigung dieser Geschichte sein könnte, und es gibt keinen besseren Ort als den leeren Bau, der auf eine neue Bestimmung wartet: Das unter König Friedrich I. von Johann Arnold Nering begonnene, von Andreas Schlüter weitergeführte und von Jean de Bodt 1706 vollendete Zeughaus Unter den Linden. Entstanden als Lagerhaus für Kriegsgerät, 1943 ausgebrannt, nach dem Krieg aufwendig rekonstruiert, bis zum Ende der DDR zentrales Museum der deutschen Arbeiterbewegung und nach der Wiedervereinigung zum Deutschen Historischen Museum umfunktioniert. Mitten in Berlin gibt es also einen Ort, wo sich die Besucher ein Bild von einer heillosen Geschichte machen können. Nach grundlegenden Umbauarbeiten soll der Bau mit seinen 7.500 Quadratmetern im Jahre 2005 mit der Dauerhausstellung eröffnet werden. 2.000 Jahre deutscher Geschichte – was immer das bedeuten mag, dürfte doch der deutschen Geschichte im 20. Jahrhundert ein besonderes Augenmerk zukommen. Wir kennen das Konzept noch nicht, aber man kann davon ausgehen, dass jene Ereignisse, die für den Zusammenbruch der deutschen Geschichte im 20. Jahrhundert stehen – die Entfesselung des Zweiten Weltkrieges und der Völkermord an den Juden einerseits, der Verlust des deutschen Ostens und die Vertreibung von mehr als zwölf Millionen Menschen andererseits –, *en passant*, in ein paar Vitrinen oder Ausstellungskojen nicht abgehandelt werden können. Aber auch die Idee, an anderer Stelle, aber im Rahmen und in der Verantwortung des Deutschen Historischen Museums, einen besonderen Ort zu suchen, an dem die Geschichte von Krieg, Flucht und Vertreibung vergegenwärtigt werden kann – das Gasometer und der spätere Luftschutzbunker in der Fichtestraße in Berlin-Kreuzberg –, hat viel für sich. Die Ausstellung im Deutschen Historischen Museum hätte für sich: Zentralität für die Besucher der Hauptstadt, die Einordnung in die Berliner Topografie der Gewalt, vor allem aber die Einordnung in die Institution Deutsches Historisches Museum.

Es käme unter einem Dach zusammen, was in der geschichtlichen Wirklichkeit zusammen, aber in der Erinnerung und im Gedächtnis von Betroffenen und Nachgeboren in der Regel getrennt ist: die Welten der Emigranten und der Mitläufer, der Opfer und der Täter, der Kriegführenden und der Bombenopfer, der ins Gas Deportierten und der zur Ausweisung aus ihrer Heimat Bestimmten, Bilder von der verlorenen und Bilder von der neuen Heimat. Es würden Bilder zu sehen sein, die Dokumentation von Tatbeständen, begleitet von genauen und kenntnisreichen Legenden und Erklärungen, ohne eine vorschnelle Subsumtion unter eine Logik der Geschichte, jenseits von monokausalen Zuweisungen, aber eingeordnet in den geschichtlichen Kontext. Das wäre ein Stück Vergegenwärtigungsarbeit, die den Organisatoren der Ausstellung alles abverlangt und die dem Publikum nichts erspart. Sie käme ohne erhobenen Zeigefinger aus, weil sie gemacht ist von erwachsenen Leuten für ein erwachsenes Publikum, das sich seine Meinung selber zu bilden in der Lage ist. Es gibt kaum einen angemesseneren Ort für die Konfrontation mit Flucht und Vertreibung der Deutschen aus dem östlichen Europa, einer traumatischen Erfahrung der Deutschen im 20. Jahrhundert, als das Deutsche Historische Museum mitten in Berlin. Es ist keine periphere Erfahrung, die irgendwohin ausgelagert werden sollte, und die Beschäftigung mit diesem Thema sollte an niemanden delegiert werden, denn die Verantwortung und die Folgen dieser Geschichte gehen über die unmittelbar Betroffenen hinaus. Vielleicht könnte so die „innere Aussöhnung" zwischen den Einheimischen und den Heimatvertriebenen und ihren Nachkommen besiegelt werden.

Die Bildung eines „Europäischen Netzwerks: Zwangsmigrationen und Vertreibungen im 20. Jahrhundert" ist die beste Garantie für die Rekonstruktion des europäischen Zusammenhangs. Schon existierende Zusammenhänge sind auszubauen und zu erweitern. Die Einrichtung einer oder mehrer Forschungsstellen wäre vermutlich die geeignetste Form, um diesen Zusammenhang zu festigen. Darüber hinaus sind alle anderen Formen der Begegnung zu unterstützten.

Aber es gibt noch einen anderen Ort der Wiederbegegnung. Das ist die Landschaft der Geschichte selbst. Jahrzehntelang war das östliche Europa, in dem einmal die Provinzen des Deutschen Reiches gelegen hatten, in denen große deutsche Minderheiten gelebt hatten, in der die deutsche Sprache die lingua franca war, wieder zugänglich. Wohin wir auch kommen, immer sind es auch Orte der Begegnung mit den Spuren deutscher Geschichte und Geschichte der Deutschen im östlichen Europa. Diese Spurensuche wäre nur dann lächerlich, ja gefährlich, wenn versucht würde, irgendeinem Geist des deutschen Volkstums auf die Spur kommen zu wollen. Aber das will ja niemand außer ein paar Narren, die sich immer und überall finden. Wo immer wir uns im mittleren und östlichen Europa aufhalten, wir haben es mit einer Doppel- und oft auch Mehrfachgeschichte, einem Ineinander von vielen Geschichten zu tun. Der Revisionismus ist tot, er ist gestorben, von selbst, und die Bedingungen, unter denen er gedieh, gibt es nicht mehr. Niemand, und wollte er es noch so stark, könnte ihn wiederbeleben. Wir sind in Kaliningrad, und wir sind auf den Spuren von Königsberg, wir kommen auf unserer Reise nach Litauen auf der Fähre aus Rostock in Klajpeda an, wo auf einem Platz vor dem Theater die Skulptur des Ännchens von Tharau steht und eine Inschrift für Simon Dach angebracht ist. Wir fahren den Njemen hinauf und werden an Bobrowski erinnert. In Vilnius hieß die Straße, in der heute die einzige heil gebliebene Synagoge steht, einmal die Deutsche Straße – aber die Deutschen waren es, die die alte Wilna zerstört haben. Riga – auf dem Domplatz die Büste von Herder, im Opernhaus hat Richard Wagner sein Dirigat gegeben. Wir können es nicht vergessen und wir sollen es auch nicht vergessen. Es war immer schon eine Dummheit, die Geschichte von Städten umzulügen, aber sie ist es im neu vereinigten Europa noch mehr. Viele der heute wieder leuchtenden Metropolen des östlichen Europa sind Städte nicht nur mit einer, sondern mit vielen Vergangenheiten. Man sieht ihnen bis heute an, dass sie Vielvölkermetropolen waren und dass sie von den Säuberungswellen des 20. Jahrhunderts geschundene Städte sind. Heute dürfen und müssen wir die verborgenen und so lange verschwiegenen Geschichten wieder zum Sprechen zu bringen – in Kaliningrad, Lodz, Lviv, Oradea, Petersburg, wo auch immer. Unter dem Pflaster dieser Städte liegt der Reichtum ihrer Geschichten, die in der Eindimensionalität nationaler Meistererzählungen niemals aufgegangen sind. Europäisierung des Geschichtsbildes bedeutet, die nationalen Geschichten in ihren europäischen Bezügen zu denken. Diese steht übrigens nicht nur uns bevor, sondern auch anderen: Ungarn oder Polen, die auch „ihren Osten" verloren haben. Es gilt sogar für die Russen, die mit dem Souveränwerden der zentralasiatischen Republiken auch etwas wie einen „Osten" verloren haben, mit allem was dazugehört: mit einer nach Millionen zählenden Diaspora und mit einer gewaltigen Migrations- und Rückwanderungsbewegung. Überall sind diese Geschichten Verlustgeschichten und Geschichten von der Gewinnung einer neuen Heimat in der Fremde.

In Europa ist die Wiederbegegnung und die Wiederverknüpfung von alten und neuen Heimaten, von Eingesiedelten und Ausgesiedelten längst im Gange. Man muss im Sommer nur unterwegs sein im mittleren und östlichen Europa: Der Tourismus *back to the roots* boomt. Diese Touristen kommen aus allen Himmelsrichtungen, und sie sind unterwegs in allen Provinzen des alten Europa: in Masuren, in Galizien, in der Bukowina, in Schlesien, in Böhmen, Mähren oder im Banat. Es sind die von dort Kommenden, die in der Regel über diese im Westen meist unbekannten Landstriche am besten Bescheid wissen und die eine Beziehung zu den heute dort Lebenden haben. Hier wären die Tausenden Geschichten der kleinen und kleinsten Begegnungen zu erzählen, in denen Europa sich ein neues Bild von sich selbst verschafft. Es sind diese molekularen Prozesse, aus denen Europa hervorwächst, weniger aus den großen und imposanten und staatstragenden symbolischen Gesten. So kehrt ein Wissen, so kehren Bilder, die in die Fremde gerettet wurden, an den Ursprungsort zurück und so gewinnen jene, die ihre Heimat verloren haben, ein Bild von der Welt, die nach dem Ende von anderen zu einem zweiten Leben erweckt worden ist. Beispiele, die an Wunder grenzen, gibt es genug: Wroclaw/Breslau ist nur eines. So wird über die Zeitbrüche hinweg eine neue Kontinuität gestiftet. Auch das gehört zu den Akkumulationsprozessen, aus denen das neue Europa hervorgehen wird. Davor muss niemand Angst haben.

Postscriptum

„Ost-, Ostmittel- und Mitteleuropa ist jene Region, die im 20. Jahrhundert wie kaum eine andere von gewaltsamen Bevölkerungsbewegungen geprägt worden ist: Massenumsiedlungen, „Transfer" ganzer Bevölkerungsgruppen, ethnischer Minderheiten und sozialer Klassen, staatlich sanktionierte Austreibung und Deportation im Massenmaßstab, Genozid, Bevölkerungsaustausch gemäß ständig sich verändernder Grenzen haben die ethnische, religiöse, soziale und kulturelle Topografie der Region in der Zeit von 1914 bis 1950 radikal verändert. Die Auswirkungen dieser Prozesse, die im östlichen Europa ihr Sturmzentrum hatten, haben auch das westliche Europa tiefgreifend beeinflusst.

Dieses Geschehen wird bisher fast ausschließlich in Teilaspekten und auf besondere Volksgruppen bezogen aufgearbeitet. Es kommt darauf an, den systematischen Zusammenhang und die Interdependenz dieser Bewegungen auf die gesamte Region bezogen in den Blick zu fassen. Dies soll an einer Forschungsstelle „Staatliche Gewalt und Bevölkerungsbewegungen in Ostmitteleuropa im 20. Jahrhundert" geleistet werden. Sie soll ihren Platz finden an der als Europa-Universität wiederbegründeten Viadrina in Frankfurt an der Oder, an einem vom geschichtlichen Geschehen geprägten und durch die Lage an der deutsch-polnischen Grenze ausgezeichneten Ort."

(Zusammenfassung aus dem Antrag „Staatliche Gewalt und Bevölkerungsbewegungen im östlichen und mittleren Europa im 20. Jahrhundert", gestellt von Karl Schlögel und Götz Aly im Jahre 1996, abgelehnt von der Deutschen Forschungsgemeinschaft.)

Heidemarie Uhl

„Flucht und Vertreibung" und die neuen Dissonanzen des europäischen Gedächtnisses[1]

Willi Brandts Kniefall in Warschau 1970 gilt als eine Ikone des Bildgedächtnisses der europäischen Versöhnung nach dem Zweiten Weltkrieg – gerade im Feld der „Vergangenheitsbewältigung" scheint der Prozess der Integration im Hinblick auf ein erweitertes Europa allerdings gegenwärtig Risse zu bekommen. „Flucht und Vertreibung" ist offenkundig das negative Zauberwort, das neue Dissonanzen im Feld des europäischen Gedächtnisses generiert, und zwar zwischen Staaten, deren Verhältnis längst als „entspannt" und „normalisiert" galt, nämlich zwischen Deutschland und Polen beziehungsweise der Tschechischen Republik.

Die vergleichende Sichtweise lässt allerdings ein bemerkenswertes Relevanzgefälle erkennbar werden: Während die öffentliche Debatte um „Flucht und Vertreibung" der deutschsprachigen Bevölkerung in den Jahren 1945–47 in Deutschland und – in Reaktion darauf – in Polen und in der Tschechischen Republik von starker Präsenz ist, spielt diese Frage in anderen betroffenen Ländern kaum eine Rolle.

Worauf ist diese Diskrepanz zurückzuführen, vor allem aber: wie ist der neugewonnene Stellenwert von „Flucht und Vertreibung" in Deutschland zu erklären? Die erstaunliche Präsenz, die dieser symbolische Begriff mittlerweile im Gedächtnishaushalt der Berliner Republik gewonnen hat, wird umso deutlicher im Vergleich mit seiner weitgehenden Abwesenheit beziehungsweise Marginalität in Österreich.

Im Unterschied zu Deutschland hat sich nämlich in Österreich dieses Gedächtnis-Narrativ in den letzten Jahren kaum verändert: Das Thema beschränkt sich nach wie vor weitgehend auf die Vertriebenenverbände und auf die Freiheitliche Partei Österreichs (FPÖ), die sich zu deren Anwalt gemacht hat. Die diskursiven und visuellen Erzählungen über „Flucht und Vertreibung" werden zumeist in den öffentlich wenig wahrgenommen Publikationsorganen dieser Verbände verbreitet, das kulturelle Gedächtnis dieser Ereignisse in Form von Gedenkfeiern und Gedenkstätten ist ein partikulares geblieben, das im wesentlichen von der Gedächtnisgemeinschaft der Vertriebenen getragen wird.

---

1 Eine gekürzte Fassung erschien am 29.10.2003 unter dem Titel „Hitlers letzte Opfer? Die Vertreibung aus deutscher und aus österreichischer Sicht" in der Süddeutschen Zeitung.

Allerdings gibt es einen medialen Kontext, in dem das „Flucht und Vertreibungs"-Narrativ auch in Österreich ein neues *framing* erfahren hat: die emotional diskutierte Frage der EU-Osterweiterung. Diese Debatte hat ein mediales Aufmerksamkeitsfenster für das Thema Beneš-Dekrete eröffnet, in dem auch in Österreich die Schreckensbilder der Zwangsmigration der deutschsprachigen Bevölkerung aus der Tschechoslowakei in einer breiten Öffentlichkeit kommuniziert wurden konnten: So illustrierte die *Kronen Zeitung* im Juli 2003 einen Bericht über die heutige tschechische Haltung zum ehemaligen Staatspräsidenten (dessen Portrait mit der Bildunterschrift „Schöpfer der Mord-Dekrete" versehen wurde) mit zwei Fotodokumenten über das Schicksal der Sudetendeutschen: Über der Bildunterschrift „Verjagt, beraubt und gemordet" zeigte eine Fotografie Frauen und Kinder beim Verlassen eines Viehwaggons („Sudetendeutsche auf der Flucht"), ein zweites Foto „nach Kriegsende erhängte Deutsche". Die Intentionen, mit denen diese Fotografien seit 1945 verwendet wurden, nämlich die Anprangerung der Verbrechen der „Siegermächte" am „deutschen Volk", ohne deren Vorgeschichte und historischen Kontext zu thematisieren, entfalten offenkundig auch heute noch ihre Wirksamkeit: Im Rahmen der Debatte um die Osterweiterung der Europäischen Union sind die Beneš-Dekrete auch im österreichischen öffentlich-medialen Diskurs zu einem Synonym für ein Unrecht, dessen Sühne noch aussteht, geworden. Österreich – so der Subtext dieser Berichte – habe seine Vergangenheit in den letzten Jahren erfolgreich bewältigt, daher sei man legitimiert, diese „Vergangenheitsbewältigung" nun auch von den „Anderen" einzufordern.

Dass sich kaum öffentliche Kritik regte, als die FPÖ im Hinblick auf die österreichische Haltung zur EU-Osterweiterung als Anwalt der Sudetendeutschen auftrat, kann als Erfolg dieser Darstellung gewertet werden. „Nur bei einer bewältigten Vergangenheit sei eine gemeinsame Zukunft möglich", erklärte die FPÖ-Abgeordnete Barbara Rosenkranz. In einem von der FPÖ eingebrachten Entschließungsantrag wurde die österreichische Bundesregierung im Oktober 2002 aufgefordert, bis zur Ratifizierung des Erweiterungsvertrages „sicherzustellen, dass in weiteren Gesprächen mit der Tschechischen Republik" über die Frage der Vertreibung der Sudetendeutschen „unter Einbindung der betroffenen Interessenvertretungen eine menschenrechtskonforme Lösung" erzielt werde. Die Frage, warum die österreichische Regierung nun als Schutzmacht der Sudetendeutschen agieren sollte, wo doch seit 1945 unter dem Vorzeichen der Opferthese explizit darauf Wert gelegt worden war, weder mit der „preußischen" Barbarei des Nationalsozialismus noch mit Deutschtum in welcher Form auch immer etwas zu tun zu haben (bekanntlich wurde am Beginn der Zweiten Republik sogar das

Schulfach „Deutsch" in „Unterrichtssprache" umbenannt), wurde dabei ebenso wenig diskutiert wie jene, ob solche Forderungen überhaupt dem EU-Recht entsprechen.

Der vergleichende Blick auf den relativ peripheren Stellenwert, den der Diskurs um „Flucht und Vertreibung" im Haushalt des österreichischen Gedächtnisses hat, erhellt allerdings einige problematische Aspekte der deutschen Diskussion. Angesichts des Fehlens eines äquivalenten Erinnerungsdiskurses in Österreich erscheint die Vorstellung einer „Rückkehr der Erinnerung", die dem Thema in Deutschland einen gewissermaßen naturgesetzlich-anthropologischen Rahmen gibt, als keineswegs zwangsläufig, sondern als kontingent: Auch unter der österreichischen Bevölkerung gibt es einen nicht geringen Prozentsatz an Menschen, zu deren biografischen oder familiär tradierten Erfahrungen die Zwangsmigration aus der Tschechoslowakei, aus Ungarn, aus dem ehemaligen Jugoslawien und anderen osteuropäischen Ländern zählt. Dass diese Erfahrung nicht zu einer Selbstidentifikation im Sinne der Vertriebenenverbände führen muss, geht vor allem aus den Stellungnahmen des deutschen Außenministers Joschka Fischer hervor. Fischer wies in einem Interview mit der *Zeit* den Begriff der „Vertreibung" zurück und sprach von einem „Prozess der deutschen Selbstzerstörung"; auf die Frage, ob er sich als Opfer fühle, antwortete er: „Nein. Der Untergang des Nationalsozialismus war eine Befreiung – auch und gerade für Deutschland."[2]

Wortmeldungen wie diese machen deutlich, dass das Schlagwort von der „Rückkehr der Erinnerung" in der gegenwärtigen deutschen Debatte vielmehr die Funktion zu haben scheint, die neuen Deutungskämpfe um das Geschichtsbild zu verschleiern, die wohl nicht zufällig im Kontext mit der EU-Erweiterung entbrannt sind und durchaus dazu geeignet erscheinen, alten Ressentiments eine neue Artikulationsmöglichkeit zu eröffnen.

Die „Rückkehr der Erinnerung" an die Zwangsmigration geht aber weit darüber hinaus, den Vertriebenenverbänden ein Zeitfenster für das Einspeisen der von ihnen in den Nachkriegsjahrzehnten geformten Erzählung über „Flucht und Vertreibung" und vor allen seines wirkungsmächtigen visuellen Narrativs in die öffentliche Kommunikation zu eröffnen. Was in den letzten beiden Jahren in der Gedächtniskultur der Bundesrepublik beobachtet werden konnte, ist die Transformation der partikularen Erinnerungskultur einer gesellschaftlichen Teilgruppe – der Vertriebenenverbände – zu einem Be-

---

2 „Was haben wir uns angetan?" Ein ZEIT-Interview mit Außenminister Joschka Fischer über ein Zentrum gegen Vertreibungen und über das Geschichtsbild der Deutschen, in: Die Zeit, Nr. 36 vom 28. August 2003.

zugspunkt von identitätsstiftender Relevanz für das Gedächtnis der ganzen Nation, und zwar als der erste gemeinsam verhandelte Gedächtnisort des wiedervereinigten Deutschland. Die Selbstverständlichkeit, mit der „Flucht und Vertreibung" am Beginn des 21. Jahrhunderts zu einem „Auschwitz" zwar noch nicht gleichberechtigten, aber doch kollektiv identitätsstiftenden deutschen Erinnerungsort geworden ist, vermag zu irritieren – im Jahr 1985 hatte Andreas Hillgrubers Vergleich von „zweierlei Untergang", der beiden „nationalen Katastrophen" des „Mordes an den Juden im Machtbereich des nationalsozialistischen Deutschland" und der „Vertreibung der Deutschen aus Ostmitteleuropa" noch einen Historikerstreit evoziert.

Seine Institutionalisierung soll dieser neue historische Bezugspunkt im geplanten „Zentrum gegen Vertreibungen" finden, das sich bereits durch die derzeitige Debatte als einer der zentralen Gedächtnisorte der Berliner Republik herauskristallisiert hat. Würde das Projekt eines „Zentrums gegen Vertreibungen" in Berlin tatsächlich realisiert, so hätte hier eine Alternativ- oder Gegenerzählung zum Holocaust-Gedächtnis einen konkreten Ort erhalten, der eine Relativierung der Schuldfrage impliziert und so auch den Ort des Berliner Holocaust-Denkmals in der symbolischen Landschaft des deutschen Gedächtnisses verschiebt. Das „Zentrum gegen Vertreibungen" würde zum Ausdruck dafür, dass der Bund der Vertriebenen nun als ebenso legitimer und repräsentativer Akteur im Feld der Gedächtnispolitik auftreten kann wie der Zentralrat der Juden in Deutschland.

Der Versuch des Bundes der Vertriebenen, gerade im Rahmen dieses Prestigevorhabens das Thema „Vertreibung" als ein „europäisches" neu zu kontextualisieren, erscheint allerdings fragwürdig: Dass die Vertreibungsverbrechen als Konsequenz des „von Hitler entfachten Weltenbrandes" zu sehen sind und nicht als Verbrechen der „Siegermächte" am „deutschen Volk", dass die Vertriebenen demnach als „Hitlers letzte Opfer" zu betrachten sind, das betonen nicht etwa die Vertriebenenverbände, sondern jene medialen Instanzen, die „Flucht und Vertreibung", eine revisionistische Kampfvokabel des Kalten Krieges, in einen neuen, mit dem europäischen Integrationsprozess ebenso wie mit dem Stand der Gedächtniskultur in der Bundesrepublik kompatiblen Rahmen gestellt haben. Diese Neukontextualisierung bildete erst die Voraussetzung für die Aufnahme dieses historischen Bezugspunktes in den Kanon der identitätsstiftenden nationalen Gedächtnisorte. Literarische Ereignisse wie Günther Grass' im Jahr 2002 veröffentlichte Novelle „Im  Krebsgang", TV-Sendereihen wie Guido Knopps „Die große Flucht. Das Schicksal der Vertriebenen", das Themenheft zur „Spiegel"-Serie über die „Vertreibung aus dem Osten", „Die Flucht der Deutschen" („Spiegel special" 2/2002) und andere populärwissenschaftliche Hochglanzmagazine („Flucht und Vertreibung" als November-Themenheft von „Damals. Das Magazin für Geschichte und Kultur" 2002, „Deutschland nach dem Krieg 1945–1955" als Schwerpunkt der September-Ausgabe 2002 von Geo-Epoche, dem „Magazin für Geschichte") verdichteten im Jahr 2002 die Diskurse über „Flucht und Vertreibung" zu einem visuellen Narrativ von ikonischer Qualität. Auch wenn das „Zentrum gegen Vertreibungen" nicht in der geplanten Form realisiert werden sollte, die Bilder der Vertreibung stehen nun im Bildgedächtnis Deutschlands neben jenen des Holocaust.

Und genau dies war ihre Intention in jenen Verwendungszusammenhängen, die in den Nachkriegsjahrzehnten den Diskurs über „Flucht und Vertreibung" geprägt haben: als Gegennarrativ zur Beschäftigung mit der Schuldfrage, als Anprangerung der Verbrechen der „Siegermächte" an den Deutschen. Eine ebensolche diskursive Rahmung erhielten übrigens die visuellen Zeugnisse der Zerstörungen durch alliierte Bombenangriffe, wobei die Bilder des zerstörten Dresden offenkundig einen gemeinsamen deutsch-deutschen Bezugspunkt gebildet haben – auch dieses deutsche Opfer-Narrativ

erfuhr bekanntlich jüngst parallel zu „Flucht und Vertreibung" eine Renaissance. Als Antithese zum Gedächtnis an den „Zivilisationsbruch Auschwitz" (Dan Diner) sind die Bilder der Vertreibung auch in der Geschichte des österreichischen Gedächtnisses konnotiert, vor allem seit sie im Umfeld der TV-Ausstrahlung von „Holocaust" im Frühjahr 1979 propagandistisch eingesetzt wurden: „Holocaust international", die Sonderausgabe einer FPÖ-nahen Schüler- und Studentenzeitung, die in einer Auflage von 150.000 Gratis-Exemplaren vertrieben und vor Schulen verteilt wurde, setzte die Fotografien der „Vertreibungsverbrechen, die nach dem Krieg [...] an den Deutschen begangen wurden", ein, um den Schockbildern der Verfolgung und Ermordung der jüdischen Bevölkerung entgegenzuwirken. Das bereits erwähnte Foto, das die *Kronen Zeitung* am 27. Juli 2003 mit der Unterschrift „nach Kriegsende erhängte Deutsche" publizierte, findet sich unter den Fotodokumenten der Vertreibungsverbrechen in „Holocaust international" vom Februar 1979 – neben Fotos des zerstörten Dresden.

Die deutsche Debatte ist allerdings ein Indikator für eine bemerkenswerte strukturelle Tendenz im politisch-medialen Handlungsfeld des Gedächtnisses: „Vergangenheitsbewältigung" scheint sich mittlerweile als Format verselbständigt zu haben und entsprechend den Logiken des Medienmarktes immer neue Themen zu suchen – allerdings zunehmend entkoppelt von seiner bisherigen Verwendungsweise als kritische Selbstbefragung um den Schuldanteil des eigenen Kollektivs an Verbrechen gegen die Menschlichkeit. Vielmehr geht es um die Aufrufung eines performativen Formats, um brisante, medienwirksame, das heißt vor allem auch: neue historische Themen auf die mediale Agenda setzen zu können. Verweise auf die „Wiederkehr des Verdrängten", des „bislang Tabuisierten" und „Verschwiegenen" bilden dafür gewissermaßen den legitimierenden Prolog, auch wenn gerade bei „Flucht und Vertreibung" von Schweigen gar keine Rede sein konnte.

Allerdings beginnt sich dabei eine Phasenverschiebung in der europäischen Gedächtniskultur – und zu dieser zählen ganz wesentlich auch die öffentlichen Debatten und Konflikte um die Deutung der Vergangenheit – abzuzeichnen, in der auch eine bereits überwunden geglaubte Ost-West-Grenzziehung neuerlich an Bedeutung gewinnt: In jenen europäischen Ländern, die sich nach 1945 als Opfer des Nationalsozialismus sahen – und dies waren, wie Tony Judt gezeigt hat[3], praktisch alle mit Ausnahme der BRD –, und seit den Neunzigerjahren vor allem auch in den Staaten des ehemaligen sowjetischen Einflussbereichs bestimmen die Debatten um die (Mit-)Schuld  an den Verbrechen des NS-Regimes und auch die Kritik an der Politik der Vertreibung und ethnischen Säuberung nach Kriegsende die öffentlich-medialen Diskussionen um die „unbewältigte" Vergangenheit. Die Bundesrepublik hingegen scheint jene Phase der Auseinandersetzung mit der eigenen Vergangenheit, die seit den Achtzigerjahren unter dem dominanten Vorzeichen der Schuldfrage stand, gerade hinter sich zu lassen.

---

3   Tony Judt, Die Vergangenheit ist ein anderes Land. Politische Mythen im Nachkriegseuropa, in: Transit 6/1993, S. 87–20.

Peter Haslinger

„Flucht und Vertreibung" europäisieren?
Zur Frage einer didaktischen Aufbereitung von Zwangsmigration im gesamteuropäischen Kontext

Die 2002 zu Tage getretene Eskalation um das geplante „Zentrum gegen Vertreibungen" machte für die Geschichtswissenschaften deutlich, dass der Themenkomplex „Umsiedlung, Flucht, Deportation und Vertreibung" zurzeit kaum auf ein Forschungsfeld reduzierbar ist, das ohne das Wissen um seine Einbettung in aktuelle innen-, außen- und europapolitische Kontexte auskommt. Dies bestimmt auch die Problematik der Möglichkeiten, Techniken und Reichweiten des diachronen und inter-regionalen Vergleichs.

Zunächst ist zu fragen, ob eine Zusammenschau von Fällen, in denen sich wegen ihres Verlaufs und ihrer Phänomenologie ein Vergleich faktisch aufdrängt, immer einen Mehrwert an Erkenntnis über historische Gesamtentwicklungen mit sich bringt. Gerade optische Parallelisierung vermittelt selbsterklärende Botschaften, ein Problem, das sich durch den *iconic turn* der letzten Jahre eher noch eher verschärft hat – so wurden in der Publizistik und der popularisierenden Geschichtsschreibung seit dem Kosovokrieg 1999 immer wieder in fast programmatischer Weise eine Gruppe deutscher Vertriebener einer Flüchtlingsgruppe auf dem Balkan gegenübergestellt.[1]

Dies ist nur ein Indiz dafür, dass wir seit Ende der 1990er-Jahre mit der Genese einer neuen Rahmenerzählung über „Umsiedlung, Flucht und Vertreibung" konfrontiert sind. Wenn wir uns hierbei nur auf die politischen und medialen Debatten in Deutschland beschränken, weisen alle Varianten dabei einen gemeinsamen Kern auf: Die Balkankriege von 1912/13 und der 1923 sanktionierte griechisch-türkische „Bevölkerungstausch" bildeten den Auftakt, und die ethnisch motivierte Gewalt nach dem Zerfall Tito-Jugoslawiens den Abschluss eines europäischen Jahrhunderts von „Flucht und Vertreibungen". Welche diskursive Funktion hat jedoch diese Art der Bezugnahme auf Vertreibungsvorgänge und Massentötungen in Südosteuropa innerhalb der neuen Rahmenerzählung? Bewegen wir uns mit dieser Weitung der Perspektive tatsächlich in Richtung einer transnationalen, gesamt-

---

[1] Vgl. zu den ikonografischen Qualitäten der Zwangsmigration auch den Beitrag von Heidemarie Uhl in diesem Band.

europäischen Sichtweise auf komplexe Zusammenhänge zwischen einzelnen Zwangsmigrationen? Wenn wir überhaupt eine solche Darstellung anstreben, welches wären dann die Strategien für eine geeignete didaktische Umsetzung? In den meisten Überblickswerken und didaktisch argumentierenden Darstellungen dient der Verweis auf Südosteuropa vor allem dazu, eine chronologische Achse einzuführen und das Thema gleichzeitig aus einem rein deutschen Betrachtungskontext zu lösen. Dies geschieht durch eine „Rahmung" von Umsiedlung, Flucht und Vertreibungen in Ostmitteleuropa während und unmittelbar nach dem Zweiten Weltkrieg durch zwei Vorgänge, die durch die Abwesenheit deutscher Täter wie Opfer charakterisierbar sind (nämlich die Balkankriege 1912/13, der griechisch-türkische Bevölkerungstausch und die Kriege am Balkan zwischen 1991 und 1999). Aus einer historischen Fachperspektive ist diese Rahmenerzählung jedoch in zweifacher Hinsicht in Frage zu stellen: Zum einen sind Vertreibungen, Massentötungen und die Zerstörung von materieller Kultur, die auf Vorstellungen von Gruppenzugehörigkeit aufbauen, in Südosteuropa schon in der ersten Hälfte des 19. Jahrhunderts festzustellen – etwa infolge des griechischen Unabhängigkeitskampfes. Vor allem jedoch bleiben jene ethnischen Säuberungen, die vor allem in Jugoslawien und Griechenland zwischen 1941 und 1951 stattfanden, in den meisten Überblicksdarstellungen unerwähnt oder beschränken sich – wie im Fall Jugoslawiens – fast ausschließlich auf die deutschen Vertriebenen.

Gerade hier erschließt sich eine erstaunliche Diskrepanz: Die oft noch biografisch erinnerten Morde, Deportationen, Vertreibungen und Fluchtbewegungen der Zeit des Zweiten Weltkrieges bildeten die argumentative Hauptgrundlage für die Eskalation nach dem Zerfall Jugoslawiens 1991. Und sie sind natürlich ebenfalls im Kontext der nationalsozialistischen Eroberungs- und Hegemoniepolitik zu bewerten und zu analysieren – erinnert sei hier an nur eine Facette, nämlich die Funktionalisierung „einheimischer" SS-Formationen zur Durchführung von ethnischen Säuberungen, welche ebensolche Gegenreaktionen von Vertretern anderer bewaffneter Gruppen nach sich zogen. Die Einbindung Südosteuropas in der bisherigen Form führt daher noch nicht zu einem gesamteuropäischen Erinnern, sondern kreist immer noch um die numerisch natürlich deutlich ins Gewicht fallenden Vertreibungsvorgänge in Ostmitteleuropa während und nach Ende des Zweiten Weltkrieges. Die Konsequenz daraus ist eine zweifache: Die Fachwelt steht zum einen mit der Erarbeitung einer gesamteuropäischen, in alle Richtungen hin ausbalancierten Sichtweise noch völlig am Anfang. Das bedeutet, zweitens, dass wir noch nicht über eine gesicherte wissenschaftliche Grundlage verfügen, um Flucht und Vertreibung in einem europäischen Bezugsrahmen, der seinem Namen auch wirklich gerecht wird, didaktisch umzusetzen. Dazu tragen die unterschiedlichen Entwicklungspfade und nationalen Interessenlagen der einzelnen Historiografien ebenso bei wie die Betonung bilateraler Darstellungsachsen.

Auch ein anderes Problem spricht zunächst für eine wissenschaftliche, durchaus interdisziplinär angelegte Form transnationaler Zusammenarbeit. Bei einer Durchsicht auch synthetisierender Darstellungen fällt auf, dass die Migrationsforschung (auch die historischen Zuschnitts[2]) bisher keine Definition und nur rudimentär ein methodisches Werkzeug dafür entwickelt hat, Zwangsmigrationen und ihre Übergänge zum Genozid – etwa bei Vertreibungen, die in Massentötungen übergehen – zu untersuchen. Gerade bei der Analyse von Zwangsmigrationen tritt jedoch das Problem hinzu, dass sich bisher das Betrachtungs- und Untersuchungsobjekt auch in wissenschaftlichen Darstellungen in der Regel von der vertriebenen Gruppe herleitete und damit auch die Perspektivierung der Täter bis zu einem gewissen Grad verinnerlichen musste. Hierin entsteht nicht nur ein Forschungsdesiderat, das die methodische und theoretische Arbeit eines interdisziplinären Projektnetzwerks tragen und wissenschaftlich legitimieren könnte. Gerade der Zwangscharakter jener Bevölkerungsbewegungen wirft auch eine zentrale Frage auf, die es vor jeder didaktischen Ausarbeitung zu klären gilt: Wie soll bei der Darstellung mit jenen Gruppenkonzepten verfahren werden, auf denen die Zwangsmigrationen aufbauten und die sich zwangsläufig in allen verwendeten Statistiken und Karten widerspiegeln müssen?

Es gibt meines Erachtens drei Möglichkeiten, eine Verabsolutierung der Makroperspektive zu umgehen und sich von jenen essenzialisierenden Kategorien zu emanzipieren, die einzelne Teile komplexer Gesellschaften auf *einen* Identitätsaspekt reduziert und damit in Krisenzeiten eine Handlungsaufforderung zur Erfassung, Kontrolle, Flurbereinigung und „Säuberung" bereits implizit in sich trägt. Die erste Methode ist die der kritischen Darstellung der Geschichte des jeweiligen Gruppenkonzepts und der entsprechenden Manipulationen durch verschiedene, zum Teil auch namentlich bekannte Akteure. Ein weiterer möglicher Ausweg aus dem beschriebenen didaktischen Dilemma ist die regionalisierte Sichtweise, d. h. die Darstellung der komplexen gesamtgesellschaftlichen Verhältnisse in einem bestimmten Gebietsausschnitt und die mikrohistorische Analyse jener Verdrängungs-

---

2 Vgl. etwa Harald Kleinschmidt, Menschen in Bewegung. Inhalte und Ziele historischer Migrationsforschung, Göttingen 2002. Auch Klaus Bade begnügt sich in seinem Überblick bei der uns interessierenden Epoche im Wesentlichen mit einer statistischen Auflistung und einem knappen Abriss der jeweiligen Rahmenbedingung einzelner Zwangsmigrationsbewegungen: Klaus J. Bade, Europa in Bewegung. Migration vom späten 18. Jahrhundert bis zur Gegenwart, München 2000.

maßnahmen, offenen Gewalt oder konzertierten administrativen Schritte, welche die Vertreibungen auslösten und begleiteten. Besonders hier würde genügend Darstellungsraum entstehen, um die Zusammenhänge zwischen zeitnah stattfindenden Zwangsmigrationen gegenstandsnah zu verdeutlichen. Soziale und wirtschaftlich-materielle Motivlagen hätten in einem regionalen Fallbeispiel ebenso ihren Platz wie jene Ursachen, die erst zu einer ethnischen oder konfessionellen Polarisierung führten, oder die Verortung der von außen kommenden Impulse in Richtung einer Vertreibung. Die Frage, ob die der Bevölkerung zugeschriebenen Kategorien von diesen verinnerlicht oder überhaupt im intendierten Sinn verstanden wurden, lässt sich in diesem Zusammenhang bei entsprechender Quellenlage ebenso thematisieren.

Durch diesen Perspektivenwechsel würde eine quantitativ verfahrende und im Wesentlichen politisch argumentierende Makroperspektive durch eine Betrachtungsebene ergänzt, die der Wahrnehmung der Zwangsmigration durch die Opfer weit gerechter würde und gleichzeitig Schauplätze und Akteursgruppen benennt. Auch verweist eine derartige Darstellungsart auf die in der jeweiligen Zeitspanne und Region gültigen gesellschaftlichen Normvorstellungen, das Management ethischer Hemmschwellen und auf das argumentative Potenzial verschiedener Feindbilder. Es lassen sich über diesen Weg Bezüge zu anderen Zwangsmigrationen in derselben Region herstellen, die wir aus heutiger Sicht keineswegs als Vertreibungen kennzeichnen würden – die Deportation und Ermordung von Juden und Roma ebenso wie z. B. die Verschleppung von Privatpersonen in Zwangsarbeitslager oder die Zwangsumsiedlung von „Klassenfeinden" in kommunistischen Staaten zu Beginn der 1950er-Jahre.

Ein dritter Weg, sich bei der Darstellung von Zwangsmigration der inneren Logik nationaler Kategorien und der in ihnen angelegten Homogenitätsvorstellungen zu entziehen, ist die Einnahme der subjektiv-individuellen Perspektive. Hierbei stellt sich jedoch ein weiteres Problem, das mit der omnipräsenten medialen Aufbereitung der letzten Jahre zu tun hat. Dort haben wir es vielfach mit einem Phänomen zu tun, das als ‚kumulativ individualisierte Populärgeschichte' bezeichnet werden kann. Diese Darstellungsart setzt das Wissen um historische Kausalzusammenhänge, die auf die aggressive Expansionspolitik des Dritten Reiches zurückzuführen sind, oft unkommentiert voraus und vollzieht einen Perspektivenwechsel in die Mitte der Wir-Gruppe: Ein Erlebnisstrang, sei es jener der Opfer der alliierten Luftangriffe auf deutsche Städte oder auch der Vertreibungen, wird in der Darstellung verinnerlicht und entsprechend inszeniert. Dieser teils moralisierten Rhetorik des Rückholens von Erinnerung gehen viele Facetten und Evidenzen historischer Kontextualisierung verloren. Sie lässt daher bewusst viele Deutungsvarianten offen und birgt so in sich die Gefahr einer schleichenden Relativierung von verbrecherischem Einzel- und Gruppenverhalten in der Vergangenheit. Parallele Strategien, Methoden und Verläufe spiegeln noch lange keine parallelen Prozesse wider, selbst dann, wenn Betroffene dies subjektiv so empfinden. Das Bedürfnis von Opferverbänden, vor dem Tod der Erlebnisgeneration deren Erfahrungen festzuhalten, ist ein zutiefst menschliches und daher unbedingt aufzugreifen. So hat etwa die aktuelle Entwicklung in Zypern gezeigt, dass bei der Verarbeitung von Vertreibungserfahrung durch die Betroffenen Grundkonstanten menschlichen Verhaltens feststellbar sind, die durchaus geeignet erscheinen, über den Einzelfall hinaus, in einem gesamteuropäischen Betrachtungszusammenhang, Verhaltensstrukturen und Wege zu einer Bewältigung traumatisierender Erfahrungen offen zu legen. Angesichts des Zeitfaktors – so steht zu erwarten, dass in zehn Jahren Vertreter der Erlebnisgeneration nur mehr in sehr beschränktem Ausmaß zur Verfügung stehen werden – ist es jedoch unbedingt notwendig, entsprechende Projekte in professioneller Weise wissenschaftlich zu betreuen oder zumindest zu begleiten. Die in vielen Dokumentationen angewandte Montagetechnik ist demgegenüber weit davon entfernt, ein komplexes Bild festhalten zu können oder zu wollen, das auch wissenschaftlichen Ansprüchen gerecht wird; hier herrscht die Tendenz vor, individuelles Erleben von einer von Identitätsbedürfnissen gespeisten Makrogeschichte her zu ordnen und zu interpretieren. Und gerade aus diesem Blickwinkel erscheint der Versuch, bereits jetzt Erinnerung in eine autorisierte Form zu gießen und an einem zentralen Ort zu präsentieren, als weit verfrüht – für diesen Schritt müssten die Ergebnisse arbeitsteilig agierender Forschungsprojekte vorliegen, auf denen dann in einigen Jahren eine solche Präsentation überhaupt erst aufbauen kann.

An dieser Stelle sei ein Umstand besonders hervorgehoben: Eine erfolgreiche didaktische Aufbereitung kann nur auf einer Kombination mehrerer Betrachtungsperspektiven aufruhen – wobei dies noch keineswegs gleichbedeutend ist mit einem bilateralen oder multilateralen Zugang. Natürlich muss dabei die politische und demografische Makrogeschichte den Rahmen bilden und hat dabei in ihren Statistiken und kartografischen Darstellungen zwangsläufig auch auf nationale Gruppenkonzepte zurückzugreifen. Die Darstellung der Entwicklung auf regionaler Ebene bedarf ohne Zweifel einer wohlabgewogenen Rückbindung an diese Makrogeschichte. Es ist jedoch erst eine regionalisierte bzw. lokalisierte Betrachtungsweise, welche die ethisch-moralische Dimension überhaupt erst begreifbar machen kann, die Entrechtung, Vertreibung und Ermordung für Täter, Opfer, Aufnahmegesellschaft und jene Gesellschaften bedeutet, die heute an den Schauplätzen des Geschehens siedeln. Gerade eine gut abgestimmte Kombination zwischen Makro- und der Mikroebene gibt individuellem Erinnern erst seinen adäquaten historischen Kontext – und dem didaktisch Arbeitenden die Möglichkeit, abseits vom Diktat der Zahlen Präferenzen zu setzen, Sichtachsen anzulegen und auch dem Deportationsschicksal der kleineren und nicht ethnisch-national bestimmten Gruppen gerecht zu werden, die zwar aus dem Blickwinkel der Makrogeschichte wenig Gewicht zu haben scheinen, wo allerdings die Folgen für die betroffenen Gruppen oft mit einschneidenden Konsequenzen einhergingen.

Wie gelangen wir jedoch auf dieser Grundlage zu einer gesamteuropäischen Sichtweise? Wird eine europäische Sicht auf die verschiedenen Aspekte von Zwangsmigration angestrebt, muss beim jetzigen Erkenntnisstand einer Musealisierung – in welcher Form auch immer – die Arbeit eines Verbundes von Forschungsprojekten vorangehen oder diese zumindest aktiv und verantwortlich begleiten. Zudem scheint eine offen-dynamische Konzeption des transnationalen Zugangs dabei wesentlich. Jede Unternehmung wäre von vornherein zum Scheitern verurteilt, die sich zum Ziel setzen würde, in der Frage der Bewertung der Zwangsmigrationen im 20. Jahrhundert nationale Perspektiven auflösen und diese durch ein neues gesamteuropäisches Narrativ ersetzen zu wollen – dieses würde wiederum nur eine normative Wirkung entfalten und eine dynamische Weiterentwicklung unterbinden. Eine transnationale Geschichtsschreibung zu Flucht und Vertreibung wird daher auch in Zukunft auf den Ergebnissen nationaler Historiografien aufbauen müssen. Dabei wird es jedoch deren Aufgabe sein, von Strukturen, Entwicklungsbrüchen und Kontaktzonen ausgehend die bisher eindeutig scheinenden Gruppen und Prozesse zu hinterfragen. Durch einen derartigen Vergleich werden sich den einzelnen Nationalhistoriografien zwangsläufig neue Erkenntnisperspektiven und Angelpunkte eröffnen, die auch behilflich sein werden, eigene konfliktgeschichtlich geprägte Traditionen und damit kollektive Täter- und Opferzuschreibungen zu reflektieren.

Hermann Schäfer

Zur musealen Auseinandersetzung mit der Vertreibung in Europa. Ein Projekt der Stiftung Haus der Geschichte der Bundesrepublik Deutschland

In seinem Roman „Heimatmuseum" umreißt Siegfried Lenz mit knappen Worten die Themen, denen sich ein Museum zur Geschichte der ehemaligen Ostgebiete Deutschlands zu widmen hat: „Es sollte von vornherein nur einem einzigen Zweck dienen: alles aufzunehmen, was das Land unserer Herkunft bezeichnete, was seine Eigentümlichkeit bewies, was seine Geschichte veranschaulichte und was schließlich auch offen legte, warum es verlorenging, und unter welchen Umständen wir es verlassen mußten." Gleichzeitig skizzierte der selbst aus Ostpreußen stammende Schriftsteller damit schon 1978 inhaltliche Schwerpunkte einer Ausstellung zum Themenkomplex „Flucht und Vertreibung", der in Deutschland seit Beginn des 21. Jahrhunderts wieder intensiver in der Öffentlichkeit diskutiert wird.

Auf den ersten Blick mag es paradox scheinen, dass es heute einen wesentlich höheren Anteil Deutscher gibt, die entweder selbst vertrieben wurden oder Vertriebene in der engeren Verwandtschaft haben, als noch 1950. Nachdem die Flüchtlinge und Vertriebenen aber in ihrer neuen Heimat im Nachkriegsdeutschland angekommen waren, blieb es nicht bei der Aufnahme gesellschaftlicher Kontakte mit der einheimischen Bevölkerung. Mit jedem Vertriebenen, der in eine alteingesessene Familie einheiratete, stieg die Zahl derjenigen, die in ihrem persönlichen Umfeld mit der Vertreibung in Berührung kamen.

Von Anfang an verfolgte die Stiftung Haus der Geschichte der Bundesrepublik Deutschland bei der Planung des Ausstellungsprojekts zum Thema „Flucht und Vertreibung" den Gedanken, eine für die Bevölkerung repräsentative Umfrage durchführen zu lassen. Für das Haus der Geschichte als modernem Museum zur deutschen Zeitgeschichte hat Besucherorientierung einen zentralen Stellenwert; Besucherbefragungen sind das geeignete Mittel, um diese strategische Ausrichtung in die Tat umzusetzen: Es geht stets um die Ermittlung der „Grenze" zwischen Wissen und Neugier der potenziellen Besucher, um deren inhaltliche Erwartungen besser zu begreifen. In unserem speziellen Fall wurde rasch deutlich, dass zwar viele Meinungen und Vorstellungen – auch Vorurteile – über das Thema, aber keine verlässlichen, geschweige denn repräsentativen Daten existieren. Daher setzte sich die Stiftung mit verschiedenen Meinungsforschungsinstituten in Verbindung und schrieb eine bundesweite Bevölkerungsbefragung aus. Ziel eines solchen Projekts musste es sein, vor Beginn der konkreten Planungs- und Gestaltungsarbeiten Informationen über Kenntnisse sowie Interessen des potenziellen Publikums einer solchen Ausstellung zu gewinnen. Es war entscheidend, dass eine solche Untersuchung nicht auf die traditionellen Zielgruppen beschränkt blieb, sondern gerade auch jenseits der angestammten Ausstellungs- und Museumsbesucher repräsentative Daten erhoben wurden. Diese Befragung hat im Herbst des Jahres 2002 das Institut für Demoskopie Allensbach durchgeführt. Der gesamte Fragenkatalog und die behandelten Themenfelder sind in enger Zusammenarbeit zwischen der Stiftung und dem Institut für Demoskopie entwickelt worden, so dass fachwissenschaftliche und methodische Kenntnisse dicht verzahnt eine optimale Grundlage für die Erhebung der Daten bildeten.[1]

Diese bundesweite Repräsentativbefragung – die übrigens erstmals seit den 1950er-Jahren solide Daten über Kenntnisse und Einstellungen der deutschen Bevölkerung zum Themenfeld „Flucht und Vertreibung" eruiert – zeichnet ein differenziertes Bild: 29 Prozent der Bevölkerung rechnen sich selbst oder jemanden in ihrer Familie zu den Heimatvertriebenen, davon geben sieben Prozent an, sie seien selbst Vertriebene, 22 Prozent beziehen die Aussage auf Vertreibungsopfer in der Familie. Damit hat sich der Anteil derjenigen, die diese Frage bejahen, seit 1959 von 24 auf 29 Prozent vergrößert. Selbst die unter 30-Jährigen rechnen noch zu 24 Prozent jemanden in ihrer Familie zu den Vertriebenen; hierbei verweisen 74 Prozent dieser Alterskohorte auf die Großeltern. Es handelt sich mithin nicht um weit entfernte Verwandte. Erwartungsgemäß ist der Anteil von Personen, die sich selbst zu den Heimatvertriebenen rechnen, mit 18 Prozent bei den über 60-Jährigen am größten. Das heißt, dass bei dieser potenziellen Besuchergruppe fast ein Fünftel über persönliche Flucht- oder Vertreibungserfahrungen verfügt.

Die Erinnerung an die Integrationsschwierigkeiten ist bei den selbst von Flucht und Vertreibung betroffenen Deutschen wesentlich größer als bei den Folgegenerationen (67 zu 42 Prozent). Die Zahl der Personen, die glauben, dass es längere Zeit Probleme bei der Integration gegeben habe, wird von Generation zu Generation geringer. Wesentlich für den Wissenshorizont potenzieller Ausstellungsbesucher ist auch, dass bei den unter 30-Jähri-

---

1 Repräsentative bundesweite Mehrthemen-Umfrage vom 6.–17. Dezember 2002 mit insgesamt 2.183 befragten Personen ab 16 Jahren (gewichtete Stichprobe); einheitliches Frageformular in Verbindung mit mündlich-persönlicher Befragung.

gen die größte Gruppe mit 36 Prozent der Befragten gar keine Angaben zu dieser Frage gemacht hat. Ihr Informationsstand ist also sehr niedrig.

Eine positive Einschätzung der schnellen Integration ist bei den Westdeutschen stärker ausgeprägt als bei den befragten Ostdeutschen. Exemplarisch wurde im Zusammenhang mit der Integration der Flüchtlinge und Vertriebenen nach Begriff und Inhalt des Lastenausgleichgesetzes gefragt. Zwei Drittel der Befragten insgesamt und sogar 85 Prozent der Vertriebenen gaben an, von diesem Gesetz bereits gehört zu haben, es konnten jedoch nur von weniger als einem Fünftel der befragten Personen inhaltlich richtige Stichpunkte gegeben werden. Die eingehende Analyse der Daten zeigt allerdings, dass die Aussage, von diesem Gesetz gehört zu haben, nicht etwa nur vorgetäuscht ist. Alles in allem folgt hieraus, dass der Integrationsprozess deutlich unbekannter und nur mit geringen Assoziationen verknüpft ist, während Vertreibung und überlieferte Vertreibungserlebnisse auch bei der jüngeren Generation durchaus präsent sind.

Allerdings sind die faktischen Kenntnisse vom Flucht- und Vertreibungsgeschehen bei den Deutschen relativ gering. So wird selbst die Zahl der deutschen Flüchtlinge und Vertriebenen sowohl von den Befragten insgesamt, wie auch von denjenigen, die sich selbst als von Flucht und Vertreibung Betroffene bezeichnen, erheblich zu niedrig eingeschätzt. Somit wird also eine Grundinformation zu diesem Thema kaum erinnert. Nur zehn Prozent der Befragten nannten mit der Schätzung zehn bis 20 Millionen die richtige Größenordnung – zur Auswahl standen vier Kategorien: unter fünf Millionen, fünf bis zehn Millionen, zehn bis 20 Millionen und mehr als 20 Millionen. In der Gruppe der unter 30-Jährigen lag diese Einschätzung mit vier Prozent noch einmal deutlich unter dem Durchschnitt. Selbst die Vertriebenen schätzen die Größenordnung der betroffenen Personen nur zu 17 Prozent richtig ein; sie nennen zu 60 Prozent einen niedrigeren Wert und machen zu 22 Prozent keine Angaben.

Grundlegende geografische Kenntnisse über die Vertreibungsgebiete sind hingegen durchaus vorhanden: So beschreiben 57 Prozent der Befragten in grober Form die Lage des Sudetenlandes und 39 Prozent die Schlesiens auf einer Karte richtig. Erwartungsgemäß haben die Jüngeren hier geringere Kenntnisse. Der höhere Informationsgrad über das Sudetenland kann nur vermutungsweise auf die aktuelle Berichterstattung über die Tschechische Republik zurückgeführt werden. Bedeutende Städte im Zusammenhang mit den Ereignissen von Flucht und Vertreibung werden noch gut erinnert. So werden Königsberg und Breslau zu 70 beziehungsweise zu 65 Prozent bei der Bevölkerung insgesamt, und zu jeweils 93 Prozent bei den Flüchtlingen und Vertriebenen richtig genannt.

Aus einer vorgegebenen Liste von 14 prominenten Persönlichkeiten nach denjenigen befragt, die aus den ehemaligen Ostgebieten stammen, liegen Günter Grass, Marion Gräfin Dönhoff und Alfred Biolek vorne. Die Flüchtlinge und Vertriebenen selbst erinnern mit 48 Prozent Marion Gräfin Dönhoff noch vor Günter Grass mit 38 Prozent am häufigsten. Interessanterweise folgt an fünfter Stelle mit Hans-Dietrich Genscher eine Persönlichkeit aus Halle an der Saale.

Gefragt wurde auch nach der Beschäftigung mit Filmen und Literatur zum Thema. Aus einer Literaturliste wurden im Wesentlichen drei Buchtitel häufig genannt: „So zärtlich war Suleyken" und „Heimatmuseum", beide von Siegfried Lenz sowie „Im Krebsgang" von Günter Grass. Die Titel sind in der Regel bei den Vertriebenen besser eingeführt als bei der übrigen Bevölkerung. Die Bücher von Siegfried Lenz sind in Westdeutschland wesentlich bekannter als im Osten, beim Roman von Günter Grass halten sich die Angaben die Waage, während zum Beispiel der Roman „Kindheitsmuster" von Christa Wolf im Osten – allerdings bei insgesamt geringerem Kenntnisstand – bekannter ist als im Westen.

Noch über dem bekanntesten Roman rangiert bei der Beschäftigung mit dem Thema das Medium Fernsehen. 34 Prozent der Befragten insgesamt gaben an, Guido Knopps ZDF-Dokumentation „Die große Flucht" gesehen zu haben. Danach folgen der Spielfilm „Grün ist die Heide" und eine weitere ZDF-Dokumentation über die Vertriebenen. Der zweite Rang des Spielfilms aus den 1950er-Jahren beruht auf einer hohen Kenntnis bei den Flüchtlingen und Vertriebenen selbst. Die meistgesehene Fernseh-Dokumentation liegt bei den Vertriebenen selbst unter dem Durchschnitt der Bevölkerung.

Mit einer zehnstufigen Skala wurde gefragt, wie sehr das Thema die Bevölkerung beschäftige. Insgesamt gaben sechs Prozent die beiden stärksten Stufen (9 und 10) und 38 Prozent die Stufen 5 bis 8 an. Um diese Aussage einschätzen zu können, wurde in repräsentativen Vergleichsgruppen nach drei weiteren geschichtlichen Themenkomplexen gefragt: dem „Nationalsozialismus", der „DDR-Vergangenheit" und dem „Wirtschaftswunder". Das Thema „Flucht und Vertreibung" rangiert bei dieser Auswahl auf dem zweiten Platz hinter dem „Nationalsozialismus". Hoch signifikant sind die Unterschiede zwischen Ost und West: im Westen liegt das Thema „Flucht und Vertreibung" auf gleicher Höhe mit dem „Nationalsozialismus", dann folgen mit erheblichem Abstand das „Wirtschaftswunder" und die „DDR-Vergangenheit". In den neuen Bundesländern liegt die „DDR-Vergangenheit" noch vor dem „Nationalsozialismus", das Thema „Flucht und Vertreibung" folgt mit deutlichem Abstand an dritter Stelle. Der faktisch ebenso große Anteil von Flüchtlingen und Vertriebenen in der Wohnbevölkerung findet hier also keine Entsprechung. Vermutlich geht diese Einschätzung auf die lange Tabuisierung des Themas in der DDR zurück. Damit korrespondiert die Tatsache, dass bei den Buch- und Filmtiteln nur 28 Prozent der westdeutschen, aber 43 Prozent der ostdeutschen Bevölkerung angaben, keinen der aufgeführten Titel zu kennen.

Um Einstellungen zum Thema ermitteln zu können, wurden den Befragten einige Aussagen vorgelegt und um Einschätzung gebeten. Es zeigte sich, dass fast 60 Prozent das Thema als aktuell empfinden, da es auch heute noch Flucht und Vertreibung gebe. 55 Prozent vertraten die Meinung, dass das Thema alle angehe, da viele Millionen Flüchtlinge und Vertriebene in Deutschland aufgenommen worden seien. Die Integrationsleistung würdigen 42 Prozent. Dass das Thema sie persönlich beschäftige, weil so viele Menschen gelitten hätten, gaben 36 Prozent an. Nur zehn Prozent der Befragten ist es gleichgültig oder sie finden es besorgniserregend, „dass ausgerechnet die Deutschen dieses Thema wieder hochbringen". Bei den Einschätzungen „das Thema geht uns alle an" und „das Thema ist immer noch aktuell" liegen die Antworten der Vertriebenen selbst sowie ihrer Verwandten und Kinder nicht wesentlich auseinander. Nur bei der Würdigung der Integrationsleistung stimmen die Vertriebenen selbst in stärkerem Maße zu.

In den Fragekomplex zur Emotionalität des Themas wurde auch eine Dialogfrage zum Problemkreis „Entschuldigung für die Vertreibungsverbrechen seitens Tschechiens, Polens und Russland" integriert. 44 Prozent der Bevölkerung sind der Ansicht, dass eine Entschuldigung nicht notwendig sei, ein knappes Drittel besteht auf einer solchen Entschuldigung. Die Vertriebenen selbst verlangen dies geringfügig stärker. Das Antwortverhalten veränderte sich mit der Begründung für diese Entschuldigung: Die Hälfte der Befragten begründete ihre Präferenz gegen offizielle Entschuldigungen mit der Tatsache, dass die Deutschen im Zweiten Weltkrieg selbst viele Verbrechen begangen hätten. Die zweite Gruppe führte an, dass „alles viel zu lange her sei" und man deshalb die Dinge auf sich beruhen lassen solle. Interessanterweise wird der letztgenannte Begründungszusammenhang offensichtlich etwas stärker akzeptiert und führt dazu, dass die Zahl derjenigen, die auf einer Entschuldigung bestehen, geringer wird. Dieses Antwortverhalten gilt für die Gesamtbevölkerung insgesamt wie auch für die Vertriebenen.

Die Vertriebenenverbände spielen im Bewusstsein der Befragten eine sehr geringe Rolle. Spontan werden sie bei verschiedenen Assoziationstests nur zu 0,7 Prozent beim Stichwort „Vertreibung" und zu zwei Prozent beim Stichwort „Vertriebene" genannt. Die vom Haus der Geschichte eingebrachte explizite Frage nach den Vertriebenenverbänden zeigt, dass jeweils knapp ein Drittel der Befragten angeben, diese Verbände nicht zu kennen, oder eine unentschiedene Haltung einnehmen. Etwa gleich viele Deutsche geben an, sie „sehr sympathisch" (21 Prozent) oder „unsympathisch" (19 Prozent) zu finden. In dieser Einschätzung liegen die Gruppen der über 60-Jährigen und unter 30-Jährigen näher beieinander, die Generation dazwischen ist in der Haltung den Vertriebenenverbänden gegenüber sehr viel skeptischer.

Aus dem Antwortverhalten zu Aussagen über die Vertriebenenverbände lässt sich ableiten, dass die Mehrheit diesen Organisationen neutral bis gleichgültig gegenüber steht. Am häufigsten wird genannt, dass sie für die Pflege von Tradition und Brauchtum wichtig seien (Vertriebene selbst 63 Prozent, Bevölkerung insgesamt 44 Prozent). An zweiter Stelle der eher positiv konnotierten Nennungen liegt die Aussage, dass die Verbände für freundschaftliche Kontakte zwischen Deutschen und Polen etc. sorgen (Vertriebene 47 Prozent, übrige Bevölkerung 27 Prozent). Bei den eher skeptisch wertenden Aussagen dominiert die Einschätzung, dass fast nur ältere Menschen Mitglieder seien (55 Prozent Vertriebene, 50 Prozent Bevölkerung insgesamt). Dahinter folgen drei Antwortmöglichkeiten, die fast auf gleicher Höhe rangieren: „Haben heute kaum noch politischen Einfluss", „Haben sich überlebt" und „Sind ein Sammelbecken für ewig Gestrige". Die Unterschiede zwischen den Vertriebenen selbst und der Gesamtbevölkerung sind nur gering. Dies bedeutet, dass die Vertriebenenverbände auch von ihren eigenen Mitgliedern mehr als Gruppen zur Traditionsbewahrung denn als Interessenvertretung angesehen werden.

In Bezug auf „Flucht und Vertreibung" als Ausstellungsthema gaben 32 Prozent der Gesamtbevölkerung an, zu wissen, dass es Museen gebe, die sich speziell mit der Geschichte von Flüchtlingen und Vertriebenen befassen. Zwei Drittel meinten, davon zum ersten Mal zu hören. Die Aussage zur Bekanntheit wird allerdings dann deutlich relativiert, wenn gefragt wird, ob man in einem dieser Museen bereits gewesen sei. Tatsächlich besucht haben solche Ausstellungen nur acht Prozent der Befragten und 14 Prozent der Gruppe der Vertriebenen, und auch das zum weitaus größten Teil nur ein- bis zweimal.

Keinen Einfluss hat der Besuch solcher Ausstellungen auf das Antwortverhalten bei der Frage nach der Errichtung eines „Zentrums gegen Vertreibungen". Unabhängig davon votiert ein Drittel der Befragten für ein solches Vorhaben, 45 Prozent antworten, dass ein solches Zentrum nicht notwendig sei.

Nach Gegenständen gefragt, die in einer Ausstellung zum Thema „Flucht und Vertreibung" gezeigt werden sollten, werden am häufigsten Fotos von Notunterkünften, Filme von Flüchtlingstrecks und Landkarten genannt. Die

Vertriebenen selbst nennen alle diese Gegenstände noch etwas häufiger. Eine einzige wesentliche Abweichung bringt der Hand- beziehungsweise Leiterwagen, der von 72 Prozent der Vertriebenen (gegenüber 42 Prozent der Bevölkerung insgesamt) als herausragendes gegenständliches Exponat genannt wird und offensichtlich einen hohen symbolischen Wert besitzt. Die Charta der Vertriebenen wird übrigens von weniger als einem Drittel der Befragten als Ausstellungsstück genannt. Erwartungsgemäß wird die Kunert-Strumpfhose als ein Beispiel für die wirtschaftliche Integration der Flüchtlinge und Vertriebenen nur von fünf Prozent der Befragten genannt.

Diese Ergebnisse verwundern nicht, da der größte Anteil der Befragten angab, sich mit dem Thema erst durch populäre Fernsehsendungen wie den ZDF-Mehrteiler „Die große Flucht" befasst zu haben. Mit über sechs Millionen Zuschauern stieß diese Dokumentation auf starke Resonanz. Als ebenso öffentlichkeitswirksam erwiesen sich eine Artikelserie zu Flucht und Vertreibung im Nachrichtenmagazin *Der Spiegel* sowie die Novelle „Im Krebsgang" von Günther Grass. Das immense Echo dieser Medienprodukte spiegelt das große Interesse wider, das augenscheinlich in weiten Teilen der Bevölkerung der Thematik entgegen gebracht wird.

Die Wechselausstellung zum Thema „Flucht und Vertreibung" (Arbeitstitel), welche die Stiftung Haus der Geschichte der Bundesrepublik Deutschland derzeit vorbereitet, wird ab Dezember 2005 zunächst in Bonn, dann im Zeitgeschichtlichen Forum Leipzig sowie in Berlin präsentiert werden. Bei der Konzeption der Ausstellung verwies bereits der in der Wissenschaft gebräuchliche Terminus „Jahrhundert der Vertreibungen"[2] darauf, dass der Blick nicht auf das Ende des Zweiten Weltkrieges verengt werden darf. Folglich werden in der Ausstellung exemplarisch Zwangsumsiedlungen und Vertreibungen seit Anfang des 20. Jahrhunderts in Europa sowie dahinterstehende Ursachen und Konzeptionen beleuchtet. Der chronologische Rahmen spannt sich bis hin zu den aktuellen Diskussionen, die zu den unterschiedlichen Formen von „Zwangsmigration" und deren Thematisierung in europäischen Netzwerken oder einem „Zentrum gegen Vertreibungen" stattfinden.

Den Bezugsrahmen bildet also das ganze Jahrhundert der Vertreibungen in Europa mit dem Schwerpunkt auf Flucht und Vertreibung der deutschen Bevölkerung in der Folge des vom nationalsozialistischen Deutschland entfesselten Weltkrieges. Diese Schwerpunktsetzung trägt auch der Tatsache Rechnung, dass es sich mit 12 bis 14 Millionen betroffener Menschen im

---

2 Die in letzter Zeit häufig gebrauchte Bezeichnung „Jahrhundert der Vertreibungen" ist eine Ableitung des 1959 von Carl D. Wingenroth in der Zeitschrift „Außenpolitik" geprägten Begriffs „Das Jahrhundert der Flüchtlinge".

europäischen Vergleich um die zahlenmäßig größte Gruppe von Flüchtlingen und Vertriebenen am Ende des Zweiten Weltkrieges handelt. Nahezu jeder fünfte Einwohner im westlichen und fast jeder vierte im östlichen Teil der beiden entstehenden deutschen Staaten sind von Flucht und Vertreibung direkt berührt.

Über die unmittelbaren Vorgänge von Flucht und Vertreibung hinaus dokumentiert die Ausstellung den komplexen Integrationsprozess der Flüchtlinge und Vertriebenen sowie die weitere Entwicklung in der Bundesrepublik und in der DDR. Geschildert werden nicht nur die Geschehnisse selbst, sondern vor allem die vielfältige Behandlung und Wahrnehmung des Themenkomplexes „Flucht und Vertreibung". Auch in diesem Zusammenhang wird die europäische Dimension des Themas verdeutlicht. Die in unterschiedlicher Intensität und Zielrichtung verlaufende Rezeption bildet einen wichtigen Zugang, mit dem die museale Darstellung einen Teil des gesamten Themenkomplexes zu erschließen sucht. Ausgewählte Rezeptionsansätze erlauben, ideologische Verzerrungen und Verkürzungen sowie selektive Zugangsweisen zu verdeutlichen.

Die Ausstellung gliedert sich in sieben chronologisch geordnete Abschnitte: Im ersten Kapitel ist der Komplex europäischer Zwangsmigrationen bis zum Zweiten Weltkrieg und die Konzeption der Entflechtungen von Nationalitäten und ihre Umsetzung zu zeigen. Die internationale Akzeptanz solcher Bevölkerungsverschiebungen ist hervorzuheben. Hier geht es um das zentrale Thema der Herausbildung von Nationalstaaten und deren Bestreben nach größtmöglicher ethnischer Homogenität. Die Entstehungsgeschichte des Nationalstaatsbegriffs im 19. Jahrhundert kann im Kontext des Ausstellungsthemas nicht detailliert nachgezeichnet werden. Hinzuweisen ist aber auf die grundlegenden Erörterungen des Ethnologen Georges Montandon aus dem Jahre 1915, in denen vom leitenden Prinzip der Nationalität die Rede ist sowie von der notwendigen „massiven Verpflanzung von Nichtangehörigen der Nation" bis hin zum „Verbot des Eigentumsrechts" für Ausländer. Vieles, was den Inhalt späterer Verträge und Erlasse ausmacht, ist hier bereits angelegt. In diesem Zusammenhang ist es ein zentrales Anliegen, aufzuzeigen, dass Umsiedlungen, Vertreibungen und Deportationen im 20. Jahrhundert vielfach auf Grundlage internationaler Verträge geschehen.

Im zweiten Kapitel werden die unmittelbaren Vorgänge von Flucht und Vertreibung am Ende des Zweiten Weltkrieges beschrieben. Außer den militärischen Rahmenbedingungen gilt es, die Bedeutung der nationalsozialistischen Kriegführung im Osten wie auch der Übergriffe der sowjetischen Soldaten zu verdeutlichen. Als Vorgeschichte sind die Spezifika sowohl der Kriegführung als auch der deutschen Besatzungspolitik deutlich heraus zu arbeiten. Dazu gehören willkürliche Verhaftungen, Deportationen und Erschießungen nicht nur der jüdischen Bevölkerung. Hinzuweisen ist weiterhin auf den so genannten „Kommissarbefehl" zur Eliminierung der mit Propaganda und Agitation betrauten Offiziere der Roten Armee sowie die Verschleppung von Arbeitskräften aus Polen und der Sowjetunion zur Zwangsarbeit in das Gebiet des Deutschen Reichs. Der Generalplan Ost sieht im Falle eines Sieges zur Erweiterung des „Lebensraums" für die Deutschen ein riesiges Umsiedlungsprogramm vor, einschließlich der Ausrottung der intellektuellen Elite unter der einheimischen Bevölkerung, die nur noch als „Rasse von Hilfsarbeitern" existieren soll. Schließlich ist die Politik der „verbrannten Erde" zu nennen, die während des Rückzuges der Wehrmacht aus der Sowjetunion die totale Zerstörung auch der letzten Reste von Infrastruktur einplant, die nach dem Angriff 1941 noch erhalten geblieben ist.

Da nur ein Teil der vor der Roten Armee fliehenden Deutschen den Weg über die Ostsee nimmt, ist der Blick auch zu öffnen für die anderen Fluchtwege, die von den unterschiedlichen Siedlungsgebieten ausgehen. Es ist darauf hinzuweisen, dass ein beträchtlicher Teil der deutschen Bevölkerung nach Ende der Kampfhandlungen wieder an seine Wohnorte zurückkehrt. Im Zuge der bald darauf einsetzenden Vertreibungen müssen diese Personen ihre Heimat ein zweites Mal und nunmehr endgültig verlassen. Zu erwähnen ist, dass der tschechoslowakische Präsident Beneš bereits im Vorfeld des Münchener Abkommens vom 30. September 1938 nach den Wahlerfolgen und den provokanten Aufmärschen der sich zum Nationalsozialismus bekennenden Sudetendeutschen Partei eine Aussiedlung von Deutschen aus dem Sudetenland ins Auge fasst. Daher sind es in erster Linie die Willkürakte und Gräueltaten im Umfeld der Vertreibung, die in einem direkten Bezug zur Besatzungsherrschaft und ihrem Terror stehen, und nicht die Vertreibungen als solche.

Das dritte Kapitel widmet sich der Phase unmittelbarer Ankunft der Betroffenen im Nachkriegsdeutschland und zeigt, wie dominierend die existenzielle Not für die Lebenssituation der Flüchtlinge und Vertriebenen ist. Deutlich herauszuarbeiten sind daher die anfänglichen katastrophalen Lebensbedingungen in den Lagern und Massenunterkünften, weil sich der Zustand dieser schnell entstandenen Provisorien in den Augen der Alliierten sowie der Einheimischen zu einem sittlichen, moralischen und hygienischen „Gefahrenherd" entwickelt, deren Insassen nach Ansicht der Alliierten und der Einheimischen zur politischen Radikalisierung neigen.

Im vierten Kapitel werden die ersten Konzepte und Maßnahmen zur Unterbringung und vorläufigen Eingliederung der betroffenen Menschen in den Besatzungszonen vorgestellt; verdeutlicht wird hier vor allem die unterschiedliche Verfahrensweise der Besatzungsmächte. In diesem Abschnitt wird auch die Entwicklung in der SBZ/DDR bis zum offiziellen Ende der so genannten „Umsiedlerpolitik" im Jahre 1952 behandelt. Darzustellen ist das Interesse der Flüchtlinge und Vertriebenen an der Bodenreform, deren ideologische Instrumentalisierung sowohl in frühen Plakaten mit der Losung „Junkerland in Bauernhand" als auch in dem gleichnamigen Dokumentarfilm von 1947 evident wird. Hinzuweisen ist auf die Verbitterung der Vertriebenen in der SBZ/DDR über die 1950 in der „Deklaration von Warszawa" vollzogene Anerkennung der Oder-Neiße-Grenze und darauf, dass Äußerungen gegen die „Oder-Neiße-Friedensgrenze" als Verstoß gegen den Artikel 6 der Verfassung der DDR verfolgt und bestraft werden.

Es gilt den Blick für die Lebenswirklichkeit in der DDR zu öffnen, die sich mit der Verarbeitung von Flucht-, Vertreibungs- und Integrationserfahrungen vor dem Hintergrund des politischen Verschweigens auseinandersetzt. Diese Diskrepanz zieht sich durch die nachfolgenden Jahrzehnte bis zum Ende des SED-Regimes und soll unter anderem durch Literatur, Film, aber auch Biografien und familiäre Tradierungen verdeutlicht werden. Der Rezeptionsansatz eröffnet einen Zugang, um sich mit der Auseinandersetzung in der SBZ/DDR näher zu beschäftigen. Auf diese Weise wird die gesellschaftliche „Nichttabuisierung" der Vertriebenen-Thematik deutlich. Durch eine nähere Betrachtung der DDR-Literatur und anderer künstlerischer Arbeiten sollen hier die Erfolge und Grenzen der politischen Tabuisierungsstrategie der SED-Führung herausgearbeitet werden.

Das fünfte Kapitel beleuchtet die Entwicklung in der Bundesrepublik und reicht bis zum Beginn der Ostpolitik der sozial-liberalen Koalition im Jahre 1969. Ambivalenz und Vielschichtigkeit der Integrationsprozesse stehen im Vordergrund. Inwieweit von Einheimischen und Heimatvertriebenen dabei unter dem Begriff „Integration" dasselbe verstanden wird, bedarf einer differenzierten Betrachtung. Festzuhalten ist jedoch, dass sich die bundesdeutsche Gesellschaft als Produkt der unterschiedlichen Einflüsse von Einheimischen sowie Flüchtlingen und Vertriebenen ausgeprägt hat. Es sollen die für den vielschichtigen und ambivalenten Prozess der Integration zentralen Bereiche und Aspekte mit ihren jeweiligen Schwerpunkten, Besonderheiten und Gegensätzen, ihren Fakten und Mythen aus unterschiedlichem Blickwinkel präsentiert werden: vom selbstzufriedenen „Wir haben sie integriert" westdeutscher Politiker bis zum stolzen „Wir haben es geschafft" der Flüchtlinge und Vertriebenen.

Es ist festzuhalten, dass zu den vielfältigen Anstrengungen – aber auch Widerständen – der Aufnahmegesellschaft der ausgeprägte Integrationswille der Flüchtlinge und Vertriebenen hinzutritt. Die Festlegung einzelner Themenkomplexe ist erforderlich, um einen strukturierenden „roten Faden" ziehen zu können. Es bietet sich an, fünf für den Prozess der Integration zentrale Bereiche in den Mittelpunkt zu stellen: Mobilität und Wohnungsbau, wirtschaftlicher Neubeginn, Eingliederungshilfen durch Bund und Länder, Interessenvertretungen sowie neue und alte Traditionen. Im Zuge des Integrationsprozesses kommt der Frage der politischen Eingliederung besondere Aufmerksamkeit zu. Welche vordringlichen Interessen haben die Betroffenen selbst und wer vertritt sie in ihren Augen? Welchen Rang nehmen die Hoffnung auf Rückkehr und der Wunsch nach Integration zu welchem Zeitpunkt für den Einzelnen ein?

Im sechsten Kapitel wird die sich mit der Ostpolitik der sozial-liberalen Koalition verändernde Beschäftigung mit dem Themenkomplex „Flucht und Vertreibung" in ihren unterschiedlichen Facetten und Aktualisierungen für die Zeit bis zur deutschen Einheit 1990 beleuchtet. Ein Zeitraum, in dem sich ein Paradigmenwechsel vollzieht: Die Debatte über „Flucht und Vertreibung" wandelt sich zunehmend von einer politisch-pragmatischen in eine historisch-reflektierende Auseinandersetzung. An dieser Stelle wird auch der Komplex Aussiedler/Spätaussiedler thematisiert, da ihre Zahl in Folge der Moskauer und Warschauer Verträge des Jahres 1970 sprunghaft ansteigt. Ihre Aufnahme in der Bundesrepublik Deutschland erfolgt auf der Grundlage des Bundesvertriebenengesetzes, das in besonderer Weise ihre „deutsche Volkszugehörigkeit" berücksichtigt. Nicht zuletzt daher sind hier die Entwicklungen ihrer Ausreise, Aufnahme und Integration sowie die historische Dimension des Phänomens Aussiedlung darzustellen.

Das abschließende siebte Kapitel versucht, die thematisch relevanten deutschen und europäischen Diskussionen über „Flucht und Vertreibung" – vor allem in Polen und der Tschechischen Republik –, die sich seit Anfang der 1990er-Jahre quantitativ wie in ihrer Intensität erheblich ausdehnen, zu untersuchen und darzustellen. Es ist zu zeigen, wie sehr die Debatte europaweit über die Medien geführt wird. „Flucht und Vertreibung" sind zu einem zentralen Thema des politischen und kulturellen Diskurses in Europa geworden. Der Kampf um die Deutungshoheit ist entbrannt. Dies ist der Kern des Problems, wenn in Deutschland, Polen und anderen östlichen Nachbarstaaten an Vertreibung in und nach dem Zweiten Weltkrieg erinnert und über sie diskutiert wird: sei es im Streit über die Beneš-Dekrete, in der Debatte über die Vertreibung als Hinderungsgrund für einen EU-Beitritt oder in der Diskussion über ein „Zentrum gegen Vertreibungen". Darzustellen sind daher die verschiedenen Diskurse in den Ländern Ostmitteleuropas. Zu verdeutlichen sind zudem die unterschiedliche Intensität der Debatten sowie wiederkehrende Argumentationsmuster.

Wohin der europäische Diskurs über „Flucht und Vertreibung" führen und welche Folgen er haben wird, bleibt offen. Ob ein „Zentrum gegen Vertreibungen", wie es der Bund der Vertriebenen fordert, oder ein „Europäisches Netzwerk" unter dem Dach einer „Europäischen Stiftung Zwangsmigrationen und Vertreibungen im 20. Jahrhundert", wie es die „Bonner Erklärung" dieser am 11. und 12. März 2004 von der Friedrich-Ebert-Stiftung veranstalteten Tagung vorsieht, ist noch nicht abzusehen. Gewiss ist allerdings, dass das Thema nicht wieder von der Tagesordnung verschwinden wird. Kein Zweifel besteht für mich daran, dass für ein Projekt dieser Art eine Form europäischer, vor allem deutsch-ostmitteleuropäischer Vernetzung gefunden werden muss, für das bislang noch kein Vorbild oder Muster existiert.

Vor allem die museale Aufarbeitung steht vielfach noch in den Anfängen. Ohne die bisherigen Anstrengungen gering zu schätzen oder in ihrer Bedeutung abzuwerten, muss doch konstatiert werden, dass die zum Teil interessanten und mit viel Detailliebe gemachten Ausstellungen bisher nicht die Resonanz sowohl bei den Besuchern als auch in den Medien gefunden haben, die sie eigentlich verdient gehabt hätten. Wer erinnert sich noch an einen einzigen Titel einer dieser insgesamt etwa 30 Ausstellungen seit Mitte der 1980er-Jahre? Wer kann behaupten, dass die Ausstellung „Hier geblieben – Zuwanderung und Integration in Niedersachsen 1945 bis heute" aus dem Jahre 2002 auf nationaler Ebene großen Nachhall gefunden hat? Kurzum: Es ist mehr als offensichtlich und wird ja auch durch die Allensbach Umfrage bestätigt, dass Museen und Ausstellungen die Breitenwirkung der literarischen und filmischen Behandlung des Themas bisher nirgends erreicht haben – ohne die emotionale Verbundenheit der Vertriebenen mit den von ihnen in Eigeninitiative errichteten zahlreichen Heimatstuben gering zu schätzen.

Zwar hatte die Regierung Brandt mit der Auflösung des Bundesministeriums für Vertriebene, Flüchtlinge und Kriegsgeschädigte und der Verlagerung seiner Abteilungen in das Innenministerium signalisiert, dass sie die Integration der Vertriebenen institutionell für abgeschlossen hielt. Doch wurden für die Einrichtungen der Vertriebenen, wie Archive und Museen, und für die Pflege des kulturellen Erbes des deutschen Ostens auch weiterhin Bundesmittel zur Verfügung gestellt. Nach § 96 des Gesetzes über die Angelegenheiten der Vertriebenen und Flüchtlinge von 1953 zur „Pflege des Kulturgutes der Vertriebenen und Flüchtlinge" wurde seit 1967 zunächst die Stiftung Ostdeutsche Galerie in Regensburg vom Bund unterstützt. Eine staatliche Hilfe, die die Regierung Kohl mit ihrem Aktionsprogramm zur Förderung der ostdeutschen Kulturarbeit 1988 bis 1993 ausbaute. Seit Ende der 1980er-Jahre werden Präsentationen im Ostpreußischen Landesmuseum Lüneburg, im Westpreußischen Landesmuseum Münster, im Siebenbürgischen Museum Gundelsheim, im Oberschlesischen Landesmuseum Ratingen und im Donauschwäbischen Zentralmuseum Ulm sowie seit der Deutschen Einheit im Pommerschen Landesmuseum Greifswald und die Ende 2001 teileröffnete Ausstellung im Schlesischen Museum Görlitz gefördert. Nachdem die pragmatischen Probleme sozialer und wirtschaftlicher Integration in den Hintergrund getreten und die Grenzziehungen im Osten vertraglich abgesichert worden sind, hat sich staatliche Vertriebenenpolitik verstärkt der Wahrung und Darstellung deutscher Kulturtradition im Osten zugewandt.

In den neuen Bundesländern findet dadurch erstmals eine öffentlich geförderte museale Beschäftigung mit der Thematik „Flucht und Vertreibung" statt. Doch nicht nur hier, auch in den alten Bundesländern sind Museen auf Kooperationen angewiesen. Die Industriemuseen arbeiten bereits in einem Netzwerk zusammen. Auch die Erfahrungen der Stiftung Haus der Geschichte der Bundesrepublik Deutschland zeigen: Kooperation auf konkreten Arbeitsebenen wie im Austausch von Ideen und Konzepten, bei der Beschaffung von Objekten oder bei der Unterstützung von Recherchen kann erfolgreich sein. Eine solche konkrete Zusammenarbeit funktioniert oftmals besser als abstraktes Debattieren allein. Dies haben nicht zuletzt die Wechselausstellungen „Annäherungen – Zblizenia. Deutsche und Polen 1945–1995", „Spuren – Sledy. Deutsche und Russen in der Geschichte" und „Nähe und Ferne. Deutsche, Tschechen und Slowaken" gezeigt, die in enger Zusammenarbeit mit osteuropäischen Partnern entstanden sind. Wie hier, so trägt auch eine Vernetzung der musealen Beschäftigung mit dem Thema „Flucht und Vertreibung" zur Überwindung nationalstaatlicher politischer wie wissenschaftlicher Entwürfe bei. Sie ist ein Beitrag zur europäischen Erinnerungskultur, in der das Kapitel der Vertreibungen im 20. Jahrhundert eine zentrale Rolle spielt.

Thomas Serrier

Zur Europäisierung des deutschen Erinnerungsortes „Flucht und Vertreibungen". Fünf Thesen aus französischer Sicht

Erste These:
Die jüngste Diskussion um den Stellenwert der Zwangsaussiedlungen in der europäischen Geschichte wird in Frankreich als eine vorrangig deutsche Debatte mit internationalen Auswirkungen betrachtet.

Der zurzeit Deutschland und – in Reaktion darauf – seine nächsten ostmitteleuropäischen Nachbarn erfassende Erinnerungsboom rund um das Thema „Flucht und Vertreibungen" trifft in Frankreich auf ein vergleichsweise viel geringeres Interesse. Dass die Debatte um das Projekt eines „Zentrums gegen Vertreibungen" in Frankreich allgemein auf nur mäßige Resonanz stößt, sollte nicht wunder nehmen, fehlt doch in Frankreich, um Pierre Noras schönen Ausdruck zu verwenden, das tragende gesellschaftliche *milieu de mémoire*, das zur Entstehung eines *lieu de mémoire* erforderlich ist. Verfolgt wird die Diskussion vor allem von den kleinen Kreisen der Deutschland- und Zentraleuropa-Spezialisten.

Dass die Wellen dieser deutsch-ostmitteleuropäischen Debatte dennoch grenzüberschreitend auf das linke Rhein-Ufer hinüberschwappen, und in Frankreich ein – freilich schwaches – Echo auslösen können, zeigten zum Beispiel eine Reihe von wissenschaftlichen Konferenzen und Tagungen, die in den letzten Jahren zu diesem lange Zeit unbeachtet gebliebenen Thema organisiert worden sind.[1] Eine zentrale Rolle spielt dabei meistens ein besonderes Interesse für die deutsche Politik und die deutsche Gesellschaft. Dass der eigene Umgang mit der Zwangsaussiedlung der Deutschen nicht nur in Deutschland, sondern auch bei den östlichen Nachbarn Deutschlands, wie zum Beispiel in Polen, in der polnischen Historiografie oder in der polnischen Belletristik (Stefan Chwin, Artur Daniel Liskowacki, Paweł Huelle, Olga Tokarczuk), eine mitunter zentrale Rolle spielen, wird in Frankreich von der größeren Öffentlichkeit nur am Rande wahrgenommen.

Exemplarisch für diese deutsche Vermittlerrolle bei der französischen Wahrnehmung kann ein jüngst veröffentlichtes „Dossier" in der vielgelese-

---
1 Stellvertretend sei die Tagung „La destruction des confins" an der Pariser Sorbonne (März 2004) genannt.

nen populärwissenschaftlichen Zeitschrift *L'Histoire* stehen. Darin zeigte das für die Illustrationen angewandte fotografische Archivmaterial eine deutliche Übernahme von Quellen und Sichtweisen, die in deutschen Veröffentlichungen üblich sind.[2] Ein vergleichbarer Impuls und eine vergleichbare Perspektive waren bei der vor kurzem ausgestrahlten Deutschland-Spezialwoche im kulturell bedeutendsten französischen Radio-Sender France-Culture zu beobachten[3]: Auf dem Programm standen u. a. politik-, literatur- und geschichtswissenschaftliche Sendungen zu den Zwangsaussiedlungen deutscher Bevölkerungsgruppen aus Ostmitteleuropa, zur Wilhelm-Gustloff-Novelle von Günter Grass oder zu W. G. Sebalds Thesen über „Luftkrieg und Literatur". In dem Zusammenhang sei erwähnt, dass „Der Brand" von Jörg Friedrich in kurzer Zeit auch in französischer Übersetzung vorliegen soll.[4]

Zweite These:
Die Anerkennung der Opferperspektive *auch der Deutschen* wird heute im Sinne eines universellen menschlichen Anliegens als legitim angesehen und akzeptiert.

Wichtig scheint bei der französischen Rezeption dieser jüngsten deutschen Werke und Diskussionen, dass sowohl Sebalds Essay „Luftkrieg und Literatur" wie Grass' Novelle „Im Krebsgang", die in Deutschland heftig debattiert wurden, in Frankreich im großen und ganzen wohlwollend aufgenommen wurden.[5] Dabei wurden in Frankreich genau so wie in Deutschland alle Lektüreansätze und Interpretationsversuche von der höchst politischen Frage nach der möglichen „Konkurrenz der Opfer"[6] und der möglichen Umkehrung von Ursache und Folge beherrscht. Anders gesagt: Die Risiken für

---

2 So ist durchaus möglich, dass das in Deutschland seit seiner propagandistischen Ausschlachtung durch die Nazis berühmte Foto der von Rotarmisten ermordeten Zivilisten im ostpreußischen Nemmersdorf überhaupt zum ersten Mal in einer breiter rezipierten französischen Zeitschrift reproduziert wurde.
3 Vgl. L'histoire, Nr. 277, Juni 2003; Rundfunkserie „Les chemins de la connaissance (France-Culture)", mit dem Wochenthema (1.3.–5.3.2004): „Allemands d'Europe centrale" von Jacques Munier, darunter u. a.: Les déplacements: „un passé qui ne passe pas", mit Hans Stark (IFRI); „Les routes de l'exil", mit Philippe Burrin (Institut des hautes études internationales, Genf); „Potsdam 45", mit Pierre Jardin (CNRS).
4 Vgl. Günter Grass, Im Krebsgang, Göttingen 2002; W. G. Sebald, Luftkrieg und Literatur, München 1999; Jörg Friedrich, Der Brand. Deutschland im Bombenkrieg 1940–1945, Berlin 2002.
5 Interessanterweise trifft dieselbe Bemerkung auch für die Rezeption der Novelle „Im Krebsgang" in Polen zu. Vgl. Włodzimierz Borodziej, Drei Möglichkeiten, in: Frankfurter Allgemeine Zeitung, Nr. 269/47 vom 19.11.2003, S.14. Vgl. auch meine Studie, Günter Grass. Tambour battant contre l'oubli, Paris 2004.
6 Jean-Michel Chaumont, La concurrence des victimes. Génocide, identité, reconnaissance, Paris 1997.

eine „juste mémoire" (ein „ausgewogenes" Gedächtnis), wie der Philosoph Paul Ricœur sagt[7], wurde von allen Beobachtern klar erkannt.[8]

Die trotz mancher Befürchtung relative Gelassenheit scheint die Folge eines jahrzehntelangen Normalisierungsprozesses in den deutsch-französischen Beziehungen seit dem Ende des Zweiten Weltkrieges zu sein. Zu nennen ist aber auch ein interner Wandel, den man übrigens nicht nur in Frankreich antrifft. Gemeint ist die allgemeine Übernahme einer eigendynamischen, d. h. ent-kontextualisierten Opferperspektive durch die Öffentlichkeit. Auch die zwei dominierenden erinnerungspolitischen Debatten im Frankreich der 1990er-Jahre um die „Vergangenheiten, die nicht vergehen"[9] wollen, sprich: das Vichy-Regime und der Algerienkrieg, waren von den Forderungen nach gesellschaftlicher und finanzieller Anerkennung der Opfer gekennzeichnet.[10]

Die kritische, öffentlich und leidenschaftlich geführte Auseinandersetzung mit diesen beiden dunklen Kapiteln der französischen Geschichte kulminierte zuerst in der öffentlichen Anerkennung einer „unverjährbaren Schuld" („dette imprescriptible") des französischen Staates am Völkermord an den Juden durch den Präsidenten Chirac am 16. Juli 1995 und kurz danach in dem einstimmigen Beschluss der Nationalversammlung vom Juli 1999 über die Anerkennung der „Algerien-Ereignisse" als Krieg, wobei die Anwendung von Folter die ganze öffentliche Aufmerksamkeit auf sich lenkte.

Die Aufwertung der Erinnerung zur moralisch-politischen Pflicht („devoir de mémoire") und die gleichzeitige Verurteilung des Vergessens, die Aufwertung der Berichte von Zeitzeugen[11], der Ruf nach offizieller und symbolischer Anerkennung der unterschiedlichsten, gar entgegengesetzten Opfer- und Gedächtnisgruppen[12] und schließlich der systematische Rück-

---

7 Paul Ricœur, La mémoire, l'histoire, l'oubli, Paris 2000 (deutsch: Gedächtnis, Geschichte Vergessen, Stuttgart 2004).
8 Das verhindert natürlich nicht, dass auch in Frankreich „Geschichte als Politikum" gehandhabt wird. Dass manche Splitterkreise um das „Schwarzbuch des Kommunismus" sich des Themas der „déplacements de populations" sehr intensiv angenommen haben, während ihr exponiertester Wortführer Stephane Courtois ein unermüdlicher Anwalt der Nolte-Übersetzung ins Französische ist, gehört z. B. zur innerfranzösischen Abrechnung mit der kommunistischen „Illusion" (François Furet).
9 Henry Rousso/Eric Conan, Vichy, un passé qui ne passe pas, Paris 1994.
10 Vgl. Etienne François, Die späte Debatte um das Vichy-Regime und den Algerienkrieg in Frankreich, in: Martin Sabrow/Ralph Jessen/Klaus Große Kracht (Hrsg.), Zeitgeschichte als Streitgeschichte. Große Kontroversen seit 1945, München 2003, S. 264–287.
11 Ein Stichwort dafür liefert der bekannte Titel „Das Zeitalter des Zeitzeugens" von Annette Wieviorka, L'ère du témoin, Paris 1998.
12 Im Falle des Algerien-Krieges treten fünf unterschiedliche Gruppen als Träger kollektiver Erinnerungen auf: 1. die so genannten Pieds-Noirs, d.h. die ehemaligen europäischen Bewohner Algeriens; 2. die Wehrpflichtigen; 3. die so genannten Harkis, die algerischen Hilfssoldaten in der französischen Armee; 4. die algerischen Gastarbeiter in Frankreich; 5. die algerischen Juden.

griff auf das Recht, anders gesagt die „Verrechtlichung" des Gedächtnisses: Das sind vier Merkmale, die für den jüngsten Wandel der Geschichtskultur in Frankreich charakteristisch sind. Sie erklären es vor allem, dass der Anspruch der deutschen Heimatvertriebenen aus Ostmitteleuropa auf Anerkennung des erlittenen Unrechts mit einer relativen Akzeptanz im heutigen Frankreich rechnen kann.

Dritte These:
Die politische Wachsamkeit gegenüber der deutschen Ostpolitik und die Verteidigung vor allem polnischer und tschechischer Interessen bilden trotz wechselhafter Konjunkturen im politischen Alltag weiterhin eine strukturierende Konstellation.

Der Relativismus – nach dem Motto: jedes Land hat das Recht, seiner Opfer zu gedenken – sollte nicht über Folgendes hinweg täuschen: Die politische Wachsamkeit gegenüber der deutschen Ostpolitik bleibt trotz dieser neuartigen Einstellung auch in latenter Form relativ groß. Wenngleich die französische Diplomatie immer Kritik an Teheraner und Potsdamer Abkommen geübt hat, so hat sie doch seit 1945 die Westverschiebung Polens nicht nur akzeptiert, sondern massiv verteidigt. Weder De Gaulle, in den Anfangsjahren der „deutsch-französischen Freundschaft", noch Mitterrand, zur Zeit des Mauerfalls und der Öffnung der europäischen Grenzen, haben an der Notwendigkeit der Anerkennung der Oder-Neiße-Linie als Deutschlands Ostgrenze je einen Zweifel gelassen.

Zum Beleg für diese „Pflicht der Wachsamkeit" gegenüber den deutsch-ostmitteleuropäischen Beziehungen braucht lediglich auf das Schlüsselereignis hingewiesen zu werden. Dieses eben skizzierte, vorgeprägte Wahrnehmungsmuster französischer Befindlichkeiten wird wirkungsmächtig angetrieben von einem noch immer nachwirkenden Syndrom und einem doppeltem, tief sitzenden Schuldgefühl Frankreichs gegenüber den ostmitteleuropäischen Staaten. Als Stichworte seien das Münchner Abkommen 1938 und Marcel Déats nicht gerade glorreicher Artikel: „Mourir pour Dantzig?" aus dem Jahre 1939 genannt.[13]

---

13 Der Artikel gilt als Inbegriff des fatalen radikalen Pazifismus im Frankreich der Zwischenkriegszeit. Sein Autor, der frühere Sozialist Marcel Déat, wurde nach Frankreichs Niederlage 1940 einer der engagiertesten „collaborateurs" des Vichy-Regimes.

Vierte These:

Ein vom Bund der Vertriebenen in Berlin errichtetes „Zentrum gegen Vertreibungen" beziehungsweise ein nicht international angelegtes, sondern ausschließlich von deutschen Geldgebern getragenes Projekt würde in Frankreich mit großer Wahrscheinlichkeit als ein negatives Zeichen aktueller deutscher Erinnerungskultur angesehen und kommentiert werden.

Im medialen Kontext der 1990er-Jahre erschienen zum Thema deutscher Ostpolitik eine Reihe von populistischen und mitunter durchaus antideutschen Essays, die gleichermaßen aus dem konservativen, altgaullistischen und aus dem linken, antikapitalistischen Lager stammten. Alle zeigten ein unterschwelliges Misstrauen gegenüber der deutschen Ostpolitik, die besonders während der Kohl-Ära als Instrument einer deutschen Wirtschaftsexpansion und einer unheilvollen deutschen Minderheitenpolitik in Ostmitteleuropa gesehen wurde.[14] Allen gemeinsam war die starke Betonung der als ausgesprochen negativ eingeschätzten Rolle der Vertriebenenverbände sowie der mehr oder weniger explizite Vorwurf des Neo-Pangermanismus auf wirtschaftlicher Basis.

Der Verdacht eines Zusammenspiels zwischen den als sehr negativ angesehenen Vertriebenverbänden einerseits und der Bundesregierung andererseits könnte sich auch heute noch an einer offiziellen Unterstützung des Vertriebenen-Projektes entfachen, und – wenn auch in kleinerem Maße als in Ostmitteleuropa – an dem nicht immer widerspruchslosen Deutschlandbild der Franzosen Schaden anrichten. Dies schließt eine Überlegung aus musealer und institutionsrechtlicher Sicht ein: Entsteht nun in der Mitte Berlins das Steinbach'sche Projekt eines „Zentrums gegen Vertreibungen" und sollte es sozusagen „allein im Raume" stehen, sollte die Finanzierung einen ausgesprochenen deutschen Charakter haben, so ist die Vermutung naheliegend, dass es in Frankreich sehr ablehnend als ein quasi offizielles Statement deutscher Erinnerungskultur angesehen würde, das den innerhalb der Berliner Museums- und Denkmalslandschaft just durchgesetzten und etablierten Stellenwert des Holocaust-Mahnmals und des Jüdischen Museums in ihrer symbolischen „Einzigartigkeit" zu „relativieren" versuche.

---

14 Als Beispiel siehe Yvonne Bollmann, La tentation allemande [Die deutsche Versuchung], Paris 1999; Alain Griotteray/Jean de Larsan, Voyage au bout de l'Allemagne: L'Allemagne est inquiétante [Reise ans Ende Deutschlands: Deutschland ist bedrohlich], Paris 1999. Letzterer Titel spielt an auf den bekannten Titel des modernen Klassikers von Louis-Ferdinand Celine, Reise ans Ende der Nacht.

Fünfte These:
Die Einbeziehung der französischen und anderer westeuropäischer Perspektiven erscheint als grundsätzlich wünschenswert.

Beschränkt man bei der Behandlung des Themas „Zwangsaussiedlungen in Europa im 20. Jahrhundert" den Blickwinkel auf den für dieses Kapitel europäischer Geschichte gewiss zentralen Teil des Kontinents, also Ostmittel- und Osteuropa einschließlich Deutschlands und Österreichs, so reduziert man auch zwangsläufig seinen methodologischen Zugriff, indem man den betroffenen Ländern und den betroffenen Bevölkerungen die zweifelhafte Ehre einräumt, alleinige Erben dieser Geschichte zu sein. Dass dabei die kollektiven Erfahrungen vor allem im Sinne von Täter und Opfer begriffen werden, braucht nicht weiter unterstrichen zu werden.

Will man die Geschichte der Zwangsaussiedlung nun tatsächlich europäisieren, so gehören sicherlich auch die Erfahrungen der westlichen „Zeugen" mit ins Blickfeld, angefangen bei dem ideengeschichtlichen Anteil Westeuropas in der Definition und der diplomatischen Durchsetzung der wechselnden Paradigmen: „Option", Bevölkerungsaustausch", „geregelte" „déplacements de populations" und so weiter. Hier mögen französische, englische, aber auch belgische, schwedische, schweizerische Politiker, Diplomaten oder Denker von der Zeit des Völkerbundes bis zu den Kriegen in Ex-Jugoslawien ihren Beitrag geleistet haben.[15] Die kollektiven Stereotype eines „rückständigen" „barbarischen" Ostteils des Kontinents in den Augen westlicher Öffentlichkeiten könnten darüber hinaus bis in die 1990er-Jahre ein brisantes Thema wechselseitiger Wahrnehmungen aus Ost und West abgeben.

Schlussfolgerung:
Mindestens zwei Themenbereiche im französischen Kollektivgedächtnis lassen eine Einbeziehung der französischen Forschung in das geplante Netzwerk gegen Vertreibungen als erstrebenswert erscheinen.

1. Elsass-Lothringen als europäisches Symbol

Zuerst ist der „Komplex" Elsass-Lothringen zu nennen, der in der Periode der drei „deutsch-französischen" Kriege 1870–71, 1914–18 und 1940–45 zum Exponenten der „deutsch-französischen Erbfeindschaft" wuchs. Die

---

15 Solche Erfahrungen und Verwicklungen lassen sich selbstverständlich nicht auf Europa begrenzen, man denke nur an die Interventionen der ehemaligen Kolonialmacht Frankreich bei den Vertreibungsprozessen im Afrika des Großen Sees in den 1990er-Jahren.

so genannte „Option" vieler, nicht nur französischsprachiger Elsässer nach 1871 kam einem dramatischen, selbstentschiedenen Heimatverlust gleich; nach dem Ersten Weltkrieg mussten rund 100.000 Menschen das frühere Reichsland Elsass-Lothringen in die andere Richtung verlassen und organisierten sich in der Weimarer Republik im „Hilfsbund für die vertriebenen Elsass-Lothringer im Reich".[16] Nach 1940 wurden in entgegengesetzter Richtung Teile der französischen Bevölkerung, nach 1945 wiederum Teile der deutschen von West nach Ost ausgewiesen. Eine Volksliste wurde bereits 1919 von den Behörden der französischen Republik eingeführt.[17]

Aus dem Gesagten lässt sich bereits eine Bemerkung zur chronologischen Fokussierung des Netzwerkes gegen Vertreibungen ableiten. Wenngleich das Jahrzehnt 1938–1948 aus zahlenmäßigen wie auch aus emotionalen Gründen den Brennpunkt der Beschäftigung mit dem „Komplex der Vertreibung" bilden sollte, so erscheint doch die Erweiterung im Sinne der *longue durée* als wünschenswert, gerade um den ideen- und erfahrungsgeschichtlichen Hintergrund aufzuspüren – wenn nicht bis zu den Anfängen des integralen nationalstaatlichen Denkens mit seinen jegliche Differenz verachtenden Homogenisierungsbestrebungen, dann doch wenigstens bis zum „klassischen" Zeitalter der Nationalitätenkämpfe um 1900. Ideengeschichtliche Ansätze, deren Widersprüche und Wirkungen man dann auch in der politischen Umsetzung etwa in der Diplomatie der Westmächte in der Zwischenkriegszeit verfolgen sollte, würden auf alle Fälle zur Europäisierung des Forschungsbereichs „Zwangsaussiedlung" führen.

Angesichts dieser kurzen Skizze erscheinen die Elsässer als geradezu prädestiniert, das Musterbeispiel einer zur nationalen Eindeutigkeit gezwungenen Bevölkerung abzugeben. Gerade diese Erinnerung führte im Prozess der europäischen Integration zur Wahl Straßburgs als einer „europäischen Hauptstadt". Auffallend ist dagegen die Abwesenheit der Elsässisch-Lothringischen Vertriebenen in dem öffentlichen Bewusstsein Nachkriegsdeutschlands. Dieses Schwinden ist umso frappierender, als zwischen 1871 und 1940 das Elsass für beide Nachbarvölker einen symbolischen Charakter hatte. Auch gab es nach 1945 genug traumatische Erfahrungen, wie die jüngst „wiederentdeckte" Verschleppung und Inhaftierung rund 2.000 deutscher Frauen und Kindern aus dem Elsass nach Südfrankreich, die erst 1947 wie-

---

16 Vgl. Irmgard Grünewald, Die Elsass-Lothringer im Reich 1919–1933. Ihre Organisationen zwischen Integration und „Kampf um die Seele der Heimat", Frankfurt/Main 1984.
17 Ebd., S. 20–33; vgl. auch François Uberfill, La société strasbourgeoise entre France et Allemagne (1871–1924). La société strasbourgeoise à travers les mariages entre Allemands et Alsaciens à l'époque du Reichsland. Le sort des couples mixtes après 1918, Strasbourg 2001, S. 193–211.

der freigelassen wurden.[18] Auch die Frage nach der Zugehörigkeit der Stadt Kehl auf dem deutschen Rheinufer wurde erst 1954 geregelt. Größtenteils ungeregelt weil unangesprochen blieb die selbstbemitleidende Selbstdarstellung vieler elsässischer Wehrmachtssoldaten als „malgré nous" (Gegen unseren Willen) trotz der lang andauernden Wunde, die die Teilnahme von Elsässern an dem nationalsozialistischen Massaker in Oradour-sur-Glane 1944 im elsässischen Selbstbild hinterließ. Die hohen Wahlergebnisse Jean-Marie Le Pens nicht nur in den größeren Elsässischen Städten müssen teilweise auf solch unverarbeitete Erinnerungsstränge zurückgeführt werden.

Erklärt die vergleichsweise geringe Zahl der Vertriebenen nach 1945 das Schweigen über die Vertreibungen? Ist es die wachsende zeitliche Distanz?[19] Oder ist es die geografische Nähe einer für deutsche Touristen leicht und nach 1945 rasch wieder erreichbaren Region? Dass die deutsch-französische Versöhnung nach 1945 die Bundesregierung zur eindeutigen Anerkennung der französischen Zugehörigkeit des Elsass zwang, versteht sich von selbst. Dieses noch ziemlich brache Feld zu erforschen ist bestimmt weniger medienwirksam als die Flucht und Vertreibungen aus dem Osten – es wäre dennoch mit Sicherheit eine Untersuchung wert.

2. Der Algerienkrieg als brennendes Gedächtnis

Der deutsch-französischen Aussöhnung zum Teil diametral entgegengesetzt scheinen die Erfahrungen in der Aufarbeitung der Vergangenheit im französisch-algerischen Fall zu sein. Einen Teil des Traumas auf französischer Seite bildet dabei die Flucht und Evakuierung der circa eine Million zählenden europäischen Bevölkerung von Algerien, die so genannten Pieds-Noirs, die nach der Unabhängigkeit 1962 fluchtartig das Land verließen, um sich in Frankreich anzusiedeln. Die bekannt gebliebene Redeklausel „La valise ou le cercueil" (Koffer packen oder Du liegst im Sarg) sagt viel über die traumatische Gewalterfahrung aus. In ihrer Mehrheit leiden die Pieds-Noirs weiterhin unter dem existenziellen Zusammenbruch und dem Verlust der Heimat sowie der Stigmatisierung durch die „Franzosen des Kontinents", die sie mehr oder weniger pauschal als Kolonialisten abstempelten. Eine jüngst verteidigte soziologische Dissertation zur Frage der Weitergabe die-

---

18 Für diese Angabe und weitere Überlegungen zum Fall Elsass-Lothringen bin ich Jean-Marc Dreyfus, der mir ein unveröffentlichtes Thesenpapier für die Tagung „Gedächtnis – Erfahrung – Historiographie. Aspekte der Diskussion um den ‚Komplex Vertreibung' in europäischer Perspektive" am Centre Marc Bloch (Berlin, 19./20. Februar 2004) schickte, zu Dank verpflichtet.

19 Eine parallele Erscheinung ist das deutliche Zurücktreten der Posener Deutschen im kollektiven Gedächtnis nach 1945 im Vergleich zu deren Lautstärke in der Zwischenkriegszeit.

ses partikularistischen Gedächtnisses an die zweite Generation unterstrich die Entstehung eines politisch schwer situierbaren „neuen Typs von linken Pieds-Noirs". Dieser treibt gleichzeitig in Abgrenzung zur stigmatisierten Elterngeneration eine Erweiterung des Gruppengedächtnisses in Richtung einer Multikulturalität voran, wobei nach wie vor an der Opferrolle und an den damit verbundenen Anerkennungsansprüchen festgehalten wird.[20] Nicht unerwähnt sollte in unserem Kontext das von einem Pieds-Noirs-Verein getragene Projekt einer Gedenkstätte in Marseille bleiben.

Einen schwarzen Fleck im Gedächtnis dieses Fluchtgeschehens bildet das tragische Los der so genannten Harkis, der algerischen Hilfssoldaten in der französischen Armee, von denen nur 20.000 Zuflucht in Frankreich finden konnten, während 30.000 bis 100.0000 von ihnen in den Wochen nach dem Abzug der französischen Armee einem sicheren Tod überlassen wurden.

Das Weiterwirken des algerisch-französischen Traumas erklärt sich aus mehreren Gründen: innenpolitisch aus dem Zusammenstoß zwischen einer auf ein Totschweigen der „algerischen Ereignisse" ausgerichteten französischen Staatspolitik und den Forderungen der Interessengruppen, ferner aus der scheinbar unvereinbaren Pluralität der Erinnerungsträger und deren widersprüchlichen Anerkennungsansprüchen; außenpolitisch schließlich nährten sich die unterschiedlichen Erinnerungen aus der Diskrepanz zwischen zwei entgegengesetzten politischen Regimes und der weiterwirkenden Prägnanz der einstigen kolonialen Herrschaft. All diese Elemente erschweren bis zum heutigen Tag die Bereitschaft zur Annahme einer moralisch-politischen Einmischung der Gegenseite.[21]

Wenngleich der Blick der französischen Forschung über den Algerienkrieg und seine Folgen naturgemäß auf den mediterranen Raum fixiert ist und seine Vergleichsbezüge vor allem in der französischen Kolonial- und Dekolonisierungsgeschichte findet, so bildet dieser spezifische Erfahrungs- und Erinnerungshorizont der Franzosen einen guten Ansatz, sich der Thematik der Zwangsaussiedlungen in Ostmitteleuropa zu öffnen.

Dabei ist viel weniger an einen rein komparatistischen Ansatz gedacht, dessen Grenzen trotz des nicht zu unterschätzenden Erkenntnispotenzials seit längerem bekannt sind, als an die Überlegung, ob und inwieweit Begrif-

---

20 Vgl. zum Gruppengedächtnis der „Pied-noirs" von Clarisse Buono, Pieds-noirs de père en fils, Paris 2004.
21 Vgl. Benjamin Stora, La gangrène et l'oubli. La mémoire de la guerre d'Algérie, Paris 1992, und den noch unveröffentlichten Beitrag Sylvie Thénauts auf der Tagung „L'Europe face à ses passés douloureux. Exemples de litiges et mécanismes de gestion" am CEFRES, Prag, Dezember 2003: „France-Algérie: des mémoires du passé conjuguées au présent". Ich danke Sylvie Thenaut für die Zusendung ihres Manuskripts.

fe und Theorien aus der außereuropäischen Geschichte, z. B. aus der postkolonialen Forschung, auch für das „europäische Netzwerk gegen Vertreibungen" fruchtbar gemacht werden können.

Wolfgang Höpken

Das Thema der Vertreibung im deutschen Schulbuch*

Dieser Beitrag beschäftigt sich nicht mit den Höhen erinnerungskultureller Fragestellungen, sondern begibt sich auf die Ebene der alltagspraktischen Vermittlung von Geschichte. Diese spielt sich immer noch in erheblichem Maße in der Schule ab. Um das Thema auszuleuchten, gehe ich in drei Schritten vor: Ich muss zunächst ein paar Worte verlieren über die Spezifik historischer Narration im Schulbuch. Ich möchte anschließend in sehr groben Zügen die Linien der Schulbuchentwicklung in der Bundesrepublik und der Behandlung der Vertreibung in Schulbüchern darstellen und möchte zum Schluss eine Gesamtbilanz oder besser: eine kritische Bewertung der Verarbeitung dieses Themas in Schulbüchern und mögliche Perspektiven andeuten.

Für jede Diskussion um die Frage, wie wir mit dem Thema der Vertreibung in der schulischen Geschichtsvermittlung umgehen, gilt es zu bedenken, dass Schulbücher eine sehr eigene Form historischer Narration sind. Sie sind eine Form extrem gedrungener Wissensvermittlung, in der es darum geht, hoch komplexe historische Sachverhalte auf engstem Raum fachlich und didaktisch angemessen zu präsentieren. Jeder, der einmal einen Lexikonartikel geschrieben hat, weiß, was das heißt, aber ein Schulbuch steht im Vergleich zu einem solchen Lexikonartikel sicherlich noch unter extremeren Zwang zur Komplexitätsreduktion. Dieser Zwang zur Komplexitätsreduktion verstärkt sich darüber hinaus dadurch, dass Schulbücher eben auch bestimmten didaktischen Anforderungen unterliegen. Das heißt, sie dürfen sich aus lerntheoretischen Gründen nicht nur auf den Text verlassen, sondern müssen in erheblichem Maße auch auf andere, nicht narrative Instrumente zurückgreifen. Jedes Schulbuch, in dem der Text dominiert, wird in der Praxis vom Schüler mit Leseverweigerung gestraft. Und schließlich müssen Schulbücher curricularen Vorgaben folgen. Diese sind in pluralistischen Gesellschaften wie in der Bundesrepublik und auch in vielen osteuropäischen Staaten inzwischen relativ liberal, d. h. der Lehrer kann thematisch Vieles machen, sofern er es in dem engen zur Verfügung stehenden Zeitrahmen, das ist in der Bundesrepublik heute selten mehr als ein bis zwei Stunden

---

* Der Text folgt dem gesprochenen Wort. Auf Anmerkungen wird daher weitgehend verzichtet.

Geschichte, unterbringen kann. Im deutschen Fall kommt hinzu, dass aus guten und nicht hintergehbaren Gründen die Darstellung des 20. Jahrhunderts in den deutschen Schulbüchern sehr stark durch die Geschichte des Nationalsozialismus und des Holocaust als der zentralen Deutungsachse unseres schulischen Geschichtsbilds bestimmt ist. Undiskutiert bleiben muss hier die Frage nach der politischen und nach der praktischen Relevanz historischen Lernens in der Schule. Manche bezweifeln sehr nachdrücklich, dass die Schule heute überhaupt noch ein Ort historischer Bewusstseinsentwicklung ist. Harald Welzer hat mit seinen Arbeiten etwa auf die große Bedeutung des familiären, des intergenerationellen Gedächtnisses verwiesen, das sich in vielerlei Hinsicht vom Raum des kognitiven Lernens lösen kann, das gleichwohl aber für historische Identitätsbildung – wie er meint und wie er am Beispiel des Nationalsozialismus gezeigt hat – sehr viel wichtiger sein kann als die schulische Geschichtsvermittlung.[1]

Andere haben in die gleiche Richtung gehend darauf verwiesen, dass die mediale Bedeutung, sicherlich auch die mediale Verflachung von historischer Wissensvermittlung, heute sehr viel wichtiger ist als die Schule. Kurz gesagt: Geschichtsbewusstsein entsteht nach dieser Auffassung nicht mehr durch historisches Lernen in der Schule, sondern vor dem Fernseher im Angesicht der Knopp'schen historischen *soap operas*. Solche Annahmen, die den Stellenwert von schulischem Lernen sehr stark relativieren, scheinen gestützt zu werden durch die Ergebnisse empirischer Rezeptionsforschung. Wir haben noch keine Pisa-Studie für Geschichte, aber wenn wir eine hätten, dürften die Ergebnisse nicht sehr viel besser ausfallen als bei vorliegenden Studien zur Lesefähigkeit oder zum Mathematik-Unterricht. Es sind zum Teil frustrierende Ergebnisse, die bei empirischen Untersuchungen zum Geschichtsbewusstsein Jugendlicher herauskommen. Der weit verbreiteten Skepsis gegenüber dem Lernort Schule ist aber – denke ich – entgegenzuhalten, dass die Schule nach wie vor der einzige Ort ist, an dem Menschen, wenn man vom professionellen Historiker absieht, kontinuierlich und fachlich sowie didaktisch reflektiert mit historischen Zusammenhängen konfrontiert werden. Und allein dieser Umstand spricht dafür, dass die Schule sicherlich nicht *der*, aber *ein* zentraler Ort ist für die Generierung von Geschichtsbewusstsein.

Wer also danach fragt, wie wir mit Vertreibung umgehen, der tut gut daran, auch den Blick darauf zu richten, wie dieses Thema in den Schulbüchern behandelt wird. Ich will dies in einem Durchgang von 40 Jahren

---

1 Harald Welzer/Sabine Moller/Karoline Tschuggnall, „Opa war kein Nazi". Nationalsozialismus und Holocaust im Familiengedächtnis, Frankfurt/Main 2002.

Schulbuchentwicklung im Folgenden grob skizzieren und punktuell ausführen.

Ich denke, man kann in der Entwicklung des Themas in den Schulbüchern im Großen drei Phasen unterscheiden: Eine erste Entwicklungslinie würde ich von den 1950er- bis in die frühen 1970er-Jahre ziehen. Eine sehr lange Phase, in der die Behandlung des Themas Vertreibung in den Schulbüchern eindeutig Teil einer deutschen Opfergeschichte ist. Zusammen mit den Topoi Kriegsgefangenschaft und Flucht, weniger damals mit dem Thema Bombenkrieg, ist die Vertreibung eines der Kernthemen in den frühen Schulbüchern, in denen eine solche deutsche Opfergeschichte konstruiert wird und in der die eigene Opferrolle neben, wenn nicht sogar vor die Tätergeschichte gerückt wird. Dies beginnt in den Fünfzigerjahren, interessanterweise nicht in den ganz frühen Schulbüchern der Besatzungszeit. Das erste Schulbuch, das 1949 noch unter alliierter Kontrolle zugelassen und bis Mitte der Fünfzigerjahre benutzt wurde, geht auf das Thema der Vertreibung überhaupt nicht ein, auch nicht im Kontext der Potsdamer Konferenz. Selbst das Schulbuch, das 1956 erscheint, eines der ersten in Eigenverantwortung zugelassenen Bücher, behandelt dieses Thema nur sehr knapp. Erst am Ende der Dekade beginnt eine deutliche Aufwertung des Themas. Diese Hinwendung dürfte auch den Stellenwert der Vertriebenen in der deutschen Gesellschaft damals reflektieren.

Dieses Paradigma von Vertreibungsgeschichte als Teil der Opfergeschichte in den Schulbüchern zeigt sich erstens in einer erheblichen quantitativen Gewichtung in den Schulbüchern. Ich will das hier nicht mit Zahlen konkretisieren, aber in den frühen Schulbüchern ist es eindeutig so, dass der Anteil, der für Flucht und Vertreibung aufgewendet wird, den Anteil, der dem Mord an den Juden gewidmet wird, um ein Vielfaches übersteigt. Der Holocaust kommt praktisch nicht vor in diesen Schulbüchern, wohingegen Flucht und Vertreibung ein sehr viel breiter behandelter Gegenstand ist.

In inhaltlicher Hinsicht ist das Bild in diesen Schulbüchern geprägt durch eine sehr stark emotionalisierte Sprache, in der die Vertreibung als gewaltsamer Vorgang in den Vordergrund gerückt wird.[2] Das Schulbuch bedient sich dabei zum Teil einer fast maßlosen Sprache. So heißt es in einem Schulbuch aus dem Jahre 1956: „Die Austreibungen werden in der rücksichtslosesten Weise fortgesetzt. Das Auslandsdeutschtum jenseits der alten Reichsgrenzen ist weitgehend vernichtet." Der Begriff der „Vernichtung" erscheint hier im Kontext der Vertreibung, während er im Kontext des Holocaust

---

[2] Als Beispiel sei verwiesen auf das Buch von Jörg Friedrich, Der Brand. Deutschland im Bombenkrieg 1940–1945, München 2002.

nicht benutzt wird. In einem Schulbuch des Jahres 1958 heißt es: „Jetzt begann eine Massenaustreibung in einem Umfang und in so brutaler Weise wie sie die Welt bis dahin nicht gesehen hatte." Auch hier wird nicht für den Holocaust, sehr wohl aber für die Vertreibung eine Singularität des Opferschicksals behauptet.

Eine solche Darstellung verzichtet auch weitgehend auf eine Ursachenerklärung. Und dort, wo diese betrieben wird, ist sie sehr vordergründig und geschieht in einer Weise, die ebenfalls die Opferrolle des eigenen Volkes bestärkt. Das heißt, Vertreibung wird praktisch völlig auf das Moment der Rache an den Vertriebenen reduziert, dem dann der Verzicht auf Vergeltung auf Seiten der Vertriebenen entgegengestellt wird. Eine historische Kontextualisierung findet zumindest in den Fünfzigerjahren nicht statt. Erst spät am Ende dieser Phase, also etwa zu Beginn der Siebzigerjahre, wird eine solche Kontextualisierung wenigstens ansatzweise geleistet, indem darauf verwiesen wird, dass die Vertreibung auch die Reaktion war auf die Verbrechen des Nationalsozialismus. In einem Schulbuch aus dem Jahre 1971 lautet eine entsprechende Formulierung:

„Was Deutsche unter nationalsozialistischer Führung anderen Völkern zugefügt hatten, widerfuhr in den Monaten nach Kriegsende jenen Deutschen, die im Machtbereich der vorher unterdrückten Völker lebten. Die deutsche Großmachtpolitik des 19. und 20. Jahrhunderts hatte sich gern der nationalen Frage und der deutschen Minderheiten bedient. Sie hatte schließlich in der nationalsozialistischen Lebensraumpolitik ihren Höhepunkt gefunden. Nun suchten sich die osteuropäischen Völker auf radikale und schreckliche Weise vor Wiederholung zu sichern."

Hier wird erstmals überhaupt ein Versuch einer Kontextualisierung geleistet. Was allerdings auch hier nicht anklingt, ist der Versuch einer europäischen oder einer globalen Kontextualisierung der Vertreibung im Rahmen der Geschichte des 20. Jahrhunderts.

Eine zweite Phase ist hiervon abzugrenzen, die ich hypothetisch von der Mitte der Siebzigerjahre bis Anfang der Neunzigerjahre veranschlagen würde. Diese Phase ist in der Tat gekennzeichnet durch sehr fundamentale Deutungsverschiebungen und durch sich verändernde Präsentations- und Darstellungsweisen. Die Ursachen für diese Veränderungen sind einsichtig. Sie liegen einerseits in der Ostpolitik, die einen veränderten politischen Rahmen schafft, konkretisiert und befördert durch die deutsch-polnische Schulbuchkommission, die im Kontext dieser Ostpolitik entsteht.[3] Sie ist aber auch das Resultat dessen, was ich eine didaktische Revolution nennen würde: Erst

---

3 Vgl. dazu den Beitrag von Krzysztof Ruchniewicz in diesem Band.

in den Siebzigerjahren entwickeln sich bei uns überhaupt Schulbücher, die vom Prinzip der reinen Wissensvermittlung weggehen in Richtung auf die Entwicklung eines problemorientierten historischen Lernens. Durch diese Veränderung der didaktischen Qualität wird das Bild auch nunmehr sehr viel differenzierter – es wird vor allen Dingen anders.

Ich würde die Veränderungen in dieser zweiten Phase auf drei Punkte konzentrieren wollen. Das erste ist zweifelsohne eine Entemotionalisierung in der historischen Darstellung, die sich eindeutig in der Sprache niederschlägt. Außerdem kommt es zu einer verstärkten historischen Kontextualisierung, zu dem Versuch, die Vertreibung eben in einen größeren Rahmen der Geschichte des Nationalsozialismus und der europäischen Geschichte des totalitären Zeitalters einzuordnen.

Ein zweiter Aspekt, der diese Veränderung allerdings auch kennzeichnet, ist eine sehr deutliche Zurückdrängung, eine Relativierung, teilweise eine Marginalisierung des Themas. Das ist quantitativ greifbar, das Thema tritt eindeutig in den Hintergrund gegenüber den anderen, insbesondere gegenüber dem Holocaust. In einigen Schulbüchern dieser Zeit wird es praktisch gar nicht mehr behandelt oder nur faktografisch kurz benannt. Hier treffen sich die Schulbücher ein wenig mit dem Trend, den wir gleichzeitig in der Wissenschaft beobachten können, die dieses Thema deutlich in den Hintergrund treten lässt.

Ein dritter Aspekt, der deutlich wird, ist, dass zugleich damit auch eine Art Perspektivenverschiebung auf das Thema der Vertreibung einhergeht. Das, was in der ersten Phase im Vordergrund stand, also Vertreibung als gewaltsamer Vorgang, tritt jetzt stärker zugunsten der Integrationsproblematik zurück. Die Frage der Integration wird jetzt sehr viel mehr in den Vordergrund gerückt, zum Teil in einer idealisierenden Weise, gegenüber der Narration des Vertreibungsvorgangs selbst. Neben den Einflüssen der Ostpolitik ist dies sicherlich auch ein Reflex auf den sozialgeschichtlichen Paradigmenwechsel in der Geschichtswissenschaft, der vielleicht dem Integrationsaspekt im Rahmen des sozialen Wandels mehr Bedeutung zugewiesen hat als der erfahrungsgeschichtlichen Dimension der Vertreibung selbst. Interessanterweise nimmt dieses Thema dabei dort den geringsten Raum ein und wird dominant aus eben dieser Integrationsperspektive behandelt, wo die Schulbücher sich am intensivsten dem Paradigma der Sozialgeschichte annähern. Das berühmte Schulbuch des Cornelsen-Verlages, das 1991 erscheint, an dem auch Sozialhistoriker wie Jürgen Kocka mitgearbeitet haben, ist gleichzeitig das Buch, in dem das Thema der Vertreibung am geringsten und fast ganz aus der Integrationsperspektive behandelt wird.

Ein Aspekt oder ein Instrument, das diesen Wandel im Bild der Vertreibung ebenfalls mit befördert hat, ist die Gemeinsame deutsch-polnische

Schulbuchkommission.[4] Sie wurde 1972 unter dem Dach der UNESCO etabliert und war zugleich die erste Kommission überhaupt, die über die Blockgrenzen hinweg wirkte. Bereits 1976 legte sie Empfehlungen zur Behandlung der deutsch-polnischen Geschichte im Schulunterricht vor. Diese Empfehlungen waren Gegenstand einer massiven öffentlichen Kontroverse. Die Behandlung der Vertreibung ist in den Empfehlungen neben der Frage des deutsch-sowjetischen Nichtangriffspaktes der am heftigsten umstrittene Gegenstand gewesen. Die öffentliche Diskussion hat sich damals vor allen Dingen an dem von der Kommission vorgeschlagenen Terminologiewechsel entzündet, der vorschlug, vom Begriff der Vertreibung wegzukommen und ihn zu ersetzen durch den Begriff der Bevölkerungsverschiebung. Kritiker sahen hierin ihren Vorwurf bestätigt, dass die deutsche Seite sich allzu willfährig den diplomatischen und politischen Interessen der polnischen Seite untergeordnet hätte. Das Anliegen dieser begrifflichen Modifizierung war sicherlich eine sprachliche und sachliche Differenzierung. Die deutsche Seite hat, das geht aus den Akten eindeutig hervor, damit nicht verbunden, das Faktum der Vertreibung zu leugnen oder auch den Begriff zu stigmatisieren. Karlheinz Jeismann hat in der damaligen Diskussion betont, dass der Begriff der Vertreibung Ausdruck der subjektiven Erfahrung sei und daher als historische Kategorie nicht hintergehbar ist. Ich glaube, man tritt den Leistungen der Kommission nicht zu nahe, wenn man aus der Distanz von heute sagt, dass dies ein Formelkompromiss war, der in der Sache unbefriedigend sein musste und der sich bereits überlebt hat. Er ist aus der besonderen Konstellation der damaligen Zeit und den politischen Rahmenbedingungen der Kommissionsarbeit zu verstehen.

Eins hat diese Empfehlung allerdings bewirkt: Sie hat eine Begriffsproblematisierung im Schulbuch hervorgerufen, denn in vielen Schulbüchern wurde dieser Begriffsstreit didaktisch produktiv genutzt und zum Gegenstand gemacht. Davon unabhängig hat sich der Verzicht auf das Wort Vertreibung in den Empfehlungen, aber auch im Unterschied zu vielen anderen Empfehlungen, in der Schulbuchgestaltung nicht durchgesetzt. Es hat nur wenige Schulbücher gegeben, die diesen Begriffswechsel nachvollzogen haben. Die Mehrzahl der Schulbücher ist beim Begriff der Vertreibung geblieben. Auch auf polnischer Seite ist man bei der ursprünglichen Begrifflichkeit geblieben. Wolfgang Jacobmeier hat unlängst gezeigt, dass der Begriff der Vertreibung in den meisten polnischen Schulbüchern nicht benutzt wird. Allerdings haben auch hier jetzt eindeutig Begriffe die Oberhand gewonnen, die den Zwangscharakter des Vorgangs reflektieren.

---

4 Vgl. ebd.

Eine dritte Phase setzt etwa Mitte der Neunzigerjahre ein. Auch hier lassen sich neuerlich Änderungen erkennen, deren Bewertung aber nicht recht eindeutig ausfällt. Für mich ist das Bild sehr diffus. Es gibt Bücher, die sich noch sehr stark an dem Vorbild der Bücher der Siebziger-/Achtzigerjahre orientieren und das Thema relativ knapp abhandeln, ignorieren oder sehr stark aus der Integrationsperspektive betrachten. Es gibt aber auch, und das ist neu, Bücher, die jetzt ihrerseits das Thema erneut aufgreifen, intensiver behandeln und es im Vergleich zu früher doch ungleich stärker wieder in den Vordergrund rückten.

Ich wäre aus meiner Sicht vorsichtig, dies im Sinne einer Revitalisierung eines deutschen Opferdiskurses zu interpretieren. Zweifelsohne reflektiert dieser Umstand einerseits den generellen Trend, dass wir sensibler reagieren auf Zwangsmigrationen – eine Sensibilität, die sicherlich durch den Jugoslawien-Krieg mit befördert worden ist. Zum zweiten ist dies wohl auch ein Reflex auf die Tatsache, dass generell im historischen Diskurs subjektive Kriegserfahrungen wieder stärker in den Vordergrund gerückt werden. Hier spiegelt sich der Paradigmenwechsel in der Geschichtswissenschaft wider, hin zu einer stärker erfahrungsgeschichtlich-kulturgeschichtlichen Perspektive, die sich mittlerweile auch in den Schulbüchern niederschlägt.

Wichtig an dieser neuerlichen Verschiebung scheint mir zu sein, dass die stärkere Berücksichtigung der Vertreibung nicht einhergeht mit einer Reduzierung der zentralen Deutungsachse des Holocaust und des Nationalsozialismus. Wir erleben eigentlich keinen Rückfall in eine primäre Opfererzählung, denn die zentrale Deutungsachse des in der Schule vermittelten Geschichtsbildes, die Auseinandersetzung mit dem Holocaust, bleibt bestehen wie zuvor. Die Tätergeschichte wird jetzt ergänzt durch eine stärkere Berücksichtigung der Frage von deutschen Opfern.

Mit dem Blick auf die Gesamtentwicklung muss ich konstatieren, dass im Ganzen die Behandlung des Themas bislang stets unbefriedigend war und auch heute noch unbefriedigend ist, wenn auch aus sehr unterschiedlichen Gründen. Dass die Darstellungsweise der Fünfziger- bis Siebzigerjahre unbefriedigend ist, braucht wohl nicht näher erläutert zu werden. Es handelte sich um eine reine Entlastungserzählung, die die eigene Opferrolle gegenüber der Verantwortung für deutsche Verbrechen in den Vordergrund gerückt hat. Aber auch die sozialgeschichtliche Erzählweise der Achtzigerjahre erscheint nur bedingt hilfreich, weil sie sich hinter die subjektive Erfahrungsdimension zurückbegeben hat. Das hat sicherlich seinen analytischen Preis gehabt. Ich glaube, dass viele Schüler mit den Erzählungen ihrer Eltern oder ihrer Großeltern vor dem Hintergrund dieser Vermittlung des Themas nicht haben fertig werden und diese kaum haben einordnen können.

Ich sehe bis heute drei Schwachpunkte in der Behandlung des Themas. Das erste ist ein eindeutiger Mangel an komparativem Tiefgang, d. h. die nationalgeschichtliche Perspektive dominiert sehr stark in unseren Schulbüchern. Es ist immer die deutsche Vertreibung. Man nutzt nicht die Chance, Vertreibungserfahrungen vergleichend einzubringen. Das wird nicht mal beispielsweise im Fall der Vertreibung aus Polen genutzt: Das, was sich didaktisch hier anbieten würde, wäre, dass man die Vertreibungserfahrung der Deutschen mit der Vertreibungserfahrung von Polen aus der Sowjetunion vergleicht. Das wird in den Schulbüchern eigentlich kaum gemacht, geschweige denn wird eine internationale oder transnationale komparative Perspektive eingeführt. Kurz gesagt: Hier ist immer noch ein stark nationalstaatlicher Zugriff dominant.

Ein zweites Manko besteht in einem Mangel an Ursachenreflexion. Die Kontextualisierung bleibt oftmals oberflächlich, sie wird häufig reduziert auf vordergründige Motive wie das der Rache („Das Pendel schlägt zurück"). Aber der motivische Kontext wird nicht wirklich didaktisch ins Zentrum der Deutung gestellt. Ich glaube, dass diese Darstellungen den Schüler nicht in die Lage versetzen, die heutige Diskussion etwa zu dem „Zentrum gegen Vertreibung" politisch einzuordnen und mit diesen Diskussionen umzugehen.

Und ein dritter Schwachpunkt zielt auf den Umgang mit der erfahrungsgeschichtlichen Dimension, der bislang nicht gelungen ist. Die Differenzierung der Erfahrungen wird nicht deutlich. Ich will das an einem Beispiel erläutern. In der Behandlung der Integration wird in vielen Schulbüchern nicht einmal der fundamentale Unterschied der Integration in der DDR und der Bundesrepublik transparent gemacht. Es ist einigermaßen grotesk, wenn das Schulbuch aus Mecklenburg-Vorpommern das Beispiel der gelungenen ökonomischen sozialen Integration der Vertriebenen in der Bundesrepublik beschreibt, ohne auf die Wirklichkeiten in der DDR einzugehen. Es ist in der Behandlung des Themas Vertreibung bislang nicht das gelungen, was m. E. in der Behandlung des Holocaust geleistet wurde, nämlich durch einen Rückgriff auf die Erfahrungsgeschichte eine zugleich emphatische, aber auch eine kritisch reflexive und strukturelle Kontexte einbeziehende Auseinandersetzung mit dem Ereignis zu vermitteln. Hierzu trägt auch eine fast stumpfsinnige Quellennutzung bei; in fast allen Schulbüchern finden sich dieselben drei, vier Quellen. In der Regel ist es das Faksimile einer Vertreibungsanordnung, in Altdeutsch geschrieben und somit von den Schülern sowieso nicht zu lesen. Dann finden sich zwei Augenzeugenberichte, die meist aus der Schieder'schen Dokumentation stammen.[5] Vieles, was in den letzten Jahren

---

5 Dokumentation der Vertreibung der Deutschen aus Ost-Mitteleuropa, hrsg. v. Bundesministerium für Vertriebene, in Verbindung mit Werner Conze, Adolf Diestelkamp, Rudolf Laun, Peter Rassow, Hans Rothfels, bearb. v. Theodor Schieder, 8 Bde., Bonn 1953–1962 (Nachdruck München 1984/2004).

problematisiert wurde, wird hingegen überhaupt nicht genutzt. Was muss man leisten, um das zu ändern?

Der auf dieser Tagung diskutierte Zugriff einer europäisierenden Betrachtung hat sicherlich zunächst einmal auch aus der Perspektive der Schule vieles für sich. Er hat aus pädagogischen Gründen viel für sich, weil Migrationserfahrungen heute eine Alltagserfahrung von Schülern in der Bundesrepublik sind. Es gibt eigentlich keine Klassen mehr, in denen keine Migrantenkinder sitzen. Und viele diese Migrantenkinder haben auch Erfahrung mit Zwangsmigration – entweder selbst oder über die Eltern. Denken Sie an die ganzen Flüchtlinge aus Ex-Jugoslawien, aus Kurdistan oder Afrika. Von daher würde sich eine Europäisierung tatsächlich anbieten. Sie würde eine Gelegenheit bieten, historische Themen kulturell übergreifend zu diskutieren. Das Thema Vertreibung scheint sogar für eine solche transkulturelle Problematisierung mehr zu bieten als das Thema des Holocaust, das oftmals von Migrantenkindern nicht als Teil „ihrer Geschichte" akzeptiert wird. (Zwangs-)Migration wäre hingegen auch für sie ein Teil ihrer Vergangenheit.

Ein solcher Zugriff beinhaltet aber auch Probleme. Karl Schlögel hat diese in seinem Beitrag angesprochen: Wenn wir ein Thema wie Vertreibung transnational vergleichend im Schulbuch behandeln, dann lösen wir es zugleich aus dem Kontext der Geschichte des Zweiten Weltkriegs heraus, curricular und von der Schulbuchgestaltung her. Das birgt die Gefahr, dass damit auch die Zentralachse, dass der Schüler seine historische Identität in der Behandlung des 20. Jahrhunderts um das Themenfeld Nationalsozialismus/Holocaust entwickeln soll, beschädigt wird. Wenn wir uns auf den Weg einer europäischen Behandlung im Schulbuch begeben, dann ist das sachlich vielleicht richtig, normativ auch wünschenswert – aber wie das konkret konzeptionell und didaktisch zu bewältigen ist, muss noch genau ausgelotet werden in der Schule wie in der Geschichtswissenschaft.

Zwangsmigration in nationaler Geschichtsschreibung und Erinnerungskultur

Baltikum/Polen

Claudia Kraft

Beschäftigung mit der Vertreibung vor Ort: Regionale Institutionen und Initiativen der Aufarbeitung und des Gedenkens

1. Einleitung

Betrachtet man die Präsenz des Themas Vertreibung in den Medien, den politischen und publizistischen Debatten sowie in der öffentlichen Meinung für die letzten zehn Jahre, so fällt auf, dass dieses historische Kapitel von einer Randlage in das Zentrum des Interesses gerückt ist. Kaum ein Tag vergeht, an dem nicht Stellungnahmen zur historischen Kontextualisierung der Vertreibungen (nicht nur der Deutschen nach dem Zweiten Weltkrieg) vorgenommen werden, an dem die Relevanz der historischen Vorgänge für die heutigen Beziehungen zwischen den europäischen Völkern betont und an dem auf politische und juristische Konsequenzen des Vertreibungsgeschehens für die Gegenwart hingewiesen wird. In Deutschland hat nicht zuletzt die Initiative für ein „Zentrum gegen Vertreibungen" deutlich gemacht, dass „Vertreibung" zu einem stark emotional besetzten Gedächtnisort geworden ist, dessen Platz in der kollektiven Erinnerung überaus strittig ist. Der Blick aus der Vogelperspektive auf diese Debattenlandschaft kann leicht den Eindruck entstehen lassen, dass hier ein geschichtspolitisch höchst sensibles Thema politischer Instrumentalisierung zum Opfer fällt und auf dem Altar populistischer Rhetorik in seiner ganzen historischen Komplexität und beziehungsgeschichtlichen Sensibilität geopfert wird.

Blickt man allerdings genauer hin, so wird man feststellen, dass die Beschäftigung mit diesem historischen Kapitel keineswegs zwangsläufig dazu verdammt ist, in der „Rhetorik nationaler Länderspiele"[1] abzulaufen. An dieser Stelle soll es nicht darum gehen, auf die vielfältigen Projekte und Publikationen hinzuweisen, die in den europäischen Historiografien der in unterschiedlicher Weise von Vertreibungen betroffenen Ländern – häufig in internationaler Kooperation – entstanden oder am Entstehen sind.[2] Die

---

1 So die Charakteristik in einem Debattenbeitrag von Tomáš Kafka während der Konferenz „Geschichte als Politikum – Ein Europäisches Netzwerk gegen Vertreibungen" (11./12. März 2004, Bonn), vgl. auch seinen Beitrag in diesem Band.
2 Es würde den Rahmen dieses Beitrags sprengen, die zahlreichen Monografien, die im letzten Jahrzehnt vor allem in den nun wieder in pluralistischen Rahmenbedingungen arbeitenden Historiografien der ostmitteleuropäischen Ländern, aber auch in Deutschland entstanden sind, aufzuzählen. Als beispiel-

Geschichtswissenschaft ist damit sicher ein gutes Stück vorangekommen, ihren Beitrag zur Rationalisierung des Umgangs mit diesem schwierigen Thema zu leisten. Doch die Erfahrung sagt, dass solche geschichtswissenschaftlichen Zugänge mit ihren Ergebnissen nur sehr langsam Einfluss auf die öffentliche Wahrnehmung gewinnen. Zudem steht die Geschichtswissenschaft auch immer in einem Spannungsfeld zur privaten Erinnerung der Zeitzeugen. Und selbstkritisch muss man vermerken, dass die Ergebnisse fachwissenschaftlicher Aufarbeitung häufig nicht so beschaffen sind, die Neugier und Interessen historisch interessierter Laien zu befriedigen. Daher soll hier auf zivilgesellschaftliche und in erster Linie in kleineren regionalen Bezügen arbeitende Initiativen hingewiesen werden, die sich dem schwierigen Thema des Umgangs mit der Vertreibung und den daraus für die Gegenwart resultierenden Folgen angenommen haben. Dabei wird man feststellen können, dass fernab von den oftmals aufgeregten, zum Teil hysterischen Debatten über das komplexe Thema der Vertreibung ein Netzwerk regionaler Initiativen entstanden ist, die häufig auf unkonventionelle Art und Weise Wege suchen und finden, sich über nationalstaatliche Grenzen und ethnozentrisch fixierte Sichtweisen hinweg diese Thematik zu erschließen. Die Vorstellung der unterschiedlichen Initiativen erhebt keinen Anspruch auf Vollständigkeit. Es ist gerade das Problem, dass viele von ihnen zu wenig bekannt sind und auch eine Vernetzung zwischen ihnen noch zu wenig stattgefunden hat. Der Beitrag möchte vielmehr das generelle Potenzial solcher Initiativen „von unten" aufzeigen und dafür plädieren, dass ein „Europäisches Netzwerk gegen Vertreibungen" sich unbedingt auch auf sie stützen muss.

Die Friktionen zwischen Deutschland und seinen östlichen Nachbarn über den Stellenwert des Themas Zwangsmigrationen/Vertreibungen im Panorama der Geschichte des 20. Jahrhunderts haben vor allem ihren Stempel auf den noch bis vor gar nicht langer Zeit als überaus gut charakterisierten deutsch-polnischen Beziehungen hinterlassen. Ich möchte mich daher in diesem Beitrag vor allem auf Initiativen mit deutsch-polnischer Beteiligung konzentrieren, nicht zuletzt um aufzuzeigen, dass es vielleicht doch besser

---

haft für eine bilaterale Kooperation zwischen deutschen und ostmitteleuropäischen Wissenschaftlern sei hier nur auf zwei Projekte verwiesen. Eine vierbändige Quellensammlung zur Vertreibung der Deutschen aus Polen nach dem Zweiten Weltkrieg, die inzwischen sowohl auf Polnisch als auch auf Deutsch vollständig vorliegt: „Unsere Heimat ist uns ein fremdes Land geworden…" Die Deutschen östlich von Oder und Neiße 1945–1950. Dokumente aus polnischen Archiven (Quellen zur Geschichte und Landeskunde Ostmitteleuropas, Bde. 4/I–4/IV), hrsg. v. Włodzimierz Borodziej und Hans Lemberg, 4 Bände, Marburg/Lahn 2000–2004 [„Nasza ojczyzna stała się dla nas obcym państwem…". Niemcy w Polsce 1945–1950. Wybór dokumentów, pod redakcją Włodzimierza Borodzieja i Hansa Lemberga, 4 tomy, Warszawa 2000–2001] sowie ein vergleichbares deutsch-tschechisches Projekt, das unter der Leitung von Detlef Brandes (Düsseldorf) und Jiří Pešek (Prag) gerade seine Arbeit aufgenommen hat. Als jüngsten Forschungsüberblick vgl. Hans Lemberg, Geschichten und Geschichte: Das Gedächtnis der Vertriebenen in Deutschland nach 1945, in: Archiv für Sozialgeschichte 44 (2004), S. 509–523.

um diese Beziehungen steht, als dass es das Rauschen im deutschen und polnischen Blätterwald vermuten lässt. Dabei soll aber gleich vorausgeschickt werden, dass sich viele Initiativen nicht in deutsch-polnischer Bilateralität erschöpfen, sondern vielfach mit Menschen aus weiteren Ländern dieser Region kooperieren. Als weiteres Charakteristikum sei vermerkt, dass der Ausgangspunkt für die Auseinandersetzung mit der Vergangenheit in den meisten Fällen die traumatischen Ereignisse der Kriegs- und Nachkriegszeit waren, dass aber inzwischen vielfach eine längere historische Perspektive eingenommen wird, die auch die Epochen vor dem Zweiten Weltkrieg als wichtig für das gegenseitige Verständnis wahrnimmt. Und schließlich ist der Blick dieser Initiativen nicht nur rückwärtsgewandt. In dem Konzept der Euroregionen finden sie institutionelle und materielle Hilfe, um eine grenzüberschreitende regionale Identität zu entwickeln. Ein „Europäisches Netzwerk gegen Vertreibungen" sollte nicht nur die historische Kontextualisierung der vielfältigen Vertreibungsvorgänge im Europa des 20. Jahrhunderts im Blick haben, sondern könnte auch einen wichtigen Beitrag zur Schaffung einer „europäischen Identität" leisten, die sich auf einen offenen und pluralistischen Diskurs über die gemeinsame Vergangenheit stützen muss.

2. Auseinandersetzung mit der Vergangenheit

Wie könnte die Fülle der in den letzten Jahren (aber auch bereits vor 1989) zustande gekommenen Versuche, sich gemeinsam über die komplexe deutschpolnische Beziehungsgeschichte des 20. Jahrhunderts auseinander zu setzen, sinnvoll gegliedert werden? Eine Unterscheidung nach zwei Gliederungsprinzipien, besonders auch im Hinblick auf die Konzentration auf zivilgesellschaftliche Initiativen, scheint sinnvoll zu sein: Man könnte diese Prinzipien allgemein als (eher abstrakte) „Auseinandersetzung mit der Vergangenheit" und (eher konkrete) „Auseinandersetzung mit dem Raum" bezeichnen. Selbstverständlich ist diese Gliederung nicht absolut zu sehen.

Eine Auseinandersetzung mit der schwierigen Vergangenheit der deutschpolnischen Beziehungen begann auf beiden Seiten bereits einige Jahre nach dem Zweiten Weltkrieg. Sie betraf eher allgemein das durch den Krieg zerrüttete deutsch-polnische Verhältnis, weniger Einzelfragen wie die Thematik der Vertreibung der Deutschen. In der polnischen wie in den beiden deutschen Gesellschaften fanden sich schon recht früh mutige Fürsprecher einer Geschichtsbetrachtung, die jenseits der Propagandafloskeln des Kalten Krieges die deutsch-polnischen Beziehungen auf eine neue Basis stellen wollten. Gerade die Tatsache, dass wir trotz der jüngsten Irritationen in den deutschpolnischen Beziehungen auf ein solides Netzwerk von Kontakten zurückgreifen können, sollte bei der Charakteristik der zivilgesellschaftlichen Initiativen berücksichtigt werden, weil viele Beteiligte wenn nicht personell, so doch in gewisser Weise ideell auf der Arbeit dieser Pioniere der deutsch-polnischen Annäherung aufbauen.

Zunächst gingen sehr viele Initiativen daraus hervor, dass sich Menschen in Deutschland und Polen jenseits von tagespolitischem Kalkül, nationalen Engführungen oder ideologischen Prämissen dieser traumatischen Geschichte stellten und nach Wegen suchten, einen Dialog mit dem Nachbarn über diese Geschichte zu beginnen. Dabei fällt auf, dass dieser Dialog sehr häufig vor einem universalen Hintergrund geführt wurde, vor dem es um allgemeine Prinzipien der Moral und Verantwortung ging, ohne dass dabei der historische Kontext aus dem Auge verloren wurde. Diese Bemerkung erscheint mir besonders heute wichtig, da in den gegenwärtigen Debatten nicht selten allgemeine menschenrechtliche Prinzipien und die jeweils konkrete historische Kontextualisierung und Bewertung von Vertreibungen gegeneinander in Stellung gebracht werden und sich anscheinend in einem schwer auflösbaren Widerspruch befinden.

Die Akteure einer solchen Annäherung sind vor allem in einem Kontaktnetz deutscher und polnischer Christen, der demokratischen Opposition in der Volksrepublik Polen und der DDR sowie in den unkonventionellen außenpolitischen Vordenkern im polnischen Untergrund und Exil zu finden.[3] Für Polen wäre hier die katholische Laienbewegung in den Klubs der Katholischen Intelligenz zu nennen, die seit 1956 durchaus Einfluss auch auf die offizielle Politik vermittels der Abgeordnetengruppe *Znak* ausüben konnte,[4] aus deren Reihen sich vor allem Stanisław Stomma als unerschrockener Fürsprecher einer deutsch-polnischen Annäherung hervortat.[5] Wichtig sind auch die Stellungnahmen polnischer politischer Oppositioneller, deren bedeutendste Jan Józef Lipskis Beitrag aus dem Jahr 1981 ist und ohne den die aufrichtige publizistische Debatte um die Vertreibung der Deutschen in der ersten Hälfte der Neunzigerjahre kaum denkbar gewesen wäre.[6] Ein auf lan-

---

3 Hierzu wie im Folgenden siehe: Basil Kerski, Die Rolle nichtstaatlicher Akteure in den deutsch-polnischen Beziehungen vor 1990, in: Wolf-Dieter Eberwein/Basil Kerski (Hrsg.), Die deutsch-polnischen Beziehungen 1949–2000. Eine Werte- und Interessengemeinschaft? Opladen 2001, S. 75–111.
4 Zu den Klubs der Katholischen Intelligenz siehe Andrzej Friszke, Oaza na Kopernika. Klub Inteligencji Katolickiej 1956–1989 [Die Oase auf der Kopernikus-Straße. Der Klub der Katholischen Intelligenz 1956–1989], Warszawa 1997; zu der Abgeordnetengruppe *Znak*, ders., Koło posłów „Znak" w sejmie PRL 1957–1976 [Die Abgeordnetengruppe „Znak" im Sejm der Volksrepublik Polen 1958–1976], Warszawa 2002.
5 Wolfgang Pailer, Stanisław Stomma: Nestor der deutsch-polnischen Aussöhnung, Bonn 1995.
6 Jan Józef Lipski, Dwie ojczyzny-dwa patriotyzmy. Uwagi o megalomanii narodowej i ksenofobii Polaków [Zwei Vaterländer – zwei Patriotismen. Bemerkungen zum nationalen Größenwahn und zur Fremdenfeindlichkeit der Polen], in: *Kultura* [Kultur] 1981, Nr. 10, 3–29. (Der deutsche Text in: Georg Ziegler (Hrsg.), Powiedzić sobie wszystko … Eseje o sąsiedztwie polsko-niemieckim. Wir müssen uns alles sagen … Essays zur deutsch-polnischen Nachbarschaft, Gliwice-Warschau 1996, S. 185–228).

ge Sicht bedeutendes Ereignis war sicher auch 1965 der Brief der polnischen Bischöfe an ihre deutschen Amtsbrüder, in dem sie um Vergebung für das den Deutschen im Zuge der Vertreibung zugefügte Unrecht baten.[7] Die offizielle Reaktion der deutschen Geistlichkeit auf diesen Brief fiel zwar zurückhaltend aus, was von den polnischen Bischöfen mit Bedauern konstatiert wurde, doch auch auf deutscher Seite waren es gerade Initiativen, die im Umfeld der beiden Kirchen entstanden waren, die versuchten, aus der Sackgasse der deutsch-polnischen Beziehungen herauszufinden: Hier ist etwa das von evangelischen Wissenschaftlern 1962 verfasste „Tübinger Memorandum" zu nennen, das als Diskussionspapier zur deutschen Ostpolitik die bedingungslose Anerkennung der Oder-Neiße-Grenze forderte. Allerdings distanzierte sich die Evangelische Kirchenleitung davon und charakterisierte das Memorandum als private Meinungsäußerung. Von weit größerer Bedeutung war 1965 die so genannte Ostdenkschrift der Kammer für Öffentliche Angelegenheiten der EKD, die kurz vor dem Briefwechsel der katholischen Bischöfe erschienen und in der deutschen Öffentlich überaus breit diskutiert worden war. Als katholisches Pendant dazu kann das Memorandum des von Walter Dirks gegründeten Bensberger Kreises von 1968 gelten.[8] Die katholischen Laien kritisierten das zögerliche Eingehen der deutschen Bischöfe auf den Brief ihrer polnischen Amtsbrüder. Auch sie forderten die Anerkennung der Oder-Neiße-Grenze und thematisierten dabei, dass das Menschenrecht auf Heimat sowohl für die vertriebenen Deutschen als auch für die nun in den neuen polnischen Nord- und Westgebieten lebenden Polen gelten müsse. Wichtig erscheinen in diesem Zusammenhang auch die Aktivitäten der im Umkreis des Bensberger Kreises entstandenen Organisation Pax Christi, die sich zunächst für eine Aussöhnung mit Frankreich, dann aber auch mit Polen engagierte.[9]

Die polnische Debatte vor allem der frühen Neunzigerjahre in: Klaus Bachmann/Jerzy Kranz (Hrsg.), Verlorene Heimat. Die Vertreibungsdebatte in Polen, Bonn 1998.

7 Edith Heller, Macht Kirche Politik: der Briefwechsel zwischen den polnischen und deutschen Bischöfen im Jahre 1965, Köln 1992; Piotr Madajczyk, Na drodze do pojednania: wokół orędzia biskupów polskich do biskupów niemieckich z 1965 roku [Auf dem Weg zur Versöhnung: zum Brief der polnischen Bischöfe an die deutschen Bischöfe im Jahr 1965], Warszawa 1994.

8 Zu den aktivsten Persönlichkeiten dieser von kirchlichen Gruppen getragenen Versöhnungsdialogs gehörten auch Vertriebene. Für die eng verflochtenen Gruppen des Bensberger Kreises und von Pax Christi gibt es viele Belege. Stellvertretend sei Dr. Manfred Seidler erwähnt, gebürtiger Königsberger, der sich außerordentlich stark bei der Polenarbeitsgruppe des Bensberger Kreises engagierte. Zur Bedeutung des Memorandums und der Polenkontakte des Kreises siehe: Manfred Seidler, Das Polenmemorandum des Bensberger Kreises, in: Friedbert Pflüger/Winfried Lipscher (Hrsg.), Feinde werden Freunde. Von den Schwierigkeiten der deutsch-polnischen Nachbarschaft, Bonn 1993, S. 103.

9 Sie führten während der Siebzigerjahre regelmäßig Seminare mit den Klubs der katholischen Intelligenz, insbesondere in Breslau und Krakau durch. Führend beteiligt waren daran die Publizistin Anna Morawska aus Krakau und der Generalsekretär von Pax Christi; Reinhold Lehmann. Siehe Reinhold Lehmann, Politisches Engagement der Christen, Więź 1971, H. 3; Wojciech Wieczorek, „Das Ausch-

Sowohl in Ost- als auch Westdeutschland wirkte seit 1958 die als ökumenische Friedensorganisation gegründete Aktion Sühnezeichen, die gerade für die DDR besonders wichtig werden sollte, verkörperten ihre Projekte doch so etwas wie gelebte Versöhnung im Gegensatz zu dem von oben verordneten Antifaschismus der SED.[10] Es war daher auch diese Organisation, die besonders hilfreich für die Kontakte zwischen den Oppositionellen in der DDR und Polen wurde. Seit 1968 wurden im Bistum Magdeburg so genannte „Polenseminare" bzw. seit den Achtzigerjahren die „Anna-Morawska-Seminare" (benannt nach einer Publizistin der polnischen katholischen Wochenzeitung *Tygodnik Powszechny*) abgehalten, bei denen wichtige Themen des deutsch-polnischen Verhältnisses verhandelt wurden. Um den Bogen zur Gegenwart zu schlagen: Die Aktion Sühnezeichen hat am 19. Februar 2004 eine Pressemitteilung zum geplanten „Zentrum gegen Vertreibungen" mit dem Titel „Dialog statt Selbstgespräch" herausgegeben. Darin plädiert sie für viele regionale europäische Erinnerungsorte und für den Dialog mit den Nachbarn anstatt eines nationalen Selbstgesprächs.[11] Nicht nur wegen dieser jüngsten Stellungnahme wird hier so relativ ausführlich auf die Initiativen aus der Zeit vor dem großen Umbruch des Jahres 1989 eingegangen. Gerade die Verstimmungen im deutsch-polnischen Verhältnis der letzten Jahre machen es nötig, sich die vielfältigen Grundlagen des deutsch-polnischen Dialogs zu vergegenwärtigen. Gerade wenn nach 1989 vieles zum bloßen „Versöhnungskitsch"[12] verkommen ist, sollte man umso genauer auf die Initiativen blicken, deren Träger in ungleich schwierigeren politischen Rahmenbedingungen agierten.

3. Auseinandersetzung mit dem Raum

Mit der „Auseinandersetzung mit dem Raum" sind die bewusste Wahrnehmung und Beschäftigung mit dem historischen Erbe in den ehemaligen deut-

---

witz-Seminar" – wie soll es weitergehen? Fortsetzung des Dialogs. Das sechste Seminar „Pax Christi" und „Znak", Więź 1973 H. 3, 1975, H. 2, 1977 H. 9; Anna Morawska, Der Sinn der Begegnung mit Bonhoeffer, Wiez. Deutsche Sonderausgabe 1994, für die die genannten älteren Aufsätze einem deutschen Publikum zugänglich gemacht wurden.

10 Die geringe Tragweite eines in der DDR von oben gesteuerten Versuchs der deutsch-polnischen Annäherung beschreibt Krzysztof Ruchniewicz, Próba zbliżenia NRD-Polska pod koniec lat czterdziestych i na początku lat pięćdziesiątych. Utworzenie i działalność Helmut von Gerlach Gesellschaft [Die Annäherungsversuche zwischen der DDR und Polen Ende der Vierziger- und Anfang der Fünfzigerjahre. Gründung und Tätigkeit der Helmut-von-Gerlach-Gesellschaft], in: Śląski Kwartalnik Historyczny Sobótka 45 (2000) Nr. 4, S. 527–556.

11 Dialog statt Selbstgespräch. Kritik am Zentrum gegen Vertreibungen. Pressemitteilung vom 19. Februar 2004, vgl. URL: <http://www.asf-ev.de/aktuell/040219.shtml> [3.3.2004]. Die Erklärung schließt mit dem Satz: „Die Geschichten der Gewalterfahrung müssen regional erzählt und europäisch gehört werden."

12 Siehe dazu: Klaus Bachmann, Versöhnungskitsch zwischen Deutschen und Polen, in: die tageszeitung vom 5.8.1994.

schen Ostgebieten durch ihre neuen polnischen Bewohner gemeint. Dabei muss berücksichtigt werden, dass nicht nur die aus den alten ostpolnischen Territorien vertriebenen Polen[13], sondern auch die zentralpolnischen Umsiedler in Gegenden kamen, die zwar durch die Westverschiebung in den polnischen Staat integriert worden waren, aber noch lange Zeit den neuen Bewohnern fremd blieben. Ein Gefühl der Vorläufigkeit und Fremdheit charakterisierte zum Teil noch Jahrzehnte nach dem Ende des Zweiten Weltkriegs das Lebensgefühl in den neuen polnischen Nord- und Westgebieten. Die offizielle Diktion, dass Polen in uraltes polnisches Territorium zurückkehre, das über Jahrhunderte Gegenstand deutscher Zwangsgermanisierung gewesen sei, widersprach den Erfahrungen der Bevölkerung, die auf Schritt und Tritt auf Hinterlassenschaften der ehemaligen deutschen Bewohner stieß. Mit dieser staatlichen Propaganda ging der Versuch einher, alle Spuren ehemals deutschen Lebens zu negieren bzw. zu entfernen und die Frage nach den historischen Traditionen deutscher Besiedlung zu unterdrücken.[14] Gleichzeitig war es den ostpolnischen Vertriebenen verboten, durch Traditionspflege und landsmannschaftliche Zusammenschlüsse an ihre alte Heimat im Osten zu erinnern, da dies der dekretierten polnisch-sowjetischen Freundschaft geschadet hätte.

Im Gegensatz zu Westdeutschland, wo sich die in Verbänden organisierten Vertriebenen schon bald nach Kriegsende aktiv der Traditions- und Kontaktpflege untereinander widmen konnten, war ihnen in der DDR, wo sie euphemistisch „Umsiedler" genannt wurden[15], das Erinnern an die alte Heimat verboten. Auch sie fühlten sich häufig fremd an ihren neuen Wohnorten. Das betraf vor allem das neue Grenzgebiet zu Polen, da hier durch die Oder-Neiße-Grenze ein historisches Territorium geteilt wurde. Somit entstanden viele logistische Probleme, die der Bevölkerung das Heimischwerden erschwerten. Ebenso wie die neue polnisch-sowjetische Freundschaft schuf auch das Verhältnis der DDR zum polnischen Nachbarn Rahmenbedingungen, innerhalb derer es nicht opportun war, an die im Osten zurückgelassene Heimat zu erinnern.[16] Vor diesem Hintergrund verwundert es nicht,

---

13 Zur Vertreibung der Polen aus den ehemaligen polnischen Ostgebieten siehe: Stanisław Ciesielski (Hrsg.), Przesiedlenie ludności polskiej z kresów wschodnich do Polski 1944–1947 [Die Umsiedlung der polnischen Bevölkerung aus den Ostgebieten nach Polen 1944–1947], Warszawa 1999. (Eine deutsche Übersetzung ist in Vorbereitung.)
14 Siehe dazu zum Beispiel für Oberschlesien: Bernard Linek, „Odniemczanie" województwa śląskiego w latach 1945–1950 (w świetle materiałów wojewódzkich) [Die „Entdeutschung" der Wojewodschaft Schlesien in den Jahren 1945–1950 (im Spiegel von Wojewodschaftsdokumenten)], Opole 1997.
15 Zum Umgang der DDR und der Volksrepublik Polen mit den Vertriebenen siehe: Philipp Ther, Deutsche und polnische Vertriebene. Gesellschaft und Vertriebenenpolitik in der SBZ/DDR und in Polen 1945–1956, Göttingen 1998.
16 Jürgen Danyel, Vergangenheitspolitik in der SBZ/DDR 1945–1989, in: Włodzimierz Borodziej/Klaus Ziemer (Hrsg.), Deutsch-polnische Beziehungen 1939 – 1945 – 1949. Eine Einführung, Osnabrück

dass gerade in den neuen Regionen Polens und – wenn auch in geringerem Maße – in den östlichen Gebieten der DDR die Hinwendung zum Thema Vertreibung mit einer kritischen Hinterfragung des historischen Erbes und der Suche nach verschütteten Traditionen in der jeweiligen direkten Lebenswelt begann. Diese Beobachtung weist schon darauf hin, dass gerade diese lebendigen zivilgesellschaftlichen Initiativen das an die jeweiligen Regionen gebundene Engagement verlieren würden, wollte man sie auf ein zentrales Forschungs-, Organisations- oder Erinnerungszentrum ausrichten.

Zunächst geht es im Folgenden um solche Initiativen „von unten" in Polen, da sie zahlreicher und interessanter sind (es wird bewusst von Initiativen **in** Polen gesprochen, denn es handelt sich dabei sehr häufig um polnisch-deutsche oder polnisch-ukrainisch-deutsche, zum Teil auch polnisch-tschechisch-deutsche Kooperationsprojekte). Ein kurzer Ausblick soll aber auch auf Ansätze zu einer grenzüberschreitenden Zusammenarbeit in der ehemaligen DDR gegeben werden. In Polen begann die Auseinandersetzung mit dem Raum schon vor 1989. Allerdings stellte sie sich vor dem politischen Umbruch noch mehr oder weniger als Elitenphänomen dar. Hier ist etwa an die Reportagen des Journalisten und Deutschlandkenners Adam Krzemiński aus der zweiten Hälfte der Achtzigerjahre zu denken, in denen er das Verhältnis deutscher Vertriebener zu ihrer alten Heimat problematisierte und etwa für Pommern eine Suche nach deutschen und polnischen historischen Hinterlassenschaften – jenseits eines anscheinend unausweichlichen nationalistischen Antagonismus – anmahnte.[17] Regelrecht explodiert ist das Interesse für die Geschichte der jeweiligen Lebenswelten in den polnischen Nord- und Westgebieten in den Jahren seit 1989. Die Denk- und Redebeschränkungen unter kommunistischer Herrschaft hatten eine produktive Spannung erzeugt, die sich nach dem politischen Umbruch entlud. Die neuen polnischen Westgebiete Polens (sowie in geringerem Maße auch dass neue „künstliche" Grenzland im Osten der DDR) haben interessierte Zeitgenossen zu Fragen nach dem woher ihrer Bewohner, nach den kulturellen und historischen Traditionen und nach einem eventuellen multikulturellen Erbe fragen lassen. Das Thema Vertriebene und Vertreibung erreichte dabei weitere Kreise als das in Westdeutschland der Fall war bzw. ist. Das liegt sicher zu einem guten Teil daran, dass im Westen zwar ein flächendeckendes Netz an

---

2000, S. 265–295, besonders S. 272–277 sowie 288–290. Zum schwierigen Verhältnis zwischen der DDR und Polen siehe auch Basil Kerski (Hrsg.), Zwangsverordnete Freundschaft? Die Beziehungen zwischen der DDR und Polen 1949–1990, Osnabrück 2003.

17 Die Empathie, die Krzemiński für die Deutschen in seinen Beiträgen erkennen ließ, stieß bei seinen Landsleuten zum Teil auf heftige Kritik. Vgl. dazu die Texte in Bachmann/Kranz, Verlorene Heimat, S. 37–55.

Museen, Heimatstuben etc. existierte, das aber trotz intensiver Pflege nie den Schritt aus dem engeren Vertriebenenmilieu geschafft hat.[18]

Will man eine Ordnung in das vielfältige Netz von Initiativen bringen, bietet sich für Polen ein Rundgang durch die historischen Regionen an, von denen einige exemplarisch vorgestellt werden sollen. Dabei wird sich zeigen, dass es durchaus unterschiedliche Fragen waren, die zur Beschäftigung mit der Geschichte, mit den unterschiedlichen Zwangsmigrationen und mit der durch das Zusammenleben von zahlreichen unterschiedlichen Gruppen geprägten Gegenwart animierten. Die regionale Vielfalt bedingt auch, dass die Auseinandersetzung mit der jeweiligen Vergangenheit unterschiedlich konfliktträchtig verläuft.

3.1. Der südliche Teil des ehemaligen Ostpreußens bzw. Ermland und Masuren

Der südliche Teil des ehemaligen Ostpreußens, der 1945 als „Ermland und Masuren" (*Warmia i Mazury*) zum Bestandteil Polens wurde, steht nicht zufällig am Beginn dieses regionalen Rundgangs. Die polnische Benennung, die auf die historische Landschaft des Ermlandes und auf die polnischsprachigen Bewohner Preußens rekurriert, wurde von den Nachkriegsbehörden auch gewählt, um die Erinnerung an eine Region, die vielen als Wiege eines die Polen bedrohenden preußisch-deutschen Militarismus galt, verblassen zu lassen. Um so bemerkenswerter muss es erscheinen, dass dort eine Handvoll Intellektueller im Jahr 1990 eine Vereinigung gründete, die sich den Namen „Borussia" gab und sich zur Aufgabe machte, die Geschichte ihrer Region als die Heimat vieler unterschiedlicher Ethnien und Bevölkerungsgruppen zu untersuchen. Einer der Mitbegründer der Vereinigung und ihr heutiger Vorsitzender, Robert Traba, beschreibt als den Auslöser für das vielfältige Engagement der in der Kulturgemeinschaft „Borussia" aktiven Personen ein Gefühl des Unbehagens: nicht zu wissen, wo man lebe, an welchen verschütteten Traditionen man täglich vorbeilaufe, nicht zu wissen, wie genau diese bunt gewürfelte Bevölkerung der Woiwodschaft Allenstein (Olsztyn) zustande gekommen sei. Die offiziellen Parolen vom uralten polnischen Charakter des Gebiets, des nationalen Widerstands der polnischen Ermländer und Masuren gegen den Germanisierungsdruck sowie das Schweigen über die Herkunft der ostpolnischen und ukrainischen Mitbewohner oder

---

18 Dazu zum Beispiel Jörg Lau, Blühende Museumslandschaften. Der Bund fördert die Kultur der Vertriebenen mit Millionen – zum Hintergrund des Denkmalstreits, in: Die Zeit 40/2003, 25. September 2003. Sehr kritisch zu der Vergangenheitspolitik der Vertriebenenverbände: Samuel Salzborn, Grenzenlose Heimat. Geschichte, Gegenwart und Zukunft der Vertriebenenverbände, Berlin 2000.

das willentliche Übersehen von Spuren ehemals deutschen, aber auch jüdischen Lebens verstärkten dieses Unbehagen nur.

„Borussia" hat sich von Anfang an nicht bilateralen deutsch-polnischen Projekten verschrieben, sondern immer den Blick auf die Gesamtgeschichte der Region gerichtet. Der daraus entstandene „offene Regionalismus" ist das Gegenteil von provinzieller Heimattümelei. Mit der (Wieder-)Entdeckung vieler „kleiner Heimaten" (*małe ojczyzny*) verbindet sich ein Programm, das weit über die Geschichte dieser Region hinausweist: „Nicht genug, dass die neuen ‚Borussen' Ostpreußen entschieden als einen Teil Europas bestimmen. Sie bestehen darauf, dass über alle Grenzen im Raum allgemein menschliche Werte anzuerkennen seien, gestützt auf die Achtung historischer, moralischer, existenzieller Wahrheiten. In einem Satz des Programms wird das ganze facettenreiche zwischen Nähe und Ferne, Konkretem und Allgemeinen, Wirklichkeit und Norm vermittelnde Konzept eindrucksvoll zusammengefasst. Sie behandeln die Denkmale einer jeden nationalen Vergangenheit als Denkmale der Menschheit."[19] Dennoch funktioniert das Konzept auf der Grundlage ganz konkreter Initiativen vor Ort. Zu nennen wären hier etwa die Restaurierung alter deutscher Soldatenfriedhöfe aus dem Ersten Weltkrieg, die Suche nach Spuren jüdischen Lebens oder Konferenzen für Schüler und Studenten, die am Beispiel ausgewählter Erinnerungsorte mit dem deutschen, masurischen und jüdischen Erbe der Region bekannt gemacht werden. Die besondere historische Anziehungskraft, die der südliche Teil des ehemaligen Ostpreußens auf seine heutigen Bewohner ausübt, zeigt sich auch in der Anzahl von mehreren regionalen historischen Zeitschriften, die auf hohem Niveau, aber in regionaler Beschränkung Themen der deutschjüdisch-masurisch-polnisch-ukrainisch-tatarischen Geschichte der Region aufarbeiten.[20]

Das Konzept des „offenen Regionalismus" greift aber inzwischen weit über das südliche Ostpreußen hinaus. Die Zeitschrift „Borussia", zahlreiche Konferenzen und etliche Übersetzungsprojekte haben immer wieder an das vielfältige kulturelle Erbe nicht nur dieser Region, sondern auch an die Geschichte anderer „magischer Orte" erinnert, deren Geschichte es jenseits nationalistischer Verengungen der letzten zwei Jahrhunderte wieder zu ent-

---

19 Rex Rexheuser, Erbe und neue Identität: Eine Konferenz in Allenstein, 7.–9. November 1991, in: Nordost-Archiv 1 (1992), S. 175 f.; vgl. auch Hubert Orłowski, 10 lat Wspólnoty Kultury „Borussia". Uczniowie historii i krajobrazu [10 Jahre Kulturgemeinschaft „Borussia". Schüler der Geschichte und der Landschaft], in: Rzeczpospolita vom 2. September 2000.
20 Siehe die Zeitschriften: Masovia. Pismo poświęcone dziejom Mazur. Stowarzyszenie „Wspólnota Mazurska", 1997 ff.; Znad Pisy: wydawnictwo poświęcone Ziemi Piskiej, 1995 ff.; Rocznik Mazurski; Instytut Historyczno-Społeczny w Szczytnie, 1996 ff., Studia Angerburgica, Muzeum Kultury Ludowej w Węgorzewie, 1996 ff.

decken gilt.[21] Regionen wie Schlesien oder die Bukowina und Städte wie Lemberg oder Wilna werden dabei nicht nur im Hinblick auf ihre multiethnische Vergangenheit, sondern auch auf ihre Rolle in einem künftigen „Europa der Regionen" untersucht.[22] All diese Aktivitäten scheinen vorbildhaft für ein „Europäisches Netzwerk gegen Vertreibungen" zu sein, das in multilateraler Kooperation sich nicht nur mit der Vergangenheit beschäftigen, sondern auch für eine gemeinsame europäische Zukunft wirken möchte.

Das Thema der Vertreibung der Deutschen spielt natürlich bei der Suche nach verschütteten historischen Traditionen eine wichtige Rolle. Der „Borussia" kommt das Verdienst zu, immer wieder an den Heimatverlust der ehemaligen Bewohner Ostpreußens erinnert zu haben. Regelmäßig wurde und wird das Thema in der Zeitschrift des Vereins, auf Tagungen und Seminaren aufgegriffen. Unter anderem von Robert Traba initiiert ist eine Publikation zu den Vertreibungserfahrungen von Deutschen und Polen, die jeweils „ihren" Osten verlassen mussten. Vertriebene wurden dazu aufgefordert, ihre Erinnerungen an die Kriegs- und Nachkriegszeit aufzuschreiben. In Kooperation mit dem Zentrum *Karta*[23] in Warschau und dem Verein der Freunde Polens in Karlsruhe wurden die besten Texte ausgewählt und auf deutsch und polnisch publiziert.[24] Doch nicht nur die Vertreibung, sondern auch das schwierige Zusammenleben unterschiedlicher Bevölkerungsgruppen im ehemaligen Ostpreußen in der unmittelbaren Nachkriegszeit wird thematisiert, wie etwa in dem gerade erschienenen Band „Nachkriegsalltag in Ostpreußen", der in deutsch-polnischer Kooperation erarbeitet worden ist.[25] Kooperationspartner auf deutscher Seite sind unter anderem der Ermlandrat und der Historische Verein für das Ermland sowie kirchliche und wissenschaftliche Organisationen der katholischen Ermländer, die in der „Borussia" einen Ansprechpartner vor Ort finden, mit dem sie nicht nur vergangenheitsbezogene, sondern auch zukunftsgerichtete Projekte durchfüh-

---

21 Siehe dazu die von der Borussia herausgegebene Reihe „Odkrywanie Światów" (Entdeckung der Welten).
22 Siehe dazu etwa Robert Traba, Regionalismen. Zwischen Heimat und einem Europa der Regionen, in: Hubert Orłowski/Andreas Lawaty (Hrsg.), Polen – Deutschen. Geschichte – Kultur – Politik, München 2003, S. 455–465.
23 In dem schon zu Zeiten der Volksrepublik Polen gegründete Zentrum *Karta* beschäftigten sich Oppositionelle zunächst mit der Geschichte von Polen, die Opfer der sowjetischen bzw. volkspolnischen Repressionspolitik geworden waren. Nach 1989 kam auch die Beschäftigung mit den vertriebenen Deutschen hinzu.
24 Vertreibung aus dem Osten. Deutsche und Polen erinnern sich, hrsg. v. Hans-Jürgen Bömelburg/Renate Stößinger/Robert Traba, Olsztyn 2000 (Polnische Ausgabe: Wypędzenie ze wschodu. Wspomnienia Polaków i Niemców, Olsztyn 2001).
25 Hans-Jürgen Karp/Traba, Robert (Hrsg.): Nachkriegsalltag in Ostpreußen: Erinnerungen von Deutschen, Polen und Ukrainern, Münster 2004. (Polnische Ausgabe: Codzienność zapamiętana. Warmia i Mazury we wspomnieniach [Erinnerter Alltag. Ermland und Masuren in Erinnerungen], Olsztyn 2004).

ren. Diese Kooperationen sind außerordentlich erfolgreich, auch wenn hier ein deutlicher Altersunterschied zwischen den beiden Seiten zu erkennen ist.

3.2. Oberschlesien

Anders als im südlichen Ostpreußen, wo eine relativ problemlose Beschäftigung mit dem Schicksal der ehemaligen und heutigen Bewohner der Region bereits möglich zu sein scheint, stellt sich die Situation in Oberschlesien dar. Alle Akteure, mit denen ich über diese Region gesprochen habe, berichteten, dass die Auseinandersetzung mit der jüngsten Vergangenheit hier besonders konfliktreich verläuft, weil es noch immer einen immensen Unterschied zwischen dem Gedächtnis der einheimischen Oberschlesier, der sich als deutsche Minderheit verstehenden Bevölkerungsgruppe, und dem der nach dem Krieg in die Region gekommenen Menschen gibt.[26] Deutlich wird dies etwa am Streit über den Umgang mit den zahlreichen Lagern in Oberschlesien, in denen während des Krieges Polen bzw. Oberschlesier und nach dem Krieg Deutsche bzw. Oberschlesier interniert waren. Eine wichtige Rolle spielen hier die Arbeiten des polnischen Historikers Edmund Nowak, der neben der Geschichte der Lager auch die Konflikte um die unterschiedlichen Arten des Gedenkens dokumentiert hat.[27] Besonders konflikthaft verlief die Annäherung an die Geschichte des Lagers Lamsdorf/Łambinowice, dessen Nachkriegsgeschichte sowohl Gegenstand der deutschen wie der polnischen Historiografie ist.[28] In der ersten Hälfte der Neunzigerjahre kam es zu einer heftigen Auseinandersetzung, wie der Opfer dieses Lagers gedacht werden könne. Der Streit entzündete sich an einem Denkmal für die deutschen Opfer und dessen Aufschrift: Es stellte sich die Frage, ob ein direkter Bezug auf die deutschen Opfer oder aber eine Formulierung zu wählen sei, die ohne nationale Einschränkung auf die Opfer verwies. Dies erschien vor allem aufgrund der Gruppe der schlesischen Opfer, die sich einer klaren nationalen Zuordnung entzieht, notwendig. Das im September 1995 eingeweihte Denkmal war das erste, das an deutsche Opfer im Nachkriegspolen erinnerte. Ein Beispiel dafür, wie in der Gegenwart den unterschiedlichen historischen

---

26 So zum Beispiel Ulrike Petzold vom Haus für deutsch-polnische Zusammenarbeit in Oppeln (Dom Współpracy Polsko-Niemieckiej) und Bernard Linek vom Schlesischen Institut (Instytut Śląski) in Oppeln in der Korrespondenz mit der Autorin.
27 Edmund Nowak, Lager im Oppelner Schlesien im System der Nachkriegslager in Polen (1945–1950). Geschichte und Implikationen, Opole 2003.
28 Heinz Esser, Die Hölle von Lamsdorf. Dokumentation über ein polnisches Vernichtungslager, Münster 1969; Edmund Nowak, Schatten von Łambinowice, Opole 1994. Allgemein zum neuesten Stand der Historiografie bezüglich des Schicksals der deutschen Bevölkerung in Oberschlesien nach dem Zweiten Weltkrieg siehe: Bernard Linek, Recent Debates on the Fate of the German Population in Upper Silesia 1945–1950, in: German History 22 (2004), S. 372–405.

Erinnerungen Raum gegeben werden kann, ist der Gedenkstein im Lager Potulitz/Potulice, der im Jahr 1998 auf die private Initiative der beiden ehemaligen Häftlinge, des Deutschen Gustav Bekker und des Polen Stanisław Gapiński, eingeweiht wurde. Der Stein erinnert mit seiner deutschen und polnischen Inschrift sowohl an die polnischen Häftlinge während des Krieges als auch an die deutschen Häftlinge nach Kriegsende.[29]

Ganz bewusst widmet sich ein Projekt des „Hauses für deutsch-polnische Zusammenarbeit" in Opole (Oppeln) dem schwierigen Nebeneinander unterschiedlicher kollektiver Gedächtnisse in dieser Region.[30] Unter dem Titel „Lokale Geschichte am Beispiel ausgewählter Kreise, Städte und Gemeinden" versucht diese Institution in Kooperation mit der Organisation der deutschen Minderheit und Vertretern der lokalen Verwaltungen, das aus der Zeit der Volksrepublik Polen überkommene einseitige Geschichtsbild zu hinterfragen und auf die multikulturellen und multikonfessionellen Traditionen Schlesiens hinzuweisen. Das Spektrum der behandelten Themen ist weit gespannt: Die Vertreibung der Deutschen und die Lebensumstände der polnischen Neusiedler nach dem Krieg werden ebenso behandelt wie die Repressionen gegen die einheimische schlesische Bevölkerung unter zwei autoritären Regimen oder wichtige Ereignisse der schlesischen Geschichte (so zum Beispiel die schlesischen Aufstände oder das Referendum in Oberschlesien nach dem Ersten Weltkrieg). Mit Vortragszyklen, Exkursionen, Tagungen und Publikationen wird versucht, die unterschiedlichen Bevölkerungsgruppen vor Ort miteinander ins Gespräch zu bringen und einen multiperspektivischen Blick auf die im 20. Jahrhundert so heftig umkämpfte schlesische Geschichte zuzulassen.[31]

Daneben gehen auch von wissenschaftlichen Forschungseinrichtungen in der Region Impulse aus, die breitere Bevölkerungskreise für eine Auseinandersetzung mit der Geschichte zu interessieren vermögen. Hier ist etwa an das Institut für Nationales Gedenken (*Instytut Pamięci Narodowej*, IPN: eine Aufarbeitungs- und Strafverfolgungsbehörde, die sich sowohl mit den nationalsozialistischen als auch mit den kommunistischen Verbrechen in Polen beschäftigt) in Katowice (Kattowitz) zu denken, das ein Buch über die Situation im Arbeitslager Świętochłowice (Schwientochlowitz) im Jahr 1945 herausgegeben hat.[32] Das Institut veranstaltete zudem Konferenzen zur Ge-

---

29 Siehe zu dieser Initiative Helga Hirsch, Rache ist eine Krankheit, in: Die Zeit vom 3. September 1998.
30 Zu dieser 1998 gegründeten Einrichtung, in der deutsche und polnische Partner gemeinsame Projekte und Konferenzen vor allem zur Geschichte und Gegenwart Schlesiens durchführen siehe URL: <http://www.haus.pl> [15.3.2005].
31 Zu dem Projekt siehe auch die URL: <http://www.haus.pl/pl/projekty/02_01.html> [23.2.2004].
32 Obóz pracy w Świetochłowicach w 1945 roku: dokumenty, zeznania, relacje, listy [Das Arbeitslager in Schwientochlowitz im Jahr 1945: Dokumente, Zeugenaussagen, Berichte, Briefe], eingeleitet und bearbeitet von Adam Dziurok, Warszawa 2002.

schichte des Lagers in den Jahren 1939 bis 1946, an denen ehemalige polnische und deutsche Häftlinge teilnahmen (2001), oder zu den Nationalitätenproblemen in Schlesien in den Jahren 1945 bis 1950 (2003).[33] Auch das Schlesische Institut (*Instytut Śląski*) in Opole (Oppeln) widmet sich dem vielfältigen kulturellen Erbe der Region. Bereits in der ersten Hälfte der Neunzigerjahre erarbeitete es in Kooperation mit der Berliner Gesellschaft für interregionalen Kulturaustausch die Ausstellung *„Wach auf, mein Herz, und denke". Zur Geschichte der Beziehungen zwischen Schlesien und Berlin-Brandenburg von 1740 bis heute*, die in Brandenburg und Schlesien gezeigt wurde und die Verschränkungen der beiden Regionalgeschichten herausarbeitete. Das Kapitel „Flucht, Vertreibung, Umsiedlung und Neubeginn" nahm dabei breiten Raum ein.[34]

Einen noch weiteren Empfängerkreis als Konferenzen, Tagungen oder Ausstellungsprojekte hat sicher das Medium Film. Ein lebhaftes Medienecho sowohl in Deutschland als auch in Polen rief zum Beispiel der Film von Ute Badura mit dem Titel „Schlesiens Wilder Westen" hervor, in dem die Regisseurin dem Schicksal alter und neuer Bewohner Schlesiens nachspürte und der 2004 mit dem Deutsch-Polnischen Journalistenpreis ausgezeichnet wurde.[35] Generell sind in den letzten Jahren in beiden Ländern zahlreiche Filme zum Thema Zwangsmigration, Heimatverlust, Neuansiedlung entstanden. So waren zum Beispiel die dritten Internationalen Dokumentarfilmtage im polnischen Lublin *Rozstaje Europy* (Europäische Scheidewege) im Jahr 2001 diesem Thema gewidmet.[36]

3.3. Städte in den Nord- und Westgebieten: Gdańsk (Danzig) und Breslau (Wrocław)

Ein besonderes Untersuchungsfeld bieten die größeren Städte in den neuen polnischen Nord- und Westgebieten. Für Danzig und Breslau lässt sich aufzeigen, dass gerade dort in den letzten Jahren das Interesse für die Stadtgeschichte, aber auch für die früheren Bewohner besonders stark zugenommen hat. Nachdem auch in Danzig in den ersten Nachkriegsjahrzehnten die Geschichte den nationalpolnischen und sozialpolitischen Konzepten der neuen Machthaber zum Opfer gefallen war, entwickelte sich spätestens seit

---

33 Vgl. URLs: <http://www.ipn.gov.pl/a_250901_sesja_swieto.html> und <http://www.ipn.gov.pl/a_081203konf_katowice.html> [28.9.2004].
34 Siehe dazu den gleichnamigen zweisprachigen Katalog: „Wach auf, mein Herz, und denke". Zur Geschichte der Beziehungen zwischen Schlesien und Berlin-Brandenburg von 1740 bis heute [„Przebudź się, serce moje, i pomyśl". Przyczynek do historii stosunków między Śląskiem a Berlinem-Brandenburgią od 1740 do dziś], hrsg. v. der Gesellschaft für Interregionalen Kulturaustausch und Stowarzyszenie Instytut Śląski, Berlin, Oppeln 1995, besonders S. 369–503.
35 URL: <http://www.badurafilm.de/ssw/film/presse.htm> [28.9.2004].
36 URL: <http://www.rozstaje.ack.lublin.pl/poprzednie.html> [3.3.2004].

den Siebzigerjahren ein „privates Geschichtsbewusstsein und (eine) oppositionelle Geschichtskultur"[37], die ganz bewusst an die bürgerlichen Traditionen der alten Hansestadt anzuknüpfen versuchte. Diese Bezugnahme war und ist bis heute auch politischem Kalkül geschuldet. Der polnische parteipolitische Liberalismus, der zunächst im *Kongres-Liberalno-Demokratyczny* (Liberaldemokratischer Kongress) und heute in einem Flügel der *Platforma Obywatelska* (Bürgerplattform) repräsentiert wurde bzw. wird, ist personell eng mit der Stadt Danzig verbunden. Führende Oppositionelle wie etwa Donald Tusk, der auch heute eine wichtige Rolle in der polnischen Politik spielt, machten sich das historische Erbe der alten Bürgerstadt geschickt gegen die kommunistischen Machthaber zunutze, die zwar das historische Danzig wieder hatten aufbauen lassen, aber hinter den Fassaden der Bürgerhäuser am Modell eines sozialistischen und monolithisch polnischen Staates festhielten. Mehrere Bände zur Geschichte Danzigs, zum Teil in repräsentativer Aufmachung, sind in den letzten Jahren in Danzig erschienen.[38] Gerade die unmittelbare Nachkriegszeit und das Schicksal der alten und neuen Bewohner der Stadt sind in – sehr oft zweisprachigen – Büchern und Ausstellungen dokumentiert worden.[39]

Das polnische Interesse an der Stadtgeschichte wurde sicher auch durch eine für Danzig spezifische Konstellation begünstigt. Der Schriftsteller Günter Grass – selbst kaschubischer Herkunft – ist schon lange in Polen hoch angesehen und hat mit seinen Büchern Interesse für das deutsch-kaschubisch-polnische Zusammenleben geweckt. Auch polnische Schriftsteller haben in den letzten Jahren Kriegs- und Nachkriegsereignisse sowie das Verschwinden von Juden und Deutschen aus der Stadt thematisiert und damit das Thema in die Öffentlichkeit getragen.[40] Auf deutscher Seite sind die Teile der Vertriebenenverbände zu erwähnen, die schon früh aktiv eine Annäherung an Polen betrieben haben. Für Danzig sind hier vor allem der

---

37 Dazu Peter Oliver Loew, Danzig und seine Vergangenheit 1793–1997. Die Geschichtskultur einer Stadt zwischen Deutschland und Polen, Osnabrück 2003, S. 445–452 und 501–516; ders., Geschichtskultur in Danzig/Gdańsk nach 1945, in: Ansichten. Jahrbuch des Deutschen Polen-Instituts in Darmstadt, 14 (2003), S. 43–59.
38 Siehe z.B. den Fotoband: Był sobie Gdańsk [Einst in Danzig], hrsg. v. Donald Tusk, Gdańsk 1996.
39 Gdańsk/Danzig 1945. Wspomnienia po 50 latach/Erinnerungen nach 50 Jahren, hrsg. v. Zenona Chodyny und Peter Oliver Loew, Gdańsk 1997; Koniec i początek [Ende und Anfang]. Danzig 1945–1955, Gdańsk 2000. Danzig/Gdańsk 1945, Warszawa 2003, Olga Dębicka, Fotografie z tłem. Gdańszczanie po 1945 roku [Fotografien mit Hintergrund. Danzig nach 1945], Gdańsk 2003.
40 Paweł Huelle, Weiser Dawidek, Hamburg 1990 (auf Polnisch unter dem gleichen Titel zuerst Gdańsk 1987); ders., Schnecken, Pfützen, Regen, Hamburg 1992 (auf Polnisch unter dem Titel Opowiadania na czas przeprowadzki [Erzählungen für die Umzugszeit], London 1991); Stefan Chwin, Tod in Danzig, Berlin 1997 (auf Polnisch unter dem Titel Haneman, Gdańsk 1995). Aus Raumgründen wird hier auf ähnliche Entwicklungen in Stettin nicht eingegangen. Es sei allerdings darauf hingewiesen, dass auch diese Stadt inzwischen „ihren" Roman hat, der die Zwangsmigrationen der Nachkriegszeit thematisiert: Artur Daniel Liskowacki, Eine kleine, Szczecin 2000 (dt.: Sonate für S., München 2003).

Verein der katholischen Danziger und das Adalbertus-Werk und dessen langjähriger Leiter Gerhard Nitschke zu nennen, die sich schon seit den 1960er-Jahren um eine konstruktive Zusammenarbeit mit polnischen Partnern bemüht haben. Schon früh hielten sie Veranstaltungen zum Thema deutsche und polnische Vertriebene ab. Ein Forum für solche Treffen ist seit 1992 das von Franziskanermönchen gegründete „Maximilian-Kolbe-Haus für Versöhnung und Begegnung" in Danzig.[41] In der jüngsten Auseinandersetzung um das „Zentrum gegen Vertreibungen" hat die Arbeitsgemeinschaft katholischer Vertriebenenorganisationen, der auch der Verein der katholischen Danziger angehört, eine vermittelnde Position eingenommen und zu einem Runden Tisch der Gegner und Befürworter des Zentrums aufgerufen.[42] Von den Aktivitäten der „Preußischen Treuhand" hat sich das Adalbertus-Werk ausdrücklich distanziert.[43]

Auch das Danziger Stadtbild veränderte sich aufgrund des gesteigerten Interesses für die Geschichte. Im Jahr 2002 wurde ein „Friedhof der Friedhöfe" eingeweiht: Auf ihm wird mit einigen erhaltenen Grabmälern an die vielen verschwundenen deutschen Gräber in Danzig erinnert. Auf dem Danziger Garnisonsfriedhof wurde vor einigen Jahren eine Gedenkstätte für deutsche Soldaten und vertriebene Deutsche eingerichtet.[44] Solche Schritte zeigen, dass nicht nur das Interesse für die Vergangenheit der bürgerlichen Handelsstadt, sondern auch für das Schicksal ihrer ehemaligen Bewohner gewachsen ist.

In mancher Hinsicht vergleichbar mit Danzig ist die Suche nach einer regionalen Identität in Breslau, der größten Stadt in den nach dem Zweiten Weltkrieg an Polen gekommenen Gebieten. Auch hier erwuchs die Beschäftigung mit der Regionalgeschichte dem Bedürfnis der Opposition, einen Kontrapunkt zur offiziellen sozialistischen Geschichtspolitik zu setzen.[45] Ähnlich wie in Danzig beschwor man in Breslau den „Zauber der Bürgerlichkeit"[46], um einen positiven historischen Anknüpfungspunkt zu fixieren. Hierzu ließe sich beispielsweise die Restaurierung des großbürgerlichen deutsch-jüdischen Friedhofs erwähnen, über den ebenfalls mehrere Bildbände vorliegen. Es fällt nicht nur in Breslau, sondern auch in Danzig auf,

---

41 URL: <http://www.dmk.pl> [15.3.2005].
42 Siehe dazu die Presseerklärung vom 4. September 2003: „Zentrum gegen Vertreibungen": Arbeitsgemeinschaft der katholischen Vertriebenenorganisationen (AkVO) für Runden Tisch, in: adalbertusforum 10 (2003) Nr. 4, S. 31.
43 Erklärung wider die „Preußische Treuhand" (21. September 2004), siehe URL:
   <http://www.adalbertuswerk.de/Neuer%20Ordner/Preuss_Treuhand.pdf> [15.3.2005].
44 Für diese wie auch zahlreiche weitere Informationen zur Situation in Danzig bedanke ich mich herzlich bei Dr. Peter Oliver Loew vom Deutschen Polen-Institut (Darmstadt).
45 Gregor Thum, Die fremde Stadt. Breslau 1945, Berlin 2003, S. 506f.
46 Karl Schlögel, Breslau: oder vom Zauber der Bürgerlichkeit, in: ders., Die Promenade von Jalta und andere Städtebilder, München 2001, S. 240–251.

dass der Rekurs auf einstige Multiethnizität und Toleranztraditionen nicht zuletzt der Integration in die „westeuropäische" Geschichte dienen soll. Dabei wird das angeblich multikulturelle Erbe manchmal in unzulässiger Weise überbetont und unangenehme Ereignisse, wie etwa die gewaltsame Trennung von der deutschen Bevölkerung, werden teilweise ausgeblendet. Als ein Beispiel für eine solche Schwerpunktsetzung kann im Falle Breslaus das von der Breslauer Stadtregierung in Auftrag gegebene Buch zweier britischer Historiker zur Stadtgeschichte gelten.[47]

Wie schwierig der Umgang mit dem Thema Vertreibung der Deutschen sich noch immer gestaltet, kann man an der Reaktion auf den Vorschlag des Bundestagsabgeordneten Markus Meckel, der dann auf polnischer Seite von Adam Michnik und Adam Krzemiński aufgegriffen wurde, ein „Zentrum gegen Vertreibungen" in Breslau zu errichten,[48] ablesen. Die Stadt reagierte zunächst mit Zögern bzw. Ablehnung. Ein Argument war, dass Breslau in erster Linie als die neue Heimat vertriebener Polen zu betrachten sei und es diesen schwer zuzumuten wäre, ausgerechnet hier den vertriebenen Deutschen zu gedenken.[49] Dabei spielte sicher eine Rolle, dass in Breslau noch immer der „Lemberg-Mythos" lebendig ist, der suggeriert, dass die Mehrzahl der heutigen Breslauer Vertriebene aus den ehemaligen polnischen Ostgebieten seien. Dass jedoch die überwiegende Mehrheit der Einwohner von zentralpolnischen Umsiedlern gestellt wird, blendet diese Sichtweise aus.[50] Im Laufe der Debatte kam es allerdings zu einem Stimmungsumschwung, so dass sich nun wichtige Persönlichkeiten des städtischen Lebens für ein solches Zentrum in Breslau ausgesprochen haben.[51]

Eine ähnlich wichtige Rolle wie in Danzig nahmen auch in Breslau Museumsleute und Denkmalschützer ein, die bereits vor 1989 gegen den Verfall ehemals deutscher Baudenkmäler protestierten.[52] Dieses zunächst eher professionsspezifische Interesse fand dann aber auch Eingang in weitere Kreise der Bevölkerung, was sich zum Beispiel in gut besuchten Ausstellun-

---

47 Norman Davies/Roger Moorhouse, Die Blume Europas: Breslau, Wrocław, Vratislavia: die Geschichte einer mitteleuropäischen Stadt, München 2002 (polnische Ausgabe: Mikrokosmos. Portret miasta środkowoeuropejskiego: Vratislava Breslau Wrocław, Kraków 2002).
48 Siehe dazu z. B. den offenen Brief von Adam Krzemiński und Adam Michnik an die Regierungschefs der beiden Länder: Wrocław, nie Berlin [Breslau, nicht Berlin], in: Gazeta Wyborcza vom 14. Mai 2002, S. 1 f. sowie dies., Nie chcemy wojny muzealnej [Wir wollen keinen Museumskrieg], in: Gazeta Wyborcza vom 17. Juni 2002, S. 16 f.
49 Siehe dazu etwa die Interviews mit den Breslauer Historikern Marek Czapliński, Wrocław boi się Niemców [Breslau fürchtet sich vor den Deutschen] und Adolf Juzwenko, Kto odpowiada za wypędzenia [Wer für die Vertreibung verantwortlich ist] in: Gazeta Wyborcza vom 17. Mai 2002, S. 21.
50 Thum, Breslau, S. 524.
51 Apel znanych Wrocławian w sprawie Centrum przeciwko Wypędzeniom [Appell bekannter Breslauer hinsichtlich eines Zentrums gegen Vertreibungen], in: Gazeta Wyborcza vom 18. Juli 2003.
52 Zu Danzig siehe Loew, Danzig, S. 399–406, zu Breslau, Thum, Breslau, S. 488–494, S. 515 f.

gen zur Stadtgeschichte vor 1945 niederschlug (zum Beispiel 1992 die Ausstellung „Unbekanntes Portrait einer Stadt", in der Fotografien aus der Zeit vor der Jahrhundertwende gezeigt wurden). Ein wegweisendes Projekt in den Achtzigerjahren war die deutsch-polnische Kooperation bei der Renovierung des Breslauer jüdischen Friedhofs.[53]

3.4. Deutsch-polnisches Grenzgebiet: Östliches Brandenburg/ Lebuser Land (*Ziemia Lubuska*)

Von allen ehemaligen Gebieten des Deutschen Reiches haben Pommern, aber auch das östliche Brandenburg/Lebuser Land (*Ziemia Lubuska*) am wenigsten Potenzial, an eine positiv besetzte Vergangenheit anzuknüpfen. Prägend ist für diese Gebiete die Oder-Neiße-Grenze, die historisch gewachsene Regionen durchtrennte und völlig neue Grenzgebiete auf beiden Seiten geschaffen hat. Nicht zuletzt aus diesem Grund sind hier aber in den letzten Jahren einige interessante Projekte entstanden, die sich mit der historischen Spurensuche diesseits und jenseits der Grenze beschäftigen. Ein polnischer Journalist aus der Region brachte diese spezifische Situation kürzlich auf den Punkt: „Regionales Denken in einem Grenzgebiet, wo die heutige Staatsgrenze in der Vergangenheit häufig nicht einmal eine lokale Grenze war, muss in die Richtung gehen, die eigene Region in grenzüberschreitenden Kategorien zu betrachten."[54] Als besonders wichtige Akteure sind hier die Deutsch-Polnische Gesellschaft Brandenburg (DPG BB) in Potsdam, der Deutsch-Polnische Journalistenklub „Unter Stereotypen" (*Polsko-Niemiecki Klub Dziennikarzy „Pod Stereotypami"*) und Mitarbeiter polnischer Kommunalverbände im Rahmen der Euroregionen Pomerania bzw. Pro-Europa-Viadrina zu nennen. Die DPG BB hat seit 1994 immer wieder das Thema Vertreibung und Neuansiedlung im Grenzgebiet in Tagungen und Publikationen aufgegriffen.[55] In jüngster Zeit hat sie – nicht zuletzt in Reaktion auf die Diskussionen um das „Zentrum gegen Vertreibungen" – mit polnischen Partnern ein deutschpolnisches Netzwerk „Spurensuche – Alte Heimat/Neue Heimat (*Po śladach – stara i nowa ojczyzna*)" im deutsch-polnischen Grenzgebiet ins Leben geru-

---

53 Maciej Łagiewski, Schlesiens kulturelles Erbe – Hindernis oder Brücke? in: Transodra. Deutsch-Polnisches Informationsbulletin 10/11 (1995), S. 93–97.
54 Robert Ryss, Małe ojczyzny [Kleine Heimaten], in: Gazeta Chojeńska 30 (522) 2004, S. 4–5.
55 Siehe hierzu z.B. die Dokumentationen der Tagungen: Grenze und Grenzbewohner – Nachbarn und Fremde, in: Transodra. Deutsch-Polnisches Informationsbulletin 10/11 (1995); „Gedächtnis" – Gedächtniskulturen der Grenzbevölkerungen, in: Transodra. Deutsch-polnisches Informationsbulletin 12/13 (1995); „Die multinationale Welt des Grenzlandes als Ort einer unerfüllten Chance auf gute Koexistenz", in: Transodra. Deutsch-Polnisches Informationsbulletin 17 (1997); Deutsch-polnischer Wettbewerb der Erinnerungen Guben/Gubin – Leben an und mit der Grenze, in: Transodra. Deutsch-Polnisches Informationsbulletin 22 (2001).

fen, das darauf abzielt, an den Orten des Geschehens von Flucht, Vertreibung und Neuansiedlung alte und neue Bewohner miteinander ins Gespräch zu bringen und an die Ereignisse der Kriegs- und Nachkriegszeit zu erinnern.[56]

Die Begründer dieser Initiative können bereits auf eine überraschende Vielzahl von Projekten verweisen, die es jedoch gilt, stärker in der Öffentlichkeit bekannt zu machen und untereinander zu vernetzen. Solche Projekte leben sehr stark von der Aktivität und dem Einfallsreichtum von Einzelpersonen. Einer dieser Aktivisten ist Zbigniew Czarnuch im ostbrandenburgischen Witnica (Vietz). Er kam als „Pionier" nach dem Zweiten Weltkrieg nach Witnica, um die neuen Gebiete zu „polonisieren" und kehrte als Rentner dorthin zurück. Für deutsche und polnische Vertriebene errichtete er ein Denkmal sowie ein Museum mit Erinnerungsstücken an die deutschen Vietzer. Auf seine Initiative wurde am Ort der ehemaligen Synagoge ein Gedenkstein errichtet, auf dem in deutscher, hebräischer und polnischer Sprache an die jüdischen Vietzer erinnert wird. Auf Czarnuch geht auch der Vorschlag für ein „Europäisches Zentrum gegen Vertreibungen" auf der Oderinsel in Kostrzyn (Küstrin) zurück.[57] Ebenfalls in diesem kleinen Netzwerk engagiert sind einige Bewohner – vor allem Lehrer – des kleinen südlich von Koszalin (Köslin) gelegenen Örtchens Czaplinek (Tempelburg). Dort existiert seit einiger Zeit ein Heimatmuseum, dem die heutigen Einwohner Gegenstände, Dokumente etc. gestiftet haben, die noch von ihren Vorfahren, die aus den polnischen Ostgebieten in den Ort gekommen waren, stammten. Später kamen Gegenstände hinzu, die sich noch in den Häusern der früheren deutschen Einwohner befunden hatten. Das Museum besuchen nun auch deutsche Vertriebene, die in ihre alte Heimat reisen.[58] Zahlreiche Beispiele gibt es dafür, dass deutsche Vertriebene polnische Initiativen unterstützen, historische Gebäude wieder in Stand zu setzen oder zu renovieren, so etwa die Kirche in Chojna (Königsberg), wobei auch Gelder der Stiftung für deutsch-polnische Zusammenarbeit zur Verfügung gestellt werden.[59]

Bemerkenswert ist auch das Projekt des Berliner Soziologen Wanja Ronge, der im deutschen und polnischen Teil der Grenzregion mit Vertriebenen über deren Herkunft und ihre Probleme mit dem Heimischwerden im Grenzgebiet gesprochen hat. Er führte seit 1992 Gesprächsrunden auf bei-

---

56 Siehe dazu die Homepage der DPG BB, URL: <http://www.dpg-brandenburg.de/aktuell1024.html> [29.9.2004].
57 Helga Hirsch, Ort der geistigen Verwurzelung, in: Kafka. Zeitschrift für Mitteleuropa 3 (2001), S. 52–56; Thomas Gerlach, Zwei Lokalpatrioten, in: Frankfurter Allgemeine Sonntagszeitung vom 21. Dezember 2003, S. 3.
58 Ryss, Małe ojczyzny.
59 Für diese Informationen bedanke ich mich herzlich bei Ruth Henning von der Deutsch-Polnischen Gesellschaft Brandenburg in Potsdam.

den Seiten der Grenze über den Zeitraum der Jahre 1939 bis 1949 durch. Deren Ziel war es, Betroffene wieder zu Akteuren zu machen. Aus den Gesprächen resultierte auch die Ausstellung „Und dann mußten wir raus" ... (*I wtedy nas wywieźli* ...), in der Fotos und Erinnerungsstücke der Vertriebenen präsentiert wurden. Die Ausstellung wurde an mehreren Orten der Grenzregion gezeigt und war wiederum Anlass für weiterführende Projekte und Diskussionen.[60]

4. Euroregionen

Im letzten Punkt soll noch einmal die Bedeutung der Euroregionen betont werden. Sie bieten einerseits finanzielle und infrastrukturelle Ressourcen gerade für die so wichtigen grenzüberschreitenden Projekte an. Diese wiederum können durch ihre konstruktive Auseinandersetzung mit der Vergangenheit zum Aufbau einer neuen regionalen Identität beitragen, auf die die erweiterte Europäische Union angewiesen ist, will sie auch vor Ort Akzeptanz finden. Da in den Euroregionen der Umgang mit der Grenze Alltag bedeutet, entstehen gerade dort interessante Initiativen von unten. Die Euroregion Pomerania wurde bereits erwähnt. Ein weiteres spannendes trilaterales Projekt wird gerade in der deutsch-polnisch-tschechischen Euroregion Neiße entwickelt. Dort plant das deutsch-tschechische Forum der Frauen ein Buch- und Ausstellungsprojekt, das an die Zwangsmigrationen im und nach dem Zweiten Weltkrieg, aber auch an die Ermordung der Juden erinnern soll.[61] Hier arbeiten Kommunalpolitiker/innen, Wissenschaftler/innen und Aktivist/innen von Nichtregierungsorganisationen zusammen, was nicht immer einfach, aber in meinen Augen ein gelungener Zugang ist zu dem Problem, wie man die rationalisierende historische Kontextualisierung und die individuellen Erinnerungen zusammen bringen kann.

Die hier vorgestellten Projekte stellen, wie eingangs bereits erwähnt, nur einen Ausschnitt aus einer Vielzahl von Begegnungs- und Erinnerungsprojekten aller Art dar, die oft nicht nur bilateral, sondern trilateral organisiert sind. Eine genauere Bestandsaufnahme müsste die vielfältigen Städte- und Schulpartnerschaften mit einbeziehen, die bislang noch gar nicht untersucht worden sind. Doch schon dieser kurze Blick auf die Fülle der Aktivitäten zeigt an, wie stark die Erinnerungsarbeit vor Ort ist.

---

60 Wanja Ronge, Und dann mußten wir raus. I wtedy nas wywieźli. Wanderungen durch das Gedächtnis. Von Vertreibungen der Polen und Deutschen 1939–1949. Wędrówki po obszarze pamięci. O wypędzeniach Polaków i Niemców, Berlin 2000.
61 Siehe dazu die dreisprachige Dokumentation der Tagung „Flucht, Vernichtung, Vertreibung in der Euroregion Neiße-Nisa-Nysa. Wo kommen sie her? Wo sind sie geblieben?" (Liberec 5.–6. November 2003), hrsg. v. Deutsch-Tschechischen Forum der Frauen.

Gert von Pistohlkors

Flucht und Vertreibung als Thema der baltischen Geschichte im 20. Jahrhundert: einige Bemerkungen

Es liegt im Allgemeinen nicht im Horizont deutscher Beobachter der Zeitereignisse, dass die baltischen Staaten der Ausdehnung nach jeweils größer sind als Belgien (30.507 km²), die Niederlande (32.400 km²), die Schweiz (41.288 km²) oder gar deren großes Vorbild aus der Zwischenkriegszeit, Dänemark (42.936 km²). Estland (47.549 km²), Lettland (65.791 km²) und Litauen (55.670 km²) liegen allerdings im Vergleich mit den genannten Staaten in der Bevölkerungszahl und -dichte, in der Wirtschaftskraft und im Lebensstandard noch weit zurück, holen aber ökonomisch auf und sollten nicht unterschätzt werden.[1] Seit sie mit dem Beitritt zur NATO und zur Europäischen Union für den Westen optiert und damit vor allem ihrem Sicherheitsbedürfnis Rechnung getragen haben, ist es für die Bevölkerung jedes einzelnen baltischen Staates besonders wichtig, über die eigene Geschichte nachzudenken und aus den eigenen Erfahrungen zu lernen.

Der historische Hintergrund der Republiken Estland, Lettland und Litauen unterscheidet sich im Übrigen stark von einander. Sie können in dieser Hinsicht mit den Beneluxstaaten verglichen werden, die trotz gravierender Unterschiede ebenfalls oft in einem Atem genannt werden. Gemeinsam ist den Balten allerdings der Stolz auf die Tatsache, dass sie an der Nordostküste der Ostsee schon ca. 5.000 Jahre sesshaft gewesen sind.[2] Sie nahmen an der Völkerwanderung nicht teil; ihre Vorgeschichte liegt vielmehr weit vor der Gründung Roms. Litauen reichte im 14. Jahrhundert bis zum Schwarzen Meer und ging in der Union von Lublin 1569 eine enge Symbiose mit Polen ein.[3] Das Siedlungsgebiet der Esten, Liven und Letten wurde hingegen

---

1 Vgl. Gert von Pistohlkors, Estland, Lettland und Litauen 1920–1940, in: Handbuch der europäischen Wirtschafts- und Sozialgeschichte Bd. 6, hrsg. v. Wolfram Fischer u. a., Stuttgart 1987, S. 729–768. Wiederabdruck u. d. T.: Estland, Lettland und Litauen 1920–1940. Bevölkerung, Gesellschaft, Wirtschaft, in: Gert von Pistohlkors, Vom Geist der Autonomie. Aufsätze zur baltischen Geschichte, hrsg. v. Michael Garleff, Köln 1995, S. 93–132. Als Gesamtüberblick zur baltischen Geschichte: Gert von Pistohlkors (Hrsg.), Baltische Länder, Berlin 1994 (Sonderausgabe Berlin 2002); Michael Garleff, Die baltischen Länder, Regensburg 2001.
2 Für den Zusammenhang: Toivo U. Raun, Estonia and the Estonians, Stanford 2001 (mehrere Auflagen); Andrejs Plakans, The Latvians. A Short History, Stanford 1995.
3 Immer noch nützlich: Manfred Hellmann, Grundzüge der Geschichte Litauens, Darmstadt 1976.

im ausgehenden 12. Jahrhundert zum Gebiet der Ersatzkreuzzüge, zum „Marienland" und damit zu einer Kolonie des Heiligen Römischen Reiches Deutscher Nation. Die militärische Führung übernahm der Schwertbrüderorden, nach dessen schwerer Niederlage gegen die Litauer 1236 der Deutsche Orden. Missionare, Vasallen und Handwerker aus Niedersachsen und Westfalen, später auch aus Thüringen, Sachsen, Mecklenburg und Pommern wanderten in Alt-Livland ein; deutsche Bauern blieben zurück. Die einheimische Landbevölkerung wurde im vierzehnten Jahrhundert in die Erbuntertänigkeit – die Frone –, später im ausgehenden 18. Jahrhundert sogar in die Leibeigenschaft gedrängt. In der Zeit russischer Herrschaft nach dem verheerenden Nordischen Krieg von 1700 bis 1721 dominierte bis zum Ersten Weltkrieg eine kulturell deutsch-protestantisch geprägte Oberschicht, die Tendenzen zur Russifizierung der Region und zur Nationalisierung der Esten und Letten Widerstand zu leisten suchte. Nach dem Ersten Weltkrieg wurden die Deutschen in den neugegründeten Staaten Estland, Lettland und Litauen zur nationalen Minderheit in einem Verfassungsstaat. In Litauen freilich hatten die Deutschen nie eine führende Rolle gespielt.

In den Jahren 1918 bis 1940 beginnt für die Republiken Estland, Lettland und Litauen überhaupt erst die kurze Phase der Eigenstaatlichkeit.[4] Den liberalen Verfassungsstaaten von 1918/19 nach dem Vorbild der Schweiz und der Weimarer Republik folgten unter dem Eindruck der Weltwirtschaftskrise im März bzw. im Mai 1934 die Einmann-Herrschaften von Karlis Ulmanis und Konstantin Päts in Lettland bzw. Estland. Litauen war schon 1926 zu einem autoritären Herrschaftssystem übergegangen.

Aus baltischer Sicht verdient es hervorgehoben zu werden, dass die autoritären Regierungen Estlands, Lettlands und Litauens ihre deutschen Minderheiten zu keiner Zeit zur so genannten „Umsiedlung" gezwungen haben, im Gegenteil: Nach den allerdings radikalen Agrargesetzen von 1919, die zur Verarmung ehemaliger Gutsbesitzer führten, verabschiedete Estland im Jahr 1925 ein vorbildliches Minderheitengesetz, das namentlich von Deutschen und Juden genutzt wurde, um die eigene Schul- und Kulturautonomie zu stärken. Im Wesentlichen blieben diese Rechte auch nach 1934 erhalten. In Lettland mit seiner großen deutschen Präsenz in der Hauptstadt Riga von mehr als 38.500 Personen waren die Konflikte um Schule, Kirche und Privatwirtschaft allerdings stärker ausgeprägt. Niemals hätten diese Gegensätze aber zu einem nahezu vollständigen „Auszug" der Deutschbalten aus

---

[4] Gute Einführung, auch für das Folgende: Georg von Rauch, Geschichte der baltischen Staaten, 3. Aufl. München 1990.

der alten Heimat geführt. Voraussetzung dafür war vielmehr der Hitler-Stalin-Pakt, der die Welt im Spätsommer 1939 erschütterte.[5]

Die baltischen Staaten und ihre Titularnationen wurden selbst Opfer der Politik der Einteilung Ostmitteleuropas in Interessensphären. Ihre Freiheit in der Zwischenkriegszeit war schon immer abhängig gewesen vom relativen Gleichgewicht zwischen den Großmächten der Region: der Sowjetunion, Polen und Deutschland. Großbritannien hatte zwar als Garantiemacht des Versailler Systems und als wichtigster Handelspartner der baltischen Staaten großes Gewicht, hatte aber bereits 1923 in einem Geheimpapier festgelegt, dass es sich in Sicherheitsfragen im Nordosten Europas aus Gründen der großen Entfernung und wegen des geopolitischen Übergewichts der Sowjetunion und Deutschlands im Ostseeraum nicht einmischen könne. Die „Rapallopolitik" der Weimarer Republik, die auf eine Annäherung der Verlierer des Versailler Systems, Deutschland und die Sowjetunion, abzuzielen schien, diente ebenfalls in erster Linie wirtschaftlichen Interessen.[6] Die Führung der deutschen Ostpolitik richtete ihre Hoffungen auf eine ausgebaute Außenwirtschaftspolitik mit der Sowjetunion nach Ende des Bürgerkrieges. Dieses Kontrastprogramm zur westlichen Reparationspolitik sollte über die deutsche Minderheit in Lettland und Estland exekutiert werden. Nicht hegemoniale Interessen waren also für die deutsche Außenpolitik in der Weimarer Republik maßgebend, sondern der schließlich gescheiterte Versuch, durch einen Ausbau von Wirtschaftsbeziehungen im Osten die enge Verknüpfung von Reparationen und Westhandel allmählich aufbrechen zu können.[7]

Im August 1939 waren die Zielsetzungen der nationalsozialistischen deutschen Außenpolitik jedoch ganz anders geartet. Hitler entschloss sich zu einer geradezu hektischen Verhandlungsaktivität in Moskau und verfolgte das Ziel, mit der Sowjetunion zu Vertragsvereinbarungen zu kommen, die es beiden Mächten ermöglichen sollten, Polen zum vierten Mal zu teilen. Mit dem Deutsch-Sowjetischen Nichtangriffspakt vom 23. August und dem Deutsch-Sowjetischen Grenz- und Freundschaftsvertrag vom 28. September 1939, insbesondere aber mit den von der Sowjetunion lange geleugneten Geheimen Zusatzprotokollen zu den genannten Verträgen, wurde eine Politik der Annäherung zwischen dem nationalsozialistischen Deutschland

---

5 Grundlegend: Jürgen von Hehn, Die Umsiedlung der baltischen Deutschen – das letzte Kapitel baltisch-deutscher Geschichte, Marburg/Lahn 1982. Vgl. auch für das Folgende: Gert von Pistohlkors, Der Hitler-Stalin-Pakt und die Baltischen Staaten, in: Erwin Oberländer (Hrsg.), Hitler-Stalin-Pakt 1939. Das Ende Ostmitteleuropas?, Frankfurt/Main 1989, S. 75–97.

6 Grundlegend: John Hiden, The Baltic States and Weimar Ostpolitik, Cambridge 1987; Peter Krueger, Die Außenpolitik der Republik von Weimar, Darmstadt 1985.

7 Das betont vor allem Hiden.

und der Sowjetunion eingeleitet, die kaum jemand für möglich gehalten hätte. Jede dieser Mächte wollte zwar Politik auf eigene Rechnung machen, dem Partner aber vor allem freie Hand in der Umsetzung der eigenen Ziele lassen.

Am Vorabend des Zweiten Weltkrieges haben das Deutsche Reich und die Sowjetunion, jeweils eigenen Interessen folgend, in verhängnisvoller und folgenreicher Weise in das Schicksal nahezu eines jeden Bewohners der baltischen Region eingegriffen. Nunmehr schien jeder Betrug gerechtfertigt, jedes Argument mit einem anderen austauschbar, wenn es nur dem Konzept der Niederwerfung Polens zu dienen schien. Ein Manöver zur Täuschung der Bevölkerung der baltischen Staaten über die wahren Absichten Deutschlands und der Sowjetunion war der Abschluss von Nichtangriffspakten zwischen Deutschland und Estland bzw. Lettland am 7. Juni 1939 und zwischen der Sowjetunion und den Baltischen Staaten Litauen von 1926 und Estland sowie Lettland vom 4. Mai bzw. 8. Februar 1932. Wenige Wochen nach den Nichtangriffspakten mit Deutschland wurden alle drei Staaten ohne jede Rücksicht der sowjetischen Einflusssphäre überlassen.[8]

Nach dem Hitler-Stalin-Pakt mussten alle drei baltischen Staaten Ende September 1939 Stützpunktverträge mit der Sowjetunion hinnehmen.

In bilateralen Verträgen zunächst zwischen Deutschland und Estland bzw. Lettland wurde die Umsetzung der deutschen Minderheit im Oktober 1939 eingeleitet. Knapp 62.500 Deutschbalten aus Lettland und 13.700 aus Estland bestiegen innerhalb von zwei bis drei Wochen nach der ersten Verlautbarung Hitlers von der Heimholung in einer Rundfunkrede vom 6. Oktober deutsche Urlauberschiffe, die sie ins frisch besiegte Polen zur Wahrnehmung der „neuen Aufgabe im Osten" führen sollten. Unter dem Kommando des gerade ernannten Reichsführers für die „Festigung deutschen Volkstums", Heinrich Himmler, wurden sie in vorher geräumte Wohnungen von Polen und Juden zumeist in Posen und Gdingen sowie auf dem flachen Land in die neu gebildeten Reichsgaue „Wartheland" und „Westpreußen" eingewiesen. Es war nur mit einer Sondergenehmigung gestattet, sich im Altreich anzusiedeln.

Bis 1945 durchlebten sie dort eine Zwischenexistenz. Nach dem Durchbruch der Roten Armee im Januar 1945 teilten die Umsiedler aus Estland und Lettland gemeinsam mit anderen 12 Millionen Deutschen das Schicksal von Flucht und Vertreibung im Osten und Südosten Europas. Die ca. 50.000 Deutschen aus Litauen wurden hingegen aufgrund eines besonderen

---

8 Vgl. Rolf Ahmann, Der Hitler-Stalin-Pakt: Nichtangriffs- und Angriffsvertrag?, in: Oberländer, S. 26–42.

Vertrages zwischen Deutschland und der Sowjetunion erst im Januar 1941 in den Machtbereich des Deutschen Reiches umgesiedelt und bis zu ihrer Rücksiedlung nach dem Überfall auf die Sowjetunion zumeist in Lagern zusammengefasst, da die Behörden ihnen misstrauten. Im Sommer 1944 flohen sie erneut, allerdings nunmehr aus Angst vor der Rache der Sowjetmacht.

Die estnische noch mehr als die lettische Führung waren sich sogleich darüber im Klaren, was die Stützpunkte und die „Zurücknahme deutscher Volkssplitter" bedeuteten. „Das ist das Ende Estlands", soll der damalige Ministerpräsident Karl Eenpalu anlässlich der Abschiedsaudienz der deutschbaltischen Spitzenvertreter beim Staatspräsidenten Päts in Reval im Oktober 1939 gesagt haben. Die Sowjetisierung der baltischen Staaten setzte im Juni 1940 mit Nachdruck ein. Im August 1940 wurde ihrer ‚Bitte' um Aufnahme in die Sowjetunion bereits entsprochen.

Die deutsche Okkupation im Juni 1941 brachte nicht die erhoffte Wiederbelebung der eigenen Staatlichkeit, sondern eine massive Ausbeutungspolitik unter der Herrschaft des ‚Reichskommissariat Ostland' und nach der Eroberung der Region durch die Rote Armee im Herbst 1944 die verlustreiche Wiedereingliederung in die Sowjetunion.[9] Ca. 60.000 Esten, ca. 100.000 Letten und ca. 50.000 Litauer, zumeist Angehörige der gebildeten Schichten, die für Leib und Leben fürchteten, flohen mit den deutschen Truppen aus ihren Heimatländern und überlebten in Arbeitscamps, später in Lagern für Displaced Persons, so genannten DP-Lagern, bis sie Ende der 1940er-Jahre, Anfang der 1950er-Jahre in die USA, nach Kanada und Australien weiterwandern und zum Teil bedeutende Karrieren in Übersee beginnen konnten.[10] Nicht Wenige haben nach dem Erwerb von Stipendien akademische Grade erzielt. Allein in den Geisteswissenschaften gab und gibt es einige hundert Professuren aus der baltischen Emigration nach dem Zweiten Weltkrieg in Übersee.

Die zurückgebliebene estnische und lettische Bevölkerung war dem Stalinismus ausgesetzt.[11] Kaum eine Familie, die nicht Mitglieder im Gulag verloren hat, gerade auch unter den Litauern. Bis in die zweite Hälfte der Acht-

---

9   Immer noch am besten einführend: Romuald J. Misiunas, Rein Taagepera, Years of Dependence. Estonia, Latvia, Lithuania 1940–1980, London 1983 (weitere Auflagen); Seppo Myllyniemi, Die Neuordnung der baltischen Länder 1941–1944, Helsinki 1973; ders., Die baltische Krise 1938–1941, Stuttgart 1979.
10   Grundlegend: Wolfgang Jacobmeyer, Vom Zwangsarbeiter zum heimatlosen Ausländer. Die Displaced Persons in Westdeutschland 1945–1951, Göttingen 1985.
11   Aus der Fülle von Literatur vgl. Anatol Lieven, The Baltic Revolution. Estonia, Latvia, Lithuania and the Path to Independence, New Haven 1994; Olaf Mertelsmann (Hrsg.), Estland und Russland. Aspekte der Beziehungen beider Länder, Hamburg 2004.

zigerjahre war z. B. die Universität Tartu/Dorpat Teil einer geschlossenen Stadt wegen eines angrenzenden Militärflugplatzes. Dort durfte man als Gast aus dem Westen bis zur Wende nur mit einer Sondergenehmigung übernachten. Noch 1988 reiste man als westlicher Gast der Estnischen und Lettischen SSR nur nachts per Zug. Tagsüber hätte man ja eventuell einen Militärkonvoi oder eine Kaserne sehen können.

Die knappe Zusammenfassung dieser historischen Vorgänge ist nötig gewesen, um die folgende Kritik an einer Begrifflichkeit der Lehrerhandreichung „Flucht und Vertreibung der Deutschen als internationales Problem", die von Mathias Beer verfasst wurde, verständlich zu machen.[12] Es ist nicht einzusehen, warum der Begriff „Umsiedlung", ein Nazi-Euphemismus, in der Darstellung von Mathias Beer positiv gegenüber den Begriffen Flucht und Vertreibung abgesetzt wird. Das trifft nur zu, wenn in erster Linie an die Transportmodalitäten gedacht wird. Im Vergleich mit den Trecks oder Eisenbahntransporten im Januar 1945 war der Transfer auf Urlaubsschiffen des „Kraft durch Freude-Geschwaders" (KdF-Schiffe) im Herbst 1939 in der Tat bequem. Das kann aber nicht darüber hinwegtäuschen, dass bereits die Bevölkerungsumsetzung der Deutschbalten trotz einer vertraglichen Basis zwischen dem Deutschen Reich und den Staaten Estland und Lettland ein Akt der Gewalt, eine „diktierte Option" (Dietrich A. Loeber) gewesen ist.[13] Diese Gewalt ging von Deutschland und der Sowjetunion aus. Das Paradoxon im Titel der Dokumentation von Loeber aus dem Jahr 1972 trifft die Situation genau. Nur wenige begeisterte auslandsdeutsche Nationalsozialisten wären dem „Ruf des Führers" gefolgt und in den Machtbereich des Deutschen Reiches umgesiedelt, wenn nicht gleichzeitig die ersten sowjetischen Truppenbewegungen zu den vereinbarten Stützpunkten wahrgenommen worden wären. Vor die Wahl gestellt, ob sie Hitlers oder Stalins Untertanen werden wollten, wählten die meisten Deutschbalten die Umsetzung in den Machtbereich des Deutschen Reiches. Sie gaben ihre estländischen bzw. lettländischen Pässe zurück und nahmen nach einer gründlichen Erfassung durch die NS-Behörden die deutsche Staatsangehörigkeit an, weil sie für sich und ihre Kinder einen Aufenthalt im System des Gulag erwarten mussten, der nach den Erfahrungen am Ende des Ersten Weltkrieges unvermeidbar gewesen wäre. Damals hatten die Bolschewiki Angehörige der deutschbaltischen Oberschicht für vogelfrei erklärt. Hunderte von ihnen, auch Studierende und Schüler, waren im Spätherbst 1917 nach Sibirien ver-

---

12 Vgl. [Mathias Beer], Umsiedlung, Flucht und Vertreibung der Deutschen als internationales Problem. Zur Geschichte eines europäischen Irrwegs, hrsg. v. Haus der Heimat des Landes Württemberg 2002.
13 Vgl. die grundlegende Dokumentation von Dietrich A. Loeber, Diktierte Option. Die Umsiedlung der Deutsch-Balten aus Estland und Lettland 1939–1941, Neumünster 1972.

bracht worden und kehrten mit viel Glück erst nach dem Diktatfrieden von Brest-Litovsk im April 1918 ins Baltikum zurück.[14] Von Deutschland erwarteten sie vor allem persönliche Sicherheit und eine angemessene Teilhabe an den Gütern der Wirtschaft und Kultur. Sie waren dann freilich auch bereit, als Deutsche für Hitler in den Krieg zu ziehen und das Schicksal der übrigen Deutschen zu teilen.[15]

Die Umsetzung der Deutschbalten aus der Interessensphäre der Sowjetunion – der baltischen Heimat – in die Interessensphäre des Deutschen Reiches – Polen – war kein Bevölkerungstransfer, sondern ein Akt völkerrechtswidriger Gewaltanwendung unter scheinbar tragbaren äußeren Bedingungen mit ungeheuerlichen Folgen für die betroffene Zivilbevölkerung im besiegten Polen. Damit ist freilich noch nicht gerechtfertigt, dass ein Historiker wie Götz Aly die im Warthegau angesiedelten Deutschbalten zu den „aktiven Vertreibern" zählt.[16]

Unter dem leitenden Gesichtspunkt von Flucht und Vertreibung in Europa ist allerdings der Aufbruch von Esten, Letten und Litauern aus der angestammten Heimat im Herbst 1944 ungleich eindeutiger. Aus Furcht vor der Roten Armee haben sich zumeist mit Pferd und Wagen Hunderttausende auf den Weg gemacht, um im Schutz der zurückweichenden deutschen Truppen der abermaligen Sowjetisierung ihrer Heimatländer zu entgehen. Die Geschichte dieser Flucht vor der Roten Armee ist in allen ihren Facetten noch nicht geschrieben worden, doch wird sie zu Recht als Opfergeschichte angesehen, auch von Historikern, die die Sowjetherrschaft im Baltikum durchgestanden haben. Wenn estnische, lettische oder litauische Historiker aus dem Exil oder aus den ehemaligen Sowjetrepubliken an einer Aufarbeitung von Problemen der Bevölkerungsbewegungen in Europa beteiligt werden sollen, wird zu allererst anerkannt werden müssen, dass diese Staaten nach ihrer Wiedergründung im Jahr 1991 vor allem an die nationalstaatliche Phase ihrer Geschichte, also an die Zeit zwischen 1918 und 1940 anknüpfen mussten. Die Historiker werden klarzumachen versuchen, dass von kleinen Staaten keine Gefahr ausgehen kann, dass sie selbst auf Geduld angewiesen sind und sich nicht durch Machtdemonstrationen oder gar aggressiven Nationalismus Respekt verschaffen können. „Kleinere Völker haben schon deswegen einen breiteren Horizont, weil sie an der Existenz der Größeren nicht vorbeikommen können", schrieb der estnische Philosoph

---

14 Vgl. von Rauch, bes. S. 48.
15 Vgl. vor allem Lars Bosse, Vom Baltikum in den Reichsgau Wartheland, in: Michael Garleff (Hrsg.), Deutschbalten, Weimarer Republik und Drittes Reich, Köln/Weimar/Wien 2001, S. 297–387.
16 Götz Aly, Zerstörung multiethnischer Verhältnisse. Deutsche Vertreiber im besetzten Europa, in: Das Parlament Nr. 31/32 vom 28.7./4.8.1995, S. 4.

Uku Masing im Jahr 1940 angesichts der Zerstörung der Republik nach dem Hitler-Stalin-Pakt.[17] Wie Masing setzte und setzt auch der ehemalige Staatspräsident Estlands, Lennart Meri, geb. 1928, auf eine selbstbewusste Erneuerung der estnischen Kultur und der Eigenstaatlichkeit, wenn er mit bewusster Ironie formuliert: „Einen Staat wiederherzustellen ist leichter als einen Menschen".[18] Die Forderung nach Kooperation in Europa hat eine Anerkennung von „ethnic distinctiveness" zur Voraussetzung, nicht aber eine Betonung von kleinen und großen Staaten und ihrer unterschiedlichen Perspektiven. Wenn anerkannt wird, dass nach den Juden die Balten neben den Russen und Polen wohl am meisten unter den Folgen der beiden Weltkriege auf europäischem Boden zu leiden hatten, wird die Bereitschaft sicher groß sein, an Einrichtungen mitzuarbeiten, die sich mit zentral wichtigen historischen Themen nicht nur des 20. Jahrhunderts befassen wollen. Die baltischen Staaten haben sich im Übrigen bald nach ihrer Wiedergründung von Israel fragen lassen müssen, wie sie sich zur Beteiligung von Angehörigen ihrer Völker an der Vernichtung der Juden in Europa zwischen 1941 und 1944 stellen wollen. Bei den jeweiligen Präsidenten sind alsbald Kommissionen errichtet worden, die international besetzt waren und, wie man lesen kann, gute Arbeit geleistet haben. Mit entsprechend umfangreichen Publikationen ist zu rechnen.[19]

---

17 Lennart Meri, Botschaften und Zukunftsvisionen. Reden des estnischen Präsidenten, Bonn 1999, Zitat S. 200; vgl. auch ders., Ein Leben für Estland. Dialog mit dem Präsidenten, hrsg. v. Andreas Oplatka, Zürich 1999; Gert von Pistohlkors, Gedachte Gemeinschaften. Nationalismus und historische Erinnerung, in: Kollektivität und Individualität. Der Mensch im östlichen Europa. Festschrift für Norbert Angermann zum 65. Geburtstag, hrsg. v. Karsten Brüggemann u.a., Hamburg 2001, S. 374–393.
18 Meri, Botschaften, S. 180.
19 Gerade erschien in Lettland: The Hidden and Forbidden History of Latvia under Soviet and Nazi Occupations 1940–1991 (Symposium of the Commission of the Historians of Latvia; Bd. 14), Riga 2005.

Pawel Machcewicz

Ein Netzwerk aus polnischer Sicht*

Zunächst sollen ein paar Worte über den historisch-politischen Kontext an den Anfang gestellt werden, da er ein wichtiger Bezugspunkt zur geführten Debatte ist. Diese Herangehensweise ist vor allen Dingen ein wichtiger Grund dafür, warum viele Polen sich auf eine ganz bestimmte Weise zur Problematik der Zwangsmigration verhalten. Es geht vornehmlich um die Idee von Erika Steinbach, aber auch andere Ideen, die während der Bonner Tagung genannt worden sind. Die Idee von Erika Steinbach wurde in Polen vor allen Dingen als ein Versuch gesehen, die Interpretation der deutschen Geschichte zu reinterpretieren. Diese Idee ging einher mit den seit einigen Jahren in Deutschland bestehenden intellektuellen und politischen Trends, die dazu führen, dass die Deutschen sich zunehmend in den Kategorien der Opfer des Zweiten Weltkrieges sehen. Aufmerksam verfolgt und breit kommentiert wurden in Polen die deutschen Reaktionen auf das Buch von Günter Grass „Im Krebsgang", die Debatten um Publikationen zu Opfern der Bombardements von Seiten der Alliierten, schließlich die Stimmen des Vertriebenenverbandes, die die Polen und Tschechen der „ethnischen Säuberungen" an den Deutschen beschuldigten.

Das führte dazu, dass die polnischen Beobachter zu dem Schluss kamen, dass viele Deutsche sich als Kriegsopfer sehen möchten und dass deutsche Verbrechen an den Völkern Ostmitteleuropas, und zwar nicht nur an den Juden, immer seltener erwähnt werden. Parallel dazu stieg in Polen die Erbitterung, da polnische Historiker, Publizisten und sogar Politiker in den gut zehn Jahren nach 1989 sehr viel dafür getan haben, dass die Öffentlichkeit auch über die dunklen Seiten der polnischen Geschichte erfährt – auch diese, die mit dem Leid der Deutschen zum Ende des Zweiten Weltkrieges und unmittelbar danach zusammenhingen. Man beschrieb die Problematik der Zwangsumsiedlungen (u. a. in einer mehrbändigen Publikation von Dokumenten), man beschrieb der Problematik der Lager, in die die deutsche Zivilbevölkerung gebracht worden war. Man sprach in Polen viel über die Aktion Weichsel, d. h. die Zwangsumsiedlung von Ukrainern im Jahre 1947. Es wurden viele Bücher publiziert, und dass wissen Sie sicherlich auch, über Jedwabne, wo die Polen 1941 an der Ermordung von Juden beteiligt waren. Gleichzeitig

---

* Der Text folgt dem gesprochenen Wort.

wurde auch geschrieben über Aleksandrow Kujawski und Nieszawa, wo die polnische Miliz 1945 einige Dutzend deutsche Zivilisten ermordet hat.

All das sollte man berücksichtigen, wenn verständlich werden soll, warum in Polen der Eindruck entstanden ist, dass wir in unterschiedliche Richtungen gehen, dass unsere moralische Sensibilität auseinander driftet. In Polen sprechen wir offen über die dunklen Seiten unserer Geschichte, erinnern an die Leiden, die polnische Hände Bürgern anderer Völker bereitet haben. Dagegen verstärkt sich in Deutschland die Neigung, sich auf das eigene nationale Leid zu konzentrieren, oft in Begleitung ungerechter Anschuldigungen an andere Nationen. In den Schatten gestellt wird die deutsche Verantwortung für den Ausbruch des Zweiten Weltkrieges und die verbrecherische Okkupationspolitik als Ursache dessen, was die Deutschen später erlebt haben, die Zwangsumsiedlungen nicht ausgenommen. Man könnte natürlich einwenden, dass es eine polnische Überinterpretation der Ereignisse in Deutschland ist, eine polnische Überempfindlichkeit, aber selbst wenn es eine solche Interpretation sein sollte, so ist es doch ein Faktum, das berücksichtigt werden sollte. Man kann keine internationale Zusammenarbeit unternehmen, wenn man die nationalen Empfindlichkeiten nicht berücksichtigt.

Ich halte die Idee eines Netzwerkes für wesentlich besser als die eines wie auch immer gearteten Zentrums, wo auch immer es angesiedelt wäre. So ein Netzwerk würde es ermöglichen, alle Meinungsunterschiede zu berücksichtigen. Auf der Tagung wurden verschiedene Orte genannt, wo das Sekretariat des Netzwerkes angesiedelt werden könnte: Frankfurt/Oder, Görlitz oder Strassburg. Ich halte es für eine gute Idee, die den übernationalen Charakter eines solchen Netzwerkes, verstanden als Koordinierungsstelle, unterstreicht. Was könnte so eine Koordinierungsstelle tun? Sie könnte Seminare und Konferenzen organisieren, wissenschaftliche Arbeiten übersetzen und verlegen, den Austausch von Ausstellungen führen, die durch verschiedene Städte, die an diesem Netzwerk beteiligt sind, erstellt worden wären. Es wäre gut, z. B. an einem Ort verschiedene Ausstellungen zu zeigen, die aus verschiedenen Ländern stammen, weil sie dann zeigen würden, wie unterschiedlich die Meinungen weiterhin sind. Es wäre gut, wenn so ein Netzwerk eine europäische Finanzierung erfahren würde und keine nationale.

Und jetzt die wichtigste Frage: Womit sollte sich so ein Netzwerk inhaltlich befassen? Ich möchte hier sehr stark meine eigene Überzeugung zum Ausdruck bringen: So ein Netzwerk sollte sich nicht ausschließlich mit Zwangsumsiedlungen beschäftigen. Die Zwangsmigrationen bilden nur ein Fragment der Geschichte des 20. Jahrhunderts – sie sind alleine betrachtet gewissermaßen aus dem Zusammenhang herausgerissen. Sie sind nicht das Wichtigste und nicht das Drastischste, das wir erlebt haben. Das, was am wichtigsten und am universellsten in der Geschichte des 20. Jahrhunderts ist, was gemeinsam für Osteuropa und für Mitteleuropa ist, das sind die Erfahrungen von zwei Totalitarismen: des Nazi-Totalitarismus und des Kommunismus. Symbole für das 20. Jahrhundert sind Auschwitz und der Gulag. Erst danach kommen die Zwangsumsiedlungen. Manche können sicherlich sagen, dass es bereits mehrere Zentren gibt, die sich mit dem Nazi-Totalitarismus oder dem Kommunismus befassen, aber selbst wenn dem so ist, so bilden diese Zentren kein Netzwerk. Sie arbeiten nur in beschränktem Maße miteinander zusammen. Ich denke, dass die Idee des Netzwerkes in Polen sehr gut aufgenommen wird, wenn es die Schlüsselereignisse des 20. Jahrhunderts berücksichtigt. Auf andere Weise werden die Polen es nicht verstehen können, warum man so viel Aufmerksamkeit, solche Anstrengungen, so viel Geld für das Erinnern an die Zwangsumsiedlungen aufwendet, wo man weiß, dass das deutsche Leid immer das größte sein wird – schon allein deshalb, weil die Deutschen von der Anzahl der Zwangsumsiedelten immer die stärkste Gruppe bilden werden. Warum soll man nur an die Zwangsumsiedlungen erinnern und nicht an viele andere schreckliche Ereignisse, die in Europa geschehen sind? Warum sollte man beispielsweise nicht an die paar Millionen russischer Kriegsgefangener erinnern, die in deutscher Kriegsgefangenschaft verhungerten? Oder an die polnische Zivilbevölkerung, die während des Warschauer Aufstandes ermordet worden ist? Wer von den Deutschen oder Europäern weiß, dass während der Niederschlagung des Warschauer Aufstandes im August 1944 nur an einem Tag und in einem Stadtviertel (Wola) über 30.000 Personen von Deutschen getötet worden sind – auch Frauen und Kinder?

Ich plädiere für eine Zusammenarbeit. Lassen Sie uns gemeinsam in eine Richtung gehen! Aber nicht in die Richtung, wo nur der Zwangsumsiedlungen gedacht wird, sondern auch anderen Ereignissen, die das 20. Jahrhundert geprägt haben: Das wären die totalitären Diktaturen, der Zweite Weltkrieg und dessen Folgen. Erst vor diesem Hintergrund wird der wahre Sinn und Platz der Zwangsumsiedlungen in der Geschichte des 20. Jahrhundert sichtbar. Ich denke, wenn das Netzwerk entstehen sollte, so wird das ein Präzedenzfall von großer Bedeutung für die Völker Mittel- und Osteuropas sein. Ich schlage vor, dass bei der Annahme einer Erklärung der Themenbereich dieses Netzwerkes nicht eingeengt werden sollte. Ich denke, dass im Rahmen dieses breit verstandenen Netzwerkes Projekte über die Zwangsumsiedlungen stattfinden werden, und dass auch polnische Historiker an diesen Projekten teilnehmen werden. Entscheidend wird es aber sein, wenn im Rahmen dieses Netzwerkes auch andere Projekte realisiert würden. Projekte über Themen, die ich erwähnt habe. Bei dieser breiteren Auffassung des Netzwerkes würde dieses Projekt wesentlich besser aufgenommen werden, zumindest in Polen hätte es dann eine breitere öffentliche Unterstützung. Es geht doch nicht darum, dass wir ein weiteres gemeinsames intellektuelles und wissenschaftliches Projekt schaffen sollen. Es geht ja darum, dass diese Maßnahmen einen breiten gesellschaftlichen Widerhall finden. Ich denke, dass wir aus diesem Grunde zu der Tagung gekommen sind, um verschiedene Gesichtspunkte zu konfrontieren und offen zu diskutieren. Denn nur so kann ein Netzwerk für die internationale Zusammenarbeit entstehen. Das ist mein Vorschlag in Bezug auf das Netzwerk. Mit so einem Netz wird das Institut für Nationale Erinnerung sehr gerne zusammenarbeiten.

Krzysztof Ruchniewicz

Zur versöhnungspolitischen Bedeutung der Schulbuchrevision im Hinblick auf die Vertreibungsproblematik

Das Problem der Zwangsmigrationen stellt eine der wichtigsten Fragen des vergangenen Jahrhunderts dar. Von diesem Prozess waren Millionen Europäer betroffen, einige Zwangsmigrationen dauern noch bis heute an. Ein wichtiger Aspekt in der schulischen Praxis ist die Art und Weise, wie dieses Problem in den verwendeten Lehrbüchern auftaucht. Am Beispiel der Arbeit der Gemeinsamen deutsch-polnischen Schulbuchkommission möchte ich die Darstellung dieser Problematik aufzeigen. Im zweiten Teil werde ich die Ergebnisse einer Analyse von heutigen polnischen Geschichtsbüchern im Hinblick auf die darin behandelten Fragen der Zwangsmigrationen vorstellen.

1. Zur Entwicklung der deutsch-polnischen Schulbuchrevision

Das Problem der Revision von Schulbüchern im Kontext der deutsch-polnischen Beziehungen ist keine neue Frage. Erste Versuche einer Institutionalisierung der Arbeiten verschiedener Gremien, die sich mit der Revision der gegenseitigen Wahrnehmung in den Schulbüchern beschäftigten, wurden schon vor dem Ausbruch des Zweiten Weltkrieges unternommen. Trotz der Schaffung einer gemeinsamen Kommission endeten ihre Treffen mit einem Fiasko. Dazu trug auch der Kriegsausbruch bei, der eine Wiederaufnahme dieser Gespräche auf Jahre verhinderte. Erst Ende der Vierziger-/Anfang der Fünfzigerjahre kann man einen erneuten Anstieg des Interesses am Erscheinen von Inhalten zu den deutsch-polnischen Beziehungen in den Schulbüchern beider Länder beobachten. Pionier der Arbeiten auf diesem Feld war der deutsche Geografie-, Geschichts- und Deutschlehrer aus Oldenburg, Dr. Enno Meyer. Es ist hier nicht der Ort, um die Gründe zu beschreiben, weswegen sich Meyer dieser Aufgabe zuwandte. Ich habe darüber schon an anderer Stelle geschrieben.[1] Zur Illustration führe ich hier nur das Fragment

---

1   Vgl. Krzysztof Ruchniewicz, Enno Meyer a Polska i Polacy (1939–1990). Z badan nad poczatkami Wspolnej Komisji Podrecznikowej PRL-RFN [Enno Meyer und Polen und die Polen (1939–1990). Aus den Forschungen über die Anfänge der Gemeinsamen deutsch-polnischen Schulbuchkommission], Wroclaw 1994.

eines Briefes an, den Enno Meyer am 14. August 1949 an einen der bekanntesten polnischen Publizisten in der Emigration, Tadeusz Norwid-Nowacki, schrieb. „Als Lehrer werde ich oft gefragt, wie man die deutsch-polnische Frage regeln kann. Wenn einmal wieder ein friedliches Verhältnis zwischen den europäisch-abendländlichen Völkern entstehen soll, dann muss doch auch auf diese Frage eine Antwort gefunden werden, trotz aller Feindschaft."[2] In seiner Antwort betonte Norwid-Nowacki, dass die „Initiative zu einer Besserung der polnisch-deutschen Beziehungen trotz allem zuerst von deutscher Seite ausgehen muss."[3]

Nach der Knüpfung von Kontakten mit dem neuen Institut für Schulbuchforschung in Braunschweig erstellte Meyer eine schmale Schrift mit dem Titel „Über die Darstellung der deutsch-polnischen Beziehungen im Geschichtsunterricht".[4] Eine Publikation dieses Typs erschien erstmals im Jahre 1956 und erregte großes Interesse in der Bundesrepublik, der DDR, Polen und in der polnischen Emigration. Der Nestor der polnisch-deutschen Schulbuchkommission, Gerard Labuda, hat behauptet, dass zur Popularisierung dieses Büchleins vor allem polnische kritische Stimmen beigetragen haben.[5] Seine Ausführungen formulierte Meyer in Thesenform. Die letzte von ihnen, Nummer 47, war den Fragen der „Oder-Neiße-Linie"[6] gewidmet. In diesem Teil wandte er sich nicht nur den einseitigen Entscheidungen Moskaus zu, Polen seine Ostgebiete wegzunehmen. Er führte auch die Beschlüsse der Mächte in der Frage einer neuen Grenze an Oder und Neiße an. Im vorletzten Absatz schrieb er über die Vertreibung der Deutschen aus den von Polen verwalteten Gebieten sowie über den Tod von ca. zwei Millionen Menschen als Folge von Flucht und Vertreibung. Am Ende stellte er den Rechtsstandpunkt der Bundesrepublik in der Grenzfrage dar. Das, was bei Meyers Schrift ins Auge fällt, ist das Streben nach einem objektiven Blick auf die deutsch-polnische Nachbarschaft, auch in der Frage der Aussiedlung der Deutschen. Der Verfasser beschränkte sich auf die Darstellung verschiedener Sichtweisen und verzichtete auf deren Bewertung.

Trotz dieser ersten in der zweiten Hälfte der Fünfzigerjahre unternommenen Versuche kam es nicht zur Gründung einer gemeinsamen deutschpolnischen Schulbuchkommission. Im Wege stand vor allem das Fehlen ge-

---

2 Ebd., S. 33.
3 Ebd., S. 34.
4 Vgl. Enno Meyer, Über die Darstellung der deutsch-polnischen Beziehungen im Geschichtsunterricht, Braunschweig o. J.
5 Vgl. Gerard Labuda, Rozmowy podręcznikowe [Die Schulbuchgespräche], in: ders., Polsko-niemieckie rozmowy o przeszłości. Zbiór rozpraw i artykułów [Die deutsch-polnischen Gespräche über die Vergangenheit. Studien- und Aufsatzsammlung], Poznań 1996, S. 461.
6 Ebd., S. 19.

genseitiger diplomatischer Beziehungen sowie das geringe Interesse der deutschen Gesellschaft an einer Annäherung an Polen in jener Zeit. Noch im Dezember 1956 verabschiedete die Ständige Konferenz der Bildungsminister der Länder die Empfehlungen zur Ostkunde. Sie sollten die Politik der Nicht-Anerkennung der deutsch-polnischen Grenzveränderungen nach 1945 im ganzen Schulsystem zusammen mit dem Hochschulwesen propagieren und unterstützen.

Zur zweiten wichtigen Initiative für eine deutsch-polnische Schulbuchrevision kam es erst zehn Jahre später, also in der Zeit der Veränderung der Ostpolitik der Bundesrepublik. Es waren die Konferenzen aus den Jahren 1969–1970, die der Direktor der Evangelischen Akademie in Westberlin, Günter Berndt, organisiert hatte. Es war kein Zufall. Die kirchlichen Kreise schenkten den deutsch-polnischen Beziehungen schon seit einiger Zeit besondere Aufmerksamkeit. Man muss an dieser Stelle das Memorandum der Evangelischen Kirche von 1965 unter dem Titel: „Die Lage der Vertriebenen und das Verhältnis des deutschen Volkes zu seinen östlichen Nachbarn" und das der deutschen Katholiken um den „Bensberger Kreis" von 1968 in Erinnerung rufen. Die erste Konferenz, die im November 1969 stattfand, war der Vorstellung der Ergebnisse der westdeutschen Schulbuchanalysen zur Darstellung der deutsch-polnischen Beziehungen gewidmet. Die Analysen wurden von jungen Historikern, Geografen und Psychologen erstellt. Darin wurde einstimmig festgestellt, dass die „Veröffentlichung dieser westdeutschen Schulbuchtexte in Polen die Verständigung gegenwärtig verhindern und auf lange Zeit unmöglich machen kann".[7] Dieses schwarze Bild des Inhalts der damaligen westdeutschen Schulbücher wurde noch in der Schlussresolution aus dieser Konferenz zusätzlich betont:

„Die untersuchten Schulbücher und Atlanten geben keine sachliche Aufklärung über die politische, staatliche und gesellschaftliche Wirklichkeit Polens. Wesentliche Tatsachen werden ausgelassen und unwesentliche Einzelheiten in unangemessener Breite ausgeführt. Die verwendete Sprache ist stark gefühlsbetont und fördert eine kritiklose Denkhaltung. Zahlen, Daten, Statistiken und Vorgänge werden in einer Terminologie dargeboten, die den Anschein der Sachlichkeit erweckt, jedoch deutlich tendenziös wertet. Die Einseitigkeit wird besonders deutlich in der Auswahl der Erlebnisberichte und Bilder. Die antikommunistische Einstellung und die Darstellung des polnischen Volkes als negatives

---

7 Resolution der Schulbuchtagung „Polen im Unterricht", in: Polen – ein Schauermärchen oder Gehirnwäsche für die Generationen. Geschichtsschreibung und Schulbücher. Beiträge zum Polenbild der Deutschen, hrsg. von Günter Berndt/Reinhard Strecker, Hamburg 1991, S. 107.

Objekt im Freund-Feind-Schema konservieren die Vorstellungen des Kalten Krieges."[8]

Die Konferenzdiskussionen und ihre Resolution weckten großes Interesse in der deutschen Gesellschaft. Ihr Erfolg bewegte den Direktor der Akademie, Berndt, zur Gründung eines Arbeitskreises, der unter dem Namen „Arbeitskreis Nachbarn Polen" bekannt wurde. Ein Jahr später, im November 1970, organisierte Berndt zum zweiten Mal die Konferenz unter dem Titel: „Deutschland im polnischen Schulbuch". An dieser Konferenz nahmen zum ersten Mal polnische Wissenschaftler teil. So hielt z. B. Prof. Gerard Labuda unter dem Titel „Das Bild des Deutschen und der deutsch-polnischen Beziehungen in den polnischen Schulbüchern" ein Referat. Die Konferenzteilnehmer hatten darüber hinaus die Möglichkeit über ein noch nicht veröffentlichtes Buch zur Bürgerkunde von Prof. Wladyslaw Markiewicz zu diskutieren. Besonders diese Publikation – der Entschluss Markiewiczs zur Zugänglichmachung dieses Textes war beispiellos – rief großes Interesse unter den Konferenzteilnehmern und starke Worte der Anerkennung für den Mut des Verfassers hervor. Infolge der Arbeit in den Arbeitsgruppen und der Diskussion auf dem Plenum fassten die Teilnehmer eine Resolution, die u. a. die Gründung einer Schulbuchkommission forderte und einen Appell an die westdeutsche Öffentlichkeit, an das Außenministerium der Bundesrepublik, an den Deutschen Bundestag und an die Landesregierungen über die Schaffung der notwendigen Bedingungen für ihre Entstehung richtete.

Die Atmosphäre der Entspannung, die weltweit zu beobachten war, wirkte auch direkt auf eine Intensivierung der Kontakte zwischen der Volksrepublik Polen und der Bundesrepublik. Bald trug dies Früchte in der Unterzeichnung des Vertrages über die Normalisierung der gegenseitigen Beziehungen, als Effekt dessen unter den Auspizien der UNESCO die Gemeinsame Schulbuchkommission Volksrepublik Polen – Bundesrepublik Deutschland geschaffen wurde. Die Kommission war also gleichsam ein Kind der Ostpolitik der Bundesrepublik und wurde auch über viele Jahre hinweg so behandelt. Eine der wichtigsten Aufgaben der neuen Kommission war die Ausarbeitung von polnisch-deutschen Schulbuchempfehlungen, die in der Schulpraxis beider Länder berücksichtigt werden sollten. 1976 wurden diese Empfehlungen dann veröffentlicht. In Empfehlung Nr. 22 („Bevölkerungsverschiebungen") wurde das Problem der Aussiedlung/Vertreibung der Deutschen behandelt. Es lohnt sich, an dieser Stelle ein kleines Fragment dieser Empfehlung zu zitieren:

---

8 Ebd.

„Die territorialen Veränderungen bei Ende des Zweiten Weltkrieges wurden mit umfangreichen Bevölkerungsverschiebungen verbunden. Sie zielten darauf ab, staatliche und ethnische Grenzen nach Möglichkeit in Übereinstimmung zu bringen. Die historischen Erfahrungen der Nationalitätenkonflikte und die unmittelbar vorhergegangene gewaltsame nationalsozialistische Bevölkerungs- und Besatzungspolitik spielten in diesem Zusammenhang eine erhebliche Rolle."[9] Nach der Darstellung der Flucht von Deutschen vor der sich nähernden Roten Armee, stellten die Autoren im Weiteren fest: „Der größte Teil der in den Oder-Neiße-Gebieten verbliebenen Deutschen Bevölkerung wurde in den Jahren 1945 bis 1947 ausgewiesen bzw. im Rahmen der interalliierten Transferabkommens zwangsumgesiedelt [...] In den von der deutschen Bevölkerung geräumten Gebieten wurde systematisch eine inzwischen dort ansässig gewordene polnische Bevölkerung angesiedelt."[10]

Die Autoren bemühten sich also, auf eine Bezeichnung zu verzichten und beschrieben statt dessen die Komplexität des Problems.

Diese Vorgehensweise in Bezug auf die Vertreibung der Deutschen löste eine gewaltige Diskussion in der Bundesrepublik aus. Man kann ohne Übertreibung sagen, dass das die erste deutschlandweite Debatte über die polnisch-deutschen Beziehungen in der Nachkriegsbundesrepublik gewesen ist. Sie ist gut dokumentiert.[11] Man sollte hier unterstreichen, dass das Erscheinen dieser Empfehlungen eine Art Kompromiss darstellte, der in gemeinsamen Diskussionen polnischer und westdeutscher Historiker erzielt worden war.[12] „Wer 1945 vorausgesagt hätte" – schrieb einer der deutschen Kommissionsmitglieder für die FAZ vom 31. Januar 1977 (Gotthold Rhode) –, „daß polnische und deutsche Historiker und Geographen der Kriegsgeneration zwar hart, aber sachlich und höflich-kollegial in Warschau in deutscher Sprache über die Möglichkeit der Versachlichung der Schulbücher und des Geschichtsunterrichts verhandeln würden, wäre für geistesgestört erklärt worden. Derartige Rückblicke zeigen, daß es nicht nötig ist, die Arbeit an einem solchen Werk nur mit Skepsis zu betrachten."

In der zweiten Hälfte der Neunzigerjahre übernahm die Kommission die Erarbeitung von neuem Material zum Thema der polnisch-deutschen Beziehungen im 20. Jahrhundert, das auf detailliertere Weise den komplexen

---

9 Empfehlungen für die Schulbücher der Geschichte und Geographie in der Bundesrepublik Deutschland und in der Volksrepublik Polen, Braunschweig 1995, S. 29.
10 Ebd., S. 29.
11 Vgl. Die deutsch-polnischen Schulbuchempfehlungen in der öffentlichen Diskussion der Bundesrepublik Deutschland. Eine Dokumentation eingeleitet und ausgewählt von Wolfgang Jacobmeyer, Braunschweig 1979.
12 Vgl. die Einführung von Prof. Klaus Zernack zur erweiterten Neuauflage der Empfehlungen in: Empfehlungen für die Schulbücher (1995), S. 8.

Charakter dieser Beziehungen aufzeigen sollte. Für ihre Mitglieder war es klar, dass die Empfehlungen aus den Siebzigerjahren schon ein historisches Dokument waren und die politischen Veränderungen in diesem Teil Europas nach 1989 sowie der Fortschritt der Forschungen die Einnahme eines neuen Standpunktes erforderten. 2001 erschien das Buch mit dem Titel „Deutschland und Polen im zwanzigsten Jahrhundert. Analysen – Quellen – didaktische Hinweise", das in polnischer und deutscher Sprache vorliegt.[13] Den Bevölkerungsfragen ist ein separates Kapitel gewidmet. Gezeigt wird hier nicht nur das Problem der Migration als Arbeitswanderung, Emigration, Vertreibung oder Umsiedlung, man beschäftigt sich auch mit dem Problem der deutschen Bevölkerung in Polen und der polnischen in Deutschland. Zusätzlich legt man im didaktischen Kommentar besonderen Wert auf das Schicksal des deutschen Kulturerbes nach 1945, das direkt mit diesem Thema verbunden ist. Es scheint, dass diese von der Kommission erstellte Publikation die umfangreichste Auswahl nicht nur an Texten, sondern auch an Quellen zu den polnisch-deutschen Beziehungen im 20. Jahrhundert darstellt, die sich an Lehrer und Schüler richtet. Sie ist zugleich ein wichtiges Element des polnisch-deutschen Dialogs und kann dazu beitragen, die Sichtweise der anderen Seite kennen zu lernen. Dies sind unerlässliche Voraussetzungen nicht nur für die Verständigung, sondern auch für die Versöhnung.

2. Aktuelle Entwicklungen in den Schulbüchern

Die Arbeit der Schulbuchkommission und ihre Ergebnisse wurden in geringerem oder ausführlicherem Maße in den Schulbüchern beider Länder behandelt. Im Falle der polnischen Schulbücher ist gegenwärtig die Berücksichtigung der Empfehlungen sowie der Arbeiten der Kommission durch die Autoren Voraussetzung für die Zulassung zur Verwendung in den Schulen. Im Folgenden möchte ich mich auf die Behandlung der Probleme der Zwangsmigrationen nach 1945 am Beispiel dreier Geschichtsbücher für Lyzeen konzentrieren, die in polnischen Schulen verwendet werden.[14] Sie sind 2002 und 2003 in verschiedenen Verlagen erschienen. Sie umfassen

---

13 Vgl. Deutschland und Polen im zwanzigsten Jahrhundert. Analysen – Quellen – didaktische Hinweise, hrsg. von Ursula A. J. Becher/Włodzimierz Borodziej/Robert Maier, Hannover 2001 und Polska i Niemcy w XX wieku. Wskazówki i materiały do nauczania historii, hrsg. von Ursula A. J. Becher/Włodzimierz Borodziej/Krzysztof Ruchniewicz, Poznań 2001.

14 Ewa Wipszycka u. a., Historia dla każdego, Bd. 2: Do współczesności, Warszawa: Wydawnictwa Szkolne i Pedagogiczne, 2002; Grażyna Szelągowska, Ludzie, społeczeństwa, cywilizacje. Historia XIX i XX wieku, Warszawa 2003 und Andrzej Garlicki, Historia 1939–2001. Polska i świat, Warszawa 2003.

verschiedene Zeitabschnitte und sind unterschiedlich aufgebaut. Unterschiedlich behandeln sie auch die Frage der Zwangsmigrationen nach 1945. Das erste analysierte Schulbuch „Geschichte für jeden" ist im Kontext unserer Problematik ein gewisses Kuriosum. Die Frage der Zwangsaussiedlungen quittieren die Autoren nämlich mit einem Satz und dies anlässlich der Beleuchtung eines anderen Problems, wobei sie schon früher existierende Darstellungsarten wiederholen. Im Kontext des Aufbaus einer neuen Gesellschaft nach 1945 schreiben sie:

> „Die Desorganisation der öffentlichen Ordnung verbunden mit dem Krieg und der Besetzung des polnischen Gebietes durch Deutschland und die UdSSR erleichterte den neuen Machthabern die Durchführung des Programms eines radikalen Umbaus der polnischen Gesellschaft. In einer Lage, als die Grundbesitzer sowieso der Kontrolle über ihren Besitz durch die Deutschen beraubt waren **und die deutschen Eigentümer aus den Nord- und Westgebieten geflohen oder deportiert worden waren**, stieß die Durchführung der Landreform nicht auf Widerstand unter den Enteigneten [...].[15]

Mit keinem Wort gibt es hier Informationen über die Art der Aussiedlung oder über die polnische Bevölkerung.

Die beiden übrigen Schulbücher können ein gewisses Vorbild zur Nachahmung sein. Jedes von ihnen widmet den Zwangsmigrationen ein eigenes Kapitel oder Unterkapitel. Im Schulbuch „Menschen, Gesellschaften, Zivilisationen" nennt die Autorin verschiedene Gruppen der Nachkriegsmigrationen in den polnischen Gebieten.[16] Es sind die Aussiedlung der nichtpolnischen Bevölkerung (der deutschen aus den West- und Nordgebieten und der ukrainischen, weißrussischen und litauischen aus den Ostgebieten), die Aussiedlung der polnischen Bevölkerung aus den ehemaligen Ostgebieten, die Repatriierung der polnischen Bevölkerung aus der UdSSR sowie die Repatriierung der polnischen Bevölkerung aus den deutschen Gebieten.[17] Ferner gibt sie zur Illustration den Maßstab dieser Wanderungen an. Nicht zuletzt weist die Autorin auf die Tatsache hin, dass nicht nur Polen das Gebiet der Nachkriegsmigrationen war. Auch wurde aus dem Gebiet der Tschechoslowakei über eine Million der so genannten Sudetendeutschen ausgesiedelt. In der Schlussfolgerung stellt sie fest, dass „für alle Umsiedler das Herausreißen aus ihrer Heimat die Tragödie ihres Lebens war."[18] Bei der Darstellung dieser komplizierten Problematik wurden spezifische didakti-

---

15 Ewa Wipszycka u. a., Historia dla każdego, Bd. 2: Do współczesności, Warszawa: Wydawnictwa Szkolne i Pedagogiczne, 2002, S. 162 (Hervorhebung durch den Verfasser).
16 Grażyna Szelągowska, Ludzie, społeczeństwa, cywilizacje. Historia XIX i XX wieku, Warszawa 2003.
17 Vgl. Ebd., S. 315.
18 Ebd.

sche Mittel angewendet. Man bedient sich nicht nur einer Landkarte, auf der man die deutschen und polnischen Migrationsbewegungen in Mittel- und Mittelosteuropa in den Jahren 1939–1945 aufzeigt, sondern veröffentlicht auch ein großformatiges Foto der deutschen Umsiedler. Die Fragen der Autorin beziehen sich sowohl auf die Landkarte wie auch auf das Bild. Sie fragt u. a., was man auf der Karte sieht und warum sich unter den Aussiedlern keine Männer befinden. Zudem möchte sie wissen, unter welchen Bedingungen sie ausgesiedelt wurden. Welche Folgen hatte dies für ältere Personen und Kinder? In der Aufgabe zur Landkarte erwartet sie eine Antwort auf die Frage, welche Distanz die deutschen Umsiedler von Ostpreußen und den Westgebieten bis zu den Besatzungszonen in Deutschland zu überwinden hatten. Die Art und Weise der Erfassung des Themas weckt keine Zweifel. Die Autorin möchte polnische Schüler vor allem gegenüber dem Schicksal der Deutschen sensibilisieren. Es ist nur noch zu hoffen, dass sie in den nächsten Ausgaben des Schulbuchs das Schicksal der ausgesiedelten Polen und Deutschen miteinander wird abgleichen wollen, wenn auch anhand des ikonografischen Materials.

Am unfangreichsten wurde die Frage der Zwangsaussiedlungen im Lehrbuch „Geschichte 1939–2001. Polen in der Welt" bearbeitet.[19] Der Autor widmet dem Thema nicht nur ein getrenntes Kapitel, sondern zeigt es im breiteren Kontext unterschiedlicher Migrationsbewegungen. Es scheint, dass der Autor in vollem Ausmaß auf die durch die Schulbuchkommission erarbeiteten Vorschläge zum Zwecke einer angemessenen Erfassung dieser schweren Frage zurückgegriffen hat. Zum ersten Mal finden sich in einem Schulbuch Informationen über die Internierungslager für deutsche Volksangehörige sowie über die Behandlung dieser durch Polen nach 1945. Besondere Beachtung schenkte der Autor auch den Eigentumsfragen:

„Die größte Aussiedlungsaktion war die Aussiedlung der deutschen Bevölkerung aus den ‚Wiedergewonnenen Gebieten', übereinstimmend mit den Beschlüssen der Potsdamer Konferenz. Während die politischen Kreise sich in anderen Angelegenheiten auf das Schärfste bekämpften, herrschte Eintracht in ihrem antideutschen Nationalismus. Dieses zeigte sich sogar in solch paranoiden Ideen wie der Kleinschreibung des Wortes ‚Deutschland', um seinen Hohn den Deutschen gegenüber Ausdruck zu verleihen. Doch gab es noch schlimmere Ausdrücke des Chauvinismus. Vor allem der Umgang mit internierten Deutschen in den Lagern in Lambinowice/Lamsdorf (für Schlesien), Potulice/Potuliz in der Bromberger Woiwodschaft (für Pommern), in Gronowo bei Leszno (für Großpolen), in Sikawa in der Lodzer Woiwodschaft (für Zentralpolen). In den Lagerkommandanturen und unter den Wächtern fanden sich ehemalige Häftlinge der

---

19 Andrzej Garlicki, Historia 1939–2001. Polska i świat, Warszawa 2003.

Konzentrationslager, die im Gegenzug dieselben Methoden der Erniedrigung und Verfolgung anwandten. Es kam zu Mordfällen. Die deutsche Bevölkerung wurde durch kriminelle Elemente, die praktisch unbestraft blieben, ermordet und ihrer Habe beraubt […]. Im Mai 1946 erschien die Verordnung des Justizministers betreffend die Personen, deren Besitz in Staatseigentum übergeht."[20] Bei der Beschreibung der Aussiedlung lenkt der Autor die Aufmerksamkeit auf den Missbrauch: „Es fanden sich Fälle der geradezu unmenschlichen Behandlung von Auszusiedelnden, ihrer Festhaltung ohne Wasser und Nahrung in geschlossenen Eisenbahnwaggons."[21] In den Aufgaben zum Thema ermuntert der Autor die Schüler zum Vergleich der Bevölkerungsstruktur im polnischen Staat vor als auch nach dem Zweiten Weltkrieg. Auch dieses Vorgehen ist ein Novum. In den polnischen Schulbüchern überging man nämlich oft die Frage der deutschen sowie auch anderer Minderheiten nach 1945. Nun werden die Schüler nicht nur zu einer Auseinandersetzung mit der zahlenmäßigen Größe der die polnischen Gebiete bewohnenden nationalen Minderheiten ermutigt, sondern auch mit den Folgen der Aussiedlungspolitik. Kurzum also mit den Folgen der Bildung eines ethnisch homogenen Nationalstaates nach 1945.

Durch diesen Vergleich der Bevölkerungsgeschichte kann man feststellen, dass das Problem der Zwangsmigration der deutschen Bevölkerung für die meisten Autoren der polnischen Schulbücher kein heikles Thema mehr ist. Mit immer größerem Mut achten sie auf die Verantwortung der Polen für die Art und Weise der Aussiedlung. In diesem Zusammenhang sollte nicht unerwähnt bleiben, dass außer den Materialien der Kommission auch unterschiedliche und in Hinblick auf schulische Anforderung vorbereitete Hilfsmaterialien in der Bearbeitung des Themas „Aussiedlung" hilfreich sein können. Abschließend möchte ich die Aufmerksamkeit auf zwei von ihnen lenken. Beide sind auf deutsch und polnisch erschienen und behandeln im breiten Umfang die Probleme der Zwangsmigrationen nach 1945. Sie sind: „Polen und Deutschland. Ein kurzer Leitfaden zur Geschichte ihrer Nachbarschaft" und auch „Partner – Polen und Deutsche im neuen Europa".[22]

---

20 Ebd., S. 174.
21 Ebd.
22 Dorothea Burdzik (Hrsg.), Partner – Polen und Deutsche im neuen Europa. Unterrichtsentwürfe, Warszawa 2002; Włodimierz Borodziej/Hans Henning Hahn/Igor Küakolewski, Polen und Deutschland. Ein kurzer Leitfaden zur Geschichte ihrer Nachbarschaft, Warschau 1999 (zweisprachig).

Tschechien/Österreich/Slowakei

Tomáš Kafka

Vergangenheitsbewältigung als eine Art Gesinnungstest. Ein Rückblick auf die Diskussionen über Flucht und Vertreibungen aus tschechischer Sicht

Von der Vergangenheit wird schon traditionell behauptet, dass sie uns in der Zukunft vor der Wiederholung ihrer selbst bewahren kann. Vorausgesetzt, man wird sie genügend studieren, verarbeiten und womöglich auch bewältigen. Nach dem Zweiten Weltkrieg und dem ihm vorausgehenden pervertierten Fortschrittsglauben, dessen schlimmste Entgleisungen sich in unterschiedlichen Totalitarismen zeigten, stieg die so genannte Geschichtsverarbeitung zu einem der bewährtesten Modelle der Friedenstiftung in Europa auf. Es war nicht mehr bloß die allgemein gültige Prävention. Die Auseinandersetzung mit der eigenen Geschichte wurde überall dort, wo sie geschah, zur tragenden Säule eines auf die Pluralität bedachten demokratischen Systems erhoben.

Bei dieser ganzen Erfolgstory fiel man womöglich ganz versehentlich einer solchen Euphorie anheim, welche die Gesellschaft auch die anderen Komponenten vergessen ließ, welche für das Zustandekommen dieser Erfolgsstory verantwortlich zeichneten. Ich meine das wirtschaftliche Wachstum, die Befestigung der Sicherheitsstandards sowie die Verbesserung der allgemeinen Lebensqualität. Die Aufklärung stand dank dieser Konstellation auf der Seite des Konsums, die minimierten Sicherheitsrisiken nahmen den Gesellschaften die Angst vor sich selbst ab und der stabilisierende Konsum kurbelte ihre Neugier an, auch etwas Wahrhaftiges über sich selber zu erfahren.

Diese schöne Einheit machte in den Neunzigerjahren eine wahre Achterbahnfahrt durch. Zunächst, noch in der euphorischen Annahme, dass mit der Überwindung des kaltkriegerischen Dualismus „Ost-West" auch das herkömmliche Verständnis der Geschichte als eine der permanenten Konflikte zu Ende gehen mag, stiegen die moralischen Erwartungen an die Gegenwart wie auch die Vergangenheit nahezu ins Unermessliche. Diesem Aufstieg folgte jedoch in der zweiten Hälfte dieser Dekade ein jäher Fall: Die allgemeine Sicherheitslage wurde zunehmend unüberschaubarer, die Risiken allgegenwärtiger und die Ökonomie schwächer. Der Glaube an die Vergangenheitsbewältigung als tragender Säule des pluralistischen demokratischen Systems hat allzu viele Kratzer abbekommen, so dass er schließlich in der Tagespolitik wieder das Maß einer allgemeinen Prävention angenommen hat. Der Schwund, welchen die Vergangenheitsbewältigung in der realen Tagespolitik durchgemacht hat, wurde allerdings reichlich in der Art und Weise kompensiert, wie man sich und die nächste Umwelt reflektiert. Die Frage, wie man zur Geschichte steht, ist seitdem nicht mehr ein Sicherheits- respektive Demokratisierungsfaktor, sondern ein Gesinnungstest. Jedermann ist dabei gut beraten, sich diesem Test zu stellen. Anderenfalls läuft man ja Gefahr, bezichtigt zu werden, dass man die letzten Verbindungen zu der alten, guten Erfolgsstory beschädigt oder gar völlig kappt. So sind wir alle, europaweit, bei dem Praktizieren der Vergangenheitsbewältigung dermaßen mit unserer Leistungsfähigkeit beschäftigt, dass man zulässt, dass aus dem Objekt unserer Bestrebungen statt einer Chance für moralische Katharsis eher eine Sportdisziplin entsteht.

Ich sollte mich wohl für diese ketzerischen und auch nicht besonders wissenschaftlich klingenden Worte entschuldigen. Doch ich wurde um einen kurzen Beitrag aus der tschechischen Sicht gebeten und, es tut mir leid, nach den leidvollen Verhandlungen über das Zustandekommen der Deutsch-Tschechischen Erklärung aus dem Jahre 1997 sowie den nicht unbedingt ergiebigen Diskussionen über die Verträglichkeit der sogenannten Beneš-Dekrete mit der europäischen Rechtsordnung kann ich keine andere Besonderheit in Anbetracht der allgemeinen Reflexionsbereitschaft, welche in der tschechischen Republik vorherrscht, zurzeit ausmachen. Diese Wahrnehmung der geschichtlichen Selbstreflexion trifft vor allem auf die Fragen der Flucht, Vertreibung und Zwangsumsiedlungen zu. Man ist zwar einerseits mit dem Thema beschäftigt – es war letztendlich aufgrund der oben erwähnten breit gesellschaftlich angelegten Diskurse das Thema in Tschechien der Neunzigerjahre. Zeitgleich ist man aber dabei, den Sinn dieser Beschäftigung zu verlieren. Der Grund dafür ist naheliegend: Dieses Thema wird immer wieder zum Spielball der, verhältnismäßig wenig strukturierten, dafür aber traditionell verpackten Rivalitäten in den deutsch-tschechischen beziehungsweise österreichisch-tschechischen Beziehungen. Sollte die Vergangenheitsbewältigung zu einer Art Sportdisziplin degradiert werden, dann ist die Diskussion über die Vertreibung am Beispiel der so genannten Beneš-Dekrete einer ihrer zähesten Zweikämpfe.

Diesen Zustand gilt es vor allem zu bedauern. Die Bürger beider Länder, zumal diejenigen, die in die Geschehnisse vor mehr denn 50 Jahren involviert waren, verdienen eine differenziertere Vorgehensweise. Doch unsere politische Kultur schien es nicht besser machen zu können. Denn am Willen – wage ich zu behaupten – hat es wenigstens zwischendurch nicht gefehlt. Vor allem die Deutsch-Tschechische Deklaration zählt zu den wirklich kreativen, zumal aufrichtig gemeinten Versuchen, wie man sich aus der Umklammerung „einer Rivalität um sich selber willen" wieder herauslösen könnte. Die Kraft der Stereotypen zeigte sich jedoch – und zwar auf allen, an diesem Streit beteiligten Seiten – sehr resistent. Daran hat bisher auch der Kooperationsgeist nur wenig zu ändern vermocht, welcher sich auf den niedrigeren Ebenen des grenzüberschreitenden Miteinanders entfesselte, nachdem der Deutsch-Tschechische Zukunftsfonds begann, diese Kooperation – einschließlich der gemeinsamen Selbstreflexion – nicht nur zu loben, sondern auch finanziell zu unterstützen. Zu den wichtigsten Errungenschaften auf dem Felde dieser projektorientierten Kooperation zählt vor allem das so genannte vergleichende Rechtsnormenprojekt, wo internationale Experten unter der Anführung der Institute für Zeitgeschichte aus Prag und München die in den Jahren 1945–48 in einigen ausgewählten Ländern geltenden Rechtsnormen hinsichtlich der Einhaltung jeglicher Minderheitenstandards untereinander abgleichen, ohne deren konkrete Auswirkung in der Praxis dabei zu relativieren.

Eine ebenso markante Erwähnung verdienen dabei auch andere teilweise schon abgeschlossene Projektvorhaben wie die in Ústí nad Labem 2004 stattgefundene Konferenz „Toleranz statt Intoleranz – die Deutschen in den böhmischen Ländern in Vergangenheit, Gegenwart und Zukunft", weiterhin das auf einige Jahre angelegte Forschungsprojekt der „Veröffentlichung der tschechischen Dokumente zu Verlauf und Wirkung von Vertreibung, Aussiedlung und Neubesiedlung in den Jahren 1945–50", dessen Organisatoren die Heinrich-Heine-Universität in Düsseldorf und die Masarykova Univerzita v Brně sind, zahlreiche Aktivitäten des Deutsch-Tschechischen Frauenforums, die Fotoausstellung „Verschwundenes Sudetenland", wo zivilisatorische Verluste einer vernachlässigten Kulturlandschaft am Beispiel einiger Bauobjekte durchleuchtet werden, oder das dokumentarische Filmprojekt „Verschwundene Nachbarn", wo Schüler aus beiden Ländern ihre Spurensuche nach unseren einstigen jüdischen Mitbürgern versuchten, in Bild wie ihrem möglichst authentischen Kommentar festzuhalten. All diese Projekte entfalten ihre Wirkungskraft sowohl im regionalen als auch im landesweiten Bereich; sie wurden mir nur deshalb bekannt, weil ihre Träger den Deutsch-Tschechischen Zukunftsfonds um finanzielle Förderung ersuchten. Die Anzahl der weniger als Projekte artikulierten, dafür aber umso mehr intim gefassten Ortsinitiativen ist sicherlich viel größer und wohl auch thematisch breiter. Das macht die Sache aber noch kein Stückchen einfacher oder anders. Einige Projekte, egal wie zahlreich sie am Ende doch sind, müssen nicht unbedingt gleich einen Durchbruch bedeuten. Zumal wenn es sich um die deutsch-tschechischen Diskussionen über die Flucht und Vertreibung handelt, wo man sich ohnehin auf beiden Seiten lieber bedeckt hält. Dies bleibt freilich nicht ohne Konsequenzen.

Das Ergebnis unseres fortwährenden Rivalisierens ist – wenigstens auf der tschechischen Seite – Ermüdung, leichte Frustration um das beharrliche Wiederkehren der alten Streitigkeiten, eine wachsende Allergie gegen die Instrumentalisierung dieser Diskussion zu einem Gesinnungstest für Deutsche und

Tschechen und nicht zuletzt auch das Gefühl, dass man wegen der 13 Jahre, die unser Versuch mit der Geschichte der Jahre 1945–48 einschließlich der Flucht und Vertreibung kumulativ in Anspruch nahm, die folgenden 40 Jahre der kommunistischen Diktatur in der Tschechoslowakei vernachlässigt hat.

Diese Erfahrung, welche die tschechische Gesellschaft mit der Diskussion über Flucht und Vertreibung gemacht hat, sollten Initiatoren einer eventuellen gesamteuropäischen Diskussion zu diesem Thema bedenken. Nicht nur, bevor sie sich an die tschechische Seite mit „einem europäischen Netzwerk gegen Vertreibungen" wenden, sondern solange sie über die Ziele einer solchen Diskussion nur noch nachdenken. Die oben aufgezeichneten Ergebnisse gehen ja nicht nur auf die Reflexionsbereitschaft der tschechischen Seite zurück; die deutsche respektive die österreichische Seite zeichnen für den vorliegenden Zustand unserer diesbezüglichen Erinnerungskultur, mit Verlaub, genauso verantwortlich. Diese Ergebnisse sollen uns allen daher zu denken geben, wie man der Vergangenheitsbewältigung zu ihrer alten bereinigenden Wirkung wieder verhelfen könnte und wie man sie weniger als eine Sportdisziplin erscheinen lassen kann. Man ist es nicht nur den damals Betroffenen schuldig. Wir schulden es auch uns selber. Damit auch wir die Angst vor uns selber definitiv verlieren können, ohne sich bei diesem Befreiungsakt in die Abhängigkeit vom momentanen Zustand des stabilisierenden Konsums zu begeben.

Im Folgenden seien beispielhaft einige Projekte zur deutsch-tschechischen Geschichte und Vergangenheitsbewältigung genannt, die vom Deutsch-Tschechischen Zukunftsfonds gefördert wurden. Der Deutsch-Tschechische Zukunftsfonds beobachtet seit seiner Gründung im Jahre 1997 einen Zuwachs an mannigfaltig gestalteten Aktivitäten zur Information über und Auseinandersetzung mit der gemeinsamen Vergangenheit in beiden Ländern. Bereits im Vorfeld der so durch den Zukunftsfonds in Reichweite gerückten finanziellen Unterstützung wurde im Rahmen besonders nennenswerter partnerschaftlicher Initiativen die Versöhnung angestrebt, darunter z. B. im deutsch-sudetendeutsch-tschechischen Gesprächsforum in Jihlava, durch die deutsch-tschechische Historikerkommission oder die deutsch-tschechische Schulbuchkommission. Nicht immer wird die Auseinandersetzung mit der Geschichte jedoch als Chance begriffen: Die Bürger beider Länder sehen sie eher als Problem mit Wirkung bis in die Gegenwart. Dies mag allerdings einer bestimmten Konvention entsprechen. Die hier exemplarisch vorgestellte Vielfalt der Projekte, die der Zukunftsfonds seit seiner Gründung fördern durfte, beweist, wie groß das gemeinsame Interesse an Verständigung und gegenseitiger Perspektivenöffnung letztendlich ist.[1]

---
1   Die folgende Auflistung wurde von Marketa Doležel vom Deutsch-Tschechischen Zukunftsfonds, Prag, 31.3.2004, zusammengestellt.

Auswahl der vom Deutsch-Tschechischen Zukunftsfonds geförderten Projekte

Konferenz:
Flucht, Vernichtung, Vertreibung im Gebiet Neiße-Nisa-Nysa
Liberec, 5. und 6.11.2003

Gemeinsame Konferenz der tschechischen und deutschen Seite des Frauenforums über zwei Tage hinweg für ca. 80 Teilnehmer in der Liberecer Kreis-Bibliothek. Die Konferenz thematisierte die Vertreibung aus der Perspektive der betroffenen Frauen und Kinder. Das Forum der Frauen will ein Geschichtsbuch über die Vertreibung der Sudetendeutschen, Tschechen, Ungarn und Roma im Neiße-Gebiet schreiben lassen und in den drei Sprachen der Region veröffentlichen. Über die Konferenz berichtete die Süddeutsche Zeitung am 12.11.2003.

Partner: Deutsch-Tschechisches Frauenforum, Berlin; Česko-německé forum žen, Liberec

Wissenschaftliche Studie: Migration und Transformation
Brno und Tschechische Republik, Düsseldorf; 5/2004 – 4/2007

Ziel ist die Veröffentlichung tschechischer Dokumente zu Verlauf und Wirkung von Vertreibung, Zwangsaussiedlung und Neubesiedlung in den böhmischen Ländern 1945–1950. „Das Schwergewicht der Publikation liegt auf der Vertreibung/Zwangsaussiedlung der Deutschen und der Neubesiedlung der deutschen Herkunftsgebiete durch Tschechen sowie andere ethnische Gruppen." Nach Öffnung der tschechischen Archive wurden bisher nur limitierte Akteneditionen zu bestimmten Einzelaspekten der Vertreibung herausgegeben. Die bestehenden Studien sind bisher nicht zusammengefasst und ausgewertet worden. Ziel dieses Projektes ist es, die staatlich geplante und gesteuerte Zwangsaussiedlung und Neubesiedlung gemeinsam und im Zusammenhang, systematisch und umfassend zu dokumentieren. Sie könnte so die Vielschichtigkeit der Migrationen sichtbar machen. Das vorliegende Publikationsprojekt, das ausschließlich auf tschechischen Materialien aus 40 Archiven basiert, ist für die Dauer von drei Jahren geplant und vereint ein binationales Forscherteam mit relevantem Forschungs- und Publikationshintergrund (D. Brandes, T. Staněk, J, Kučera, A. von Arburg, T. Dvořák und A. Wiedemann). Außerdem werden im Zeitraum der drei Jahre Konferenzen mit einem Beirat (zehn Wissenschaftler) stattfinden. Das Forscher-Team verspricht sich von der Publikation vor allem eine Versachlichung der Diskurse um die Vertreibung in beiden Ländern und hofft, dass bei der Untersuchung auch Gemeinsamkeiten und Parallelen zu Tage treten, die zur Verständigung beitragen.

Partner: Prof. Dr. D. Brandes, Institut für Kultur und Geschichte im östlichen Europa, Heinrich-Heine Universität Düsseldorf; Prof. PhDr. Jiří Malíř, Masarykova Univerzita v Brně, Philosophische Fakultät, Historisches Institut.

Baumaßnahme:
Bau der Versöhnung, Staatliche Wissenschaftliche Bibliothek Liberec
Liberec, Bauarbeiten: 1997 – Okt. 2001, Betriebsbeginn 2001

Die Wissenschaftliche Bibliothek in Liberec ist eine öffentlich zugängliche Bibliothek, welche mit ihren Dienstleistungen zur allgemeinen Bildung und Kultur in Liberec und in der ganzen Region beiträgt, denn sie ist gleichzeitig auch die größte Bibliothek in Nordböhmen und in den Grenzgebieten der Nachbarländer (Polen, Deutschland/Sachsen). Das Projekt „Bau der Versöhnung" verwirklichte das Konzept einer Bibliothek, die nicht nur als Treffpunkt und Kulturzentrum, sondern auch als Memento menschlicher Gewalt und Willkür dient. Teil des Gebäudes ist ein Gebetshaus (erster Neubau einer Synagoge in der Tschechischen Republik nach dem Krieg) für die jüdische Gemeinde. Dieses Projekt ist vor allem als ein Schritt zur Versöhnung gedacht und will zur guten Nachbarschaft beitragen sowie zu einem lebendigen Beweis der Verständigung werden.

Partner: Státní vědecká knihovna v Liberci, Heimatkreis Reichenberg e. V.

Ausstellung und Katalog, Seminar:
Begleichung der Schuld – deutschsprachige Architekten in Prag
Dezember 2002 bis April 2003

Vor dem Zweiten Weltkrieg lebten und wirkten über 70 deutschsprachige Architekten in Prag, deren Werke noch heute beständiger Teil der Prager Stadtkulisse sind, obwohl sie als Juden teilweise emigrierten, teilweise ermordet wurden oder als Sudetendeutsche das Land verlassen mussten. Nur vier von 70 blieben nach Kriegsende in der CR. Ihre Mitwirkung an der Architektur der Stadt war schnell in Vergessenheit geraten oder ist konsequent verschwiegen bzw. minimalisiert worden. Die Ausstellung (in Prag und Regensburg) des Werks dieser Architekten, u. a. Josef Zasche, Adolf Loos, Fritz Lehmann, Rudolf Wels, Ernst Mühlstein, Leopold Ehrmann sowie Otto und Karl Kohn stellte erstmals ihre Arbeiten in einer Foto- und Modellausstellung vor.

Partner: Galerie J. Fragnera, Zdeněk Lukeš, Museum Ostdeutsche Galerie

Gesprächsforum: Iglauer Gespräche
Jihlava, 2. – 4. April 2004

Es handelt sich um eine jährlich stattfindende und gut besuchte Konferenz, die bereits ihren 13. Jahrgang verwirklicht. Es beteiligen sich regelmäßig deutsche und tschechische Minister, Regionalpolitiker, Historiker, Geistliche, Journalisten und andere Mittler. Die Tagung will zur Diversifizierung der Diskussion deutsch-sudetendeutsch-tschechischer Beziehungen beitragen. Die Konferenz 2004 trug das Thema: „Identität im neuen Europa – europäisch, national, regional" und brachte so exponierte Akteure wie Dr. Gerhard Sabathil, Dr. Petr Pithart, Martin Kastler, Miloš Kužvart oder die Schriftsteller Jiří Gruša und Jörg Bernig zusammen.

Partner: Ackermann-Gemeinde, B. Bolzano Stiftung Prag

Festival: Multikulturní Brno
Brno, Opava, Ostrava Herbst 2003

Das Multikulturní Brno-Festival machte die multikulturelle Vergangenheit des Lebens nationaler Minderheiten in Brno vor und nach dem Zweiten Weltkrieg durch verschiedene kulturelle Aktionen sichtbar. Ausstellungen, Konzerte, Workshops bildender Kunst und Publikationen fanden auch in Olomouc und Opava statt. Des Weiteren bot die Stadt Opava mit ihrem jüdischen Friedhof und ihrer Architektur eine Gelegenheit zur Reflexion des deutschsprachigen Einflusses.

Partner: Mládež pro interkulturní porozumnění MIP, Brno; Deutscher Kulturverband Region Brünn e. V.

Publikation:
Karel Jech (Hrsg.), Die Deutschen und Magyaren in den Dekreten des Präsidenten der Republik, bearb. v. Jan Kuklík jr. und Vladimír Mikule, Doplněk, Brno 2003
Praha, 1999–2003

Es handelt sich um die Herausgabe einer erweiterten und überarbeiteten Neuauflage der Quellenedition „Die Dekrete des Präsidenten der Republik 1940–45", die Karel Jech und Karel Kaplan 1995 herausgegeben haben. Weitere 15 Präsidentendekrete wurden in die Veröffentlichung aufgenommen, die in tschechischer und deutscher Sprache und einer Auflage von 800 Stück erschien.

Partner: Hannah-Arendt-Institut für Totalitarismusforschung e. V., Ústav pro soudobé dějiny AV ČR

Dokumentarfilm: Privates Jahrhundert
Prag, ab 12/2003

Es sind zwei Dokumentarfilme (52 min.) im Rahmen des Zyklus „Privates Jahrhundert" entstanden, produziert vom Tschechischen Fernsehen ČT. Das Filmprojekt nutzt als erster Dokumentarfilm alte private Familienfilme als Ausgangsmaterial und will vor allem so die authentische Aussage erreichen, die den Zuschauern anhand persönlich durchlebter Geschichte die Situation im ehemaligen Sudetenland verständlich macht. Der Autor, Jan Šikl, hat bereits mehrere Dokumente für das Tschechische Fernsehen produziert (z. B. Zehn Jahrhunderte der Architektur, Amare Roma).

Partner: Pragafilm, Tick Film Bayern

Ausstellung, Katalog, Begleitseminar:
Sie mussten für das Reich arbeiten. Zwangsarbeit der tschechischen Bevölkerung in den Jahren des Zweiten Weltkriegs
Prag, 11/2003 - 5/2004

Die Ausstellung im Prager Staatsarchiv ist die erste großformatige Ausstellung zur Zwangsarbeit während des Zweiten Weltkrieges und der damit verbundenen Entschädigung. Im Rahmen der Ausstellung kooperierte das Staatliche Zentralarchiv in Prag mit dem Institut für Zeitgeschichte der Akademie der Wissenschaften der ČR, mit dem Büro für Opfer des Nationalsozialismus des Deutsch-Tschechischen Zukunftsfonds, mit dem Sächsischen Hauptstaatsarchiv Dresden und dem Internationalen Suchdienst Arolsen. Mit dieser Ausstellung wurde symbolisch eine mehrjährige Etappe beendet, während der die obigen Institutionen bemüht waren, Tausenden von Gesuchstellern Hilfe im Archiv bei der Ermittlung direkter und indirekter Beweise über die Zeit ihres Arbeitseinsatzes während der Naziokkupation zu geben. Ziel der Ausstellung war es, die Problematik des Arbeitseinsatzes in den Jahren des Zweiten Weltkriegs, der Millionen Menschen aus allen Ländern des besetzten Europas betraf, näher zu bringen.

Partner: Státní ústřední archiv Praha, Sächsisches Hauptstaatsarchiv Dresden

**Konferenz und Publikation:
Deutsches und Tschechisches Exil 1933–89
Prag, 11.–15.11.2004**

Das Projekt widmete sich der komplexen Thematik des Exils (im Sinne der erzwungenen, politisch motivierten Abwanderung aus dem Heimatland) und der Emigration im 20. Jahrhundert, vor allem mit Rücksicht auf die wechselseitigen Beziehungen zwischen Deutschland und der Tschechoslowakei/ Tschechischen Republik. Es wurde vom 70. Jahrestag des Beginns der Massenauswanderung aus Deutschland nach der Machtergreifung Hitlers 1933 inspiriert, in deren Verlauf eine Reihe deutscher Staatsbürger in der damaligen ersten tschechoslowakischen Republik eine rettende Zuflucht fand.

Partner: Ústav pro soudobé dějiny AV ČR, Herbert und Elsbeth Weichmann Stiftung

**Renovierung: Rosenkranzkirche Budweis
4/2003 – 12/2003**

Die Rosenkranzkirche Budweis (Růženecký kostel Česke Budějovice), im Jahr 1900 erbaut, steht unter Denkmalschutz. Ihr Interieur ist rein beuronisch, d. h. von den Künstlern der benediktinischen monastischen Beuronerkunstschule geschaffen, die inspirativ aus der altägyptischen und altgriechischen Kunst und aus dem zeitgenössischen Jugendstil schöpft. Ein Team der Emaus-Benediktiner schmückte die Kirche mit Wandgemälden von Boden bis zur Kastendecke aus. Im selben Stil wurde auch das Mobiliar der Kirche angefertigt, so dass das Objekt als Gesamtheit vor kurzem zum Kulturdenkmal erklärt wurde. Die Kirche ist vor allem auch wegen der Statue der Jungfrau Maria aus Fatima bekannt. Die deutsch-tschechische Zusammenarbeit funktioniert bei diesem Restaurationsprojekt auf der Basis verschiedener kirchlicher Organisationen: Die Kongregation der Brüder vom Allerheiligsten Altarsakrament treffen sich regelmäßig mit der Pfarrgemeinde in Waldkirchen (deutsch-tschechische Gottesdienste in der Kapelle bei Heidemühle), sie haben Kontakte mit der Diözese Würzburg und mit dem Ordinariat Passau. Die katholischen Frauen treffen sich mit der Frauenunion in Passau. Nach einer Überflutung hat die Ackermann-Gemeinde in Würzburg der Kirche geholfen, wo oft deutsch-tschechische Gottesdienste stattfinden.

Partner: Kongregace Bratří Nejsvětější Svátosti, Ordinariat Passau

Renovierung: Kirche Maria Himmelfahrt in Heřmánky mit Areal Heřmánky, 2004

Die Kirche und das Kirchenareal wurden renoviert. Beim Friedhof geschah dies mit Hilfe und finanzieller Unterstützung der deutschen Heimatleute im Jahre 1998. Die Zusammenarbeit der heutigen und ehemaligen Einwohner besteht seit den Neunzigerjahren. Zwei bis drei Mal im Jahr besuchen die Heimatleute den tschechischen Ort im Rahmen einer organisierten Fahrt und mehrmals im Jahr in kleineren Gruppen. Einige Familien haben schon lange regelmäßigen Kontakt nach Heřmánky und verbringen häufig ihren Urlaub dort. Die Kirche steht unter Denkmalschutz und es finden dort zweimal in der Woche Gottesdienste statt.

Partner: Římskokatolická farnost Véska, Josef Fadle, Alte Heimat Kuhländchen, Niefern Oschelbronn

Renovierung: Rettung des gemeinsamen kulturellen Erbes im tschechischen Grenzgebiet 4/2003 – 12/2004

Es ging hier um die Bestandsaufnahme, Rettung und Erneuerung von etwa 20 kleinen Sakralbauten wie z. B. Kapellen, Martersäulen und Denkmälern im südlichen Teil des Böhmerwaldes, wo diese Bauwerke durch das Wirken der ursprünglichen deutschen Bevölkerung entstanden sind. Bisher fanden eher größere Denkmäler wie Kirchen und Wallfahrtsziele die Aufmerksamkeit der Denkmalschützer und Heimatkreise. Die verfallenen und abgelegenen kleinen Sakralbauten in den ursprünglich auch deutschen Gemeinden kontrastieren jedoch auffallend mit jenen bereits renovierten in den tschechischen Gemeinden. Mancherorts bedeutet die Rettung dieser kleinen Denkmäler und Gedenksteine gleichzeitig auch die Bewahrung der letzten Spuren der deutschen Besiedlung und Kultur, die während des kommunistischen Regimes ganz verschwanden oder vernichtet wurden. Dieses Projekt findet auch diesjährig seine Fortsetzung.

Partner: Unie pro dobré sousedství česky a německy hovořících zemí (Union für gute Nachbarschaft tschechischer und deutschsprachiger Länder, Prag), Landesversammlung der Deutschen in Böhmen, Mähren und Schlesien, Heimatkreis der Vertriebenen

Detlef Brandes/Jiří Pešek

Thesen zur Vertreibung und Zwangsaussiedlung aus der Tschechoslowakei

1. Die Debatte im historischen Kontext

Zur Vorgeschichte der Vertreibung gehören im Falle der böhmischen Länder seit 1848 nationale Auseinandersetzungen zwischen Tschechen und Deutschen. In der Phase der Gründung der Tschechoslowakischen Republik (1917–1919) wurden – selten – Überlegungen zu einem Bevölkerungsaustausch geäußert. Vertreibungspläne vertraten bis zum September 1938 nur Parteien am rechten Rand des politischen Spektrums.

Die nationalen Konflikte der Zeit von 1848 bis 1938 betrafen einerseits die staatsrechtliche Struktur der böhmischen Länder, nämlich die Forderung tschechischer Politiker nach einer staatsrechtlichen Vereinigung der böhmischen Länder, im Gegensatz zu dem Verlangen deutsch-böhmischer Politiker nach der Bildung nationaler Kreise – entweder statt der historischen Länder Böhmen, Mähren, Österreichisch-Schlesien oder zumindest unterhalb dieser Ebenen.[1] Die Auseinandersetzungen betrafen andererseits den Gebrauch der deutschen und/oder tschechischen Sprache in den Ämtern und Schulen sowie die Benennung von Orten, Straßen und Geschäften, den so genannten ,Taferlkrieg' sowie die kulturelle und wirtschaftliche Dominanz.

Beide Seiten stellten Überlegungen über eine mögliche Stärkung der eigenen nationalen Position an. Seit 1883 wurde auf tschechischer Seite immer wieder über die Vergrößerung der tschechischen Mehrheit diskutiert, und zwar durch die Abtretung kleinerer Grenzstreifen mit deutscher Mehrheit[2], die Assimilierung der Deutschen[3], die Finanzierung einer Besiedlung der Grenzgebiete durch Tschechen sowie die Verschiebung der Sprach- bis zur

---

1 Vgl. z.B. das Pfingstprogramm der deutschen bürgerlichen Parteien 1899, in: Odsun. Die Vertreibung der Sudetendeutschen – Vyhnání sudetských Němců. Dokumentation zu Ursachen, Planung und Realisierung einer „ethnischen Säuberung" in der Mitte Europas 1848/49–1945/46 [Dokumentace o prícínách, plánování a realizaci „etnické cistky" ve stredu Evropy 1848/49–1945/46], Bd. 1: Vom Völkerfrühling und Völkerzwist 1848/49 bis zum Münchner Abkommen 1938 und zur Errichtung des „Protektorats Böhmen und Mähren" 1939, bearb. v. Roland J. Hoffmann/Alois Harasko, München 2000, S. 334; die Osterbegehrschrift 1915, in: Odsun, S. 452.
2 Vgl. Masaryk Programm vom Oktober 1914, in: Odsun, S. 415; das Programm vom Dezember 1914, in: Odsun, S. 418, 441; das Programm vom Februar 1917, in: Odsun, S. 465; Programm vom 3.11.1918, in: Odsun, S. 497; Bechyně am 18.10.1918, in: Odsun, S. 488.
3 Er rechne mit einer schnellen Entgermanisierung – so Masaryk am 12.1.1919, in: Odsun, S. 534; Mladý národ, Organ der nationaldemokratischen Jugend v. 1931, in: Odsun, S. 640.

173

Staatsgrenze durch eine Nationalsteuer.[4] Auf deutscher Seite dachten nationale Parteien an die Ausgliederung Galiziens, der Bukowina und Dalmatiens aus einem „Westösterreich", wo die Deutschen die Mehrheit gewinnen und Deutsch als „Staatssprache" durchsetzen könnten.[5]

Auf beiden Seiten gab es Überlegungen, wie der territoriale Besitzstand der Nation vergrößert werden könnte. Auf tschechischer Seite hofften manche Politiker auf die Annexion der Grafschaft Glatz und/oder die Eingliederung der Lausitzer Sorben.[6] Auf deutscher Seite sprachen sich 1918/19 alle deutschen Parteien einschließlich der Sozialdemokraten für den Anschluss an Deutsch-Österreich bzw. ein Deutsches Reich einschließlich Österreichs aus. Der ‚Führer' der Sudetendeutschen Partei, Konrad Henlein, plädierte in einem Geheimschreiben an Hitler vom 17. November 1937 für die „Einverleibung des sudetendeutschen Gebietes, ja des ganzen böhmisch-mährisch-schlesischen Raumes in das Reich".[7]

Für die tschechische Seite fanden die Herausgeber der Dokumentensammlung „Odsun/Vertreibung" trotz intensiver Suche nur zwei entsprechende Hinweise auf Umsiedlungspläne: Tomáš G. Masaryk äußerte im Februar 1917 einerseits Zweifel an „a systematic intermigration of national minorities" und sagte andererseits: „But after the war, many countries will need men – farmers, artisans and members of the professional classes, and therefore, a systematic transplanting of minorities might be attempted."[8] Diese Aussage steht jedoch im Gegensatz zu allen anderen bekannten Stellungnahmen Masaryks. Die nächste Äußerung stammt schon aus dem Jahre 1938 und wurde in einer unbedeutenden Zeitung der so genannten tschechischen Grenzler, also der tschechischen Schutzverbände im deutschsprachigen Grenzgebiet, gedruckt: „Wandert nach Preußen aus, wenn es euch bei uns nicht gefällt."[9] In die gleiche Kerbe hatte im Februar 1932 die tschechische ‚Nationale Faschistengemeinde' in ihren so genannten „Schnittpunkten [styčné body] für die künftige Gesetzgebungsarbeit" geschlagen. Sie empfahl „die Deportation aller jener Angehörigen der deutschen Minderheit, die nicht

---

4 Zs. Obrana národa [Nationalverteidigung] vom 31.1.1936, in: Odsun, S. 674; für Bodenkauf im Grenzgebiet auch České slovo [Tschechisches Wort] vom 29.5.36, in: Odsun, S. 678; Der Nationaldemokrat Ladislav Rašín plädierte im Sommer 1937 für Tschechisierung der deutschen Minderheit, in: Odsun, S. 697.
5 Osterbegehrschrift 1915, in: Odsun, S. 450.
6 So in Kramářs Plan eines ‚Slawischen Reichs' vom 2.6.1914, in: Odsun, S. 413; Mladý národ, Organ der nationaldemokratischen Jugend v. 1931, in: Odsun, S. 640.
7 Henlein, in: Odsun, S. 707.
8 Masaryk im Februar 1917, in: Odsun, S. 466.
9 Grenzler-Organ Pozor [Achtung] vom 15.8.1938, in: Odsun, S. 743.

mit unseren Verhältnissen zufrieden sind, in ihre Mutterländer."[10] Bei den Wahlen von 1929 hatte diese emphemere Partei nur zwei Prozent der Stimmen bzw. drei Sitze gewonnen.

Auf deutscher Seite tauchten Vertreibungswünsche erst in der zweiten Hälfte der Dreißigerjahre auf, allerdings aus den Reihen der Sudetendeutschen Partei (SdP), die bei den Parlamentswahlen im Mai 1935 knapp zwei Drittel der deutschen Stimmen gewann. So forderte 1934 oder 1935 ein Mitglied des ‚Kameradschaftsbunds', der damals dominierenden Clique innerhalb der SdP, die „volle Eroberung und Eingewinnung des ganzen Sudetenraumes für uns [...] durch Ausrottung oder Vertreibung" der Tschechen.[11] Im Januar 1938 trat der ehemalige Vorsitzende der 1933 verbotenen ‚Deutschen Nationalpartei' für die Umgestaltung Europas nach dem Nationalitätenprinzip durch ein Direktorium der vier Großmächte ein, „wobei auch vor Umsiedlungen nicht zurückgeschreckt werden darf".[12] Die *Sudetendeutsche Tages-Zeitung* plädierte im August 1938 für einen deutsch-tschechischen Bevölkerungsaustausch innerhalb der böhmischen Länder.[13] Und Joseph Goebbels vertraute seinem Tagebuch am 22. August 1938 an: „Wir dürfen diese Völker, vor allem die Tschechen u. Ä. Gelichter nicht hochpäppeln, wir müssen sie vielmehr einmal herabdrücken. Wir wollen nicht diese Völker, wir wollen ihr Land."[14]

2. Die Vorbereitung der Beneš-Dekrete

Präsident Edvard Beneš antworte am 17. September 1938 auf die „Heim-ins-Reich"-Losung der Sudetendeutschen Partei mit dem Plan einer Reduktion der deutschen Minderheit um zwei Drittel durch Abtretung von Gebieten und Aussiedlung. Diesen Plan hat Beneš anscheinend allein – ohne Absprache mit der Regierung – entwickelt.

Am 15. September 1938 schickte Beneš den Minister Jaromír Nečas mit diesem „äußerst geheimen" Vorschlag nach Prag und legte ihn zwei Tage darauf auch dem französischen Gesandten vor: Die Tschechoslowakei sei bereit, Grenzgebiete mit etwa 800.000 bis 900.000 Deutschen abzutreten, wenn Deutschland zusätzlich etwa eine Million Deutscher übernehme. Die Restminderheit von eins bis 1,2 Millionen könne die Tschechoslowakei ver-

---

10 Roman Icha/Jiří Karel/Leona Pleska/Herbert Schneider, Exodus tradiční německé majority Rýmařovska v letech [Der Exodus der traditionellen deutschen Mehrheit aus dem Gebiet Römerstadt] 1945–46, in: Střední Morava (Olomouc) 13 (2001), S. 42–63, hier S. 42.
11 Das Mitglied des Kameradschaftsbunds Walter Hergl 1934/35, in: Odsun, S. 691.
12 Lodgman von Auen in Die Junge Front vom Januar 1938, in: Odsun, S. 710 f.
13 Sudetendeutsche Tages-Zeitung vom 4.8.1938, in: Odsun, S. 742.
14 Goebbels am 22.8.1938, in: Odsun, S. 744.

kraften. Mit diesem Plan reagierte Beneš, von dem in Bezug auf die Deutschen keine entsprechenden Vorüberlegungen bekannt sind, offenbar spontan auf Hitlers Rede auf dem Nürnberger Parteitag am 12. September, auf Henleins Parole „Wir wollen heim ins Reich" vom 15. September und auf Chamberlains Treffen mit Hitler in Berchtesgaden vom selben Tag. Wie der britische Gesandte in Prag berichtete, hatte Beneš allerdings schon im November 1919 mit dem Gedanken eines Austausches der Magyaren in der Südslowakei gegen die Slowaken in Ungarn gespielt.[15]

Die SdP hatte sich nach dem Anschluss Österreichs zum Nationalsozialismus bekannt und bei den Kommunalwahlen vom Mai 1938 knapp 90 Prozent der deutschen Stimmen gewonnen. Schon seit Anfang September 1938 waren die sudetendeutschen Massen durch die Städte und Dörfer marschiert, hatten Zusammenstöße mit der Polizei provoziert, das Deutschland- und das Horst-Wessel-Lied gesungen, die Fensterscheiben von Amtsgebäuden, sozialdemokratischen Volkshäusern und tschechischen Schulen eingeworfen und Tschechen, Juden, deutsche Sozialdemokraten und Kommunisten angegriffen. Nach Hitlers Nürnberger Rede am 12. September weiteten sich die Demonstrationen zu einem Aufstandsversuch aus. Nach der Verhängung des Standrechts am 14. und dem Verbot der Partei am 15. September flohen zahlreiche SdP-Funktionäre ins Deutsche Reich. Am 17. September beschloss Hitler die Aufstellung des ‚Sudetendeutschen Freikorps', das aus bewaffneten Einheiten bestand, die von in das Reich geflüchteten Sudetendeutschen gebildet wurden und Henlein unterstanden.[16] Die britische und französische Haltung zur Verteidigung der Republik und schließlich das Münchener Abkommen zeigten der Tschechoslowakei, dass sie sich auf Bündnisverträge gegen Revisionsbestrebungen der Nachbarn nicht verlassen konnte.

Im Grundsatz hielt Beneš an der Mitte September 1938 entwickelten Konzeption bis kurz vor Kriegsende fest. Unter dem Druck der Volksstimmung, über die die Widerstandsgruppen berichteten, verringerte er jedoch schrittweise die Größe der abzutretenden Gebiete; damit erhöhte sich die Zahl derjenigen Deutschen, die ausgesiedelt werden sollten. Auf Beneš' Vorstellung, in den sudetendeutschen Sozialdemokraten Kollaborateure bei der Vertreibung von einer Million und später zwei Millionen ihrer Landsleute finden zu können, konnte Wenzel Jaksch, der exilierte Vorsitzende der su-

---

15 Gosling an Earl Curzon vom 6.11.1919. Documents on British Foreign Policy. Series I, volume VI, London 1939, Nr. 257.
16 Vgl. Volker Zimmermann, Die Sudetendeutschen im NS-Staat. Politik und Stimmung der Bevölkerung im Reichsgau Sudetenland (1938–1945), Essen 1999, S. 63, 79–82; Martin Broszat, Das sudetendeutsche Freikorps, in: Vierteljahreshefte für Zeitgeschichte 9 (1961), S. 30–49.

detendeutschen Sozialdemokraten, im Gegensatz zu den sudetendeutschen Kommunisten nicht eingehen.

3. Die NS-Politik in den böhmischen Ländern

Während das NS-Regime im besetzten Polen offen eine radikale Ansiedlungs-, Vertreibungs- und Ausrottungspolitik betrieb, sollten die parallelen Pläne für die böhmischen Länder geheim bleiben. Erst nach dem Krieg sollten die böhmischen Länder durch Ansiedlung von Deutschen, Assimilation der „gutrassigen und gutgesinnten" Tschechen, durch Vertreibung der „schlechtrassigen" und „schlechtgesinnten" und Ermordung der reichsfeindlichen Elemente eingedeutscht werden. Einen Hinweis auf diese Pläne erhielt aber die Bevölkerung durch zahlenmäßig begrenzte Maßnahmen wie die Ansiedlung von etwa 6.000 ‚Volksdeutschen' und Zwangsumsiedlungen zugunsten neuer Truppenübungsplätze. Nach dem Attentat auf Heydrich am 27. Mai 1942 drohte Hitler der ‚Protektoratsregierung' und dem so genannten Staatspräsidenten des Protektorats, Emil Hácha, „einige Millionen Tschechen auszusiedeln, sollten sie kein ruhiges Zusammenleben wünschen".[17]

4. Alliierte Umsiedlungspläne

Mit dem ‚Transfer' der Deutschen wollten nicht nur Stalin, sondern auch Churchill und Roosevelt, ihre Regierungen und Berater auf Dauer ein „neues München" verhindern.

Die alliierten Großmächte standen vor einem Dilemma: Einerseits schlossen sie spätestens seit dem Frankreich-Feldzug aus, von Hitler eroberte Territorien wie die Sudetengebiete Nachkriegsdeutschland zu überlassen. Andererseits hielten sie es ebenso wie die tschechoslowakische Regierung nach den Erfahrungen der Zwischenkriegszeit nicht für möglich, dass ein neuer Versuch gelingen könnte, die Sudetendeutschen dauerhaft mit der Rückgliederung in die Nachkriegs-Tschechoslowakei zu versöhnen. Auf die Tagesordnung der alliierten Großmächte geriet die Frage der Zwangsaussiedlung von Deutschen aus Ostmitteleuropa, die schon von den Beratern des Foreign Office erwogen worden war, erstmals in den Verhandlungen, die der britische Außenminister Anthony Eden im Dezember 1941 mit Stalin führte. Nötig sei die Zwangsaussiedlung der Deutschen aus jenen Gebieten, sagte Stalin,

---

17 Vgl. Detlef Brandes, Die Tschechen unter deutschem Protektorat, 2 Bde., München 1969, 1975.

mit denen Polen für seine erwarteten Gebietsverluste an die Sowjetunion zu entschädigen sei.

Auf diese Initiative sowie auf die Vorstellungen der polnischen und tschechoslowakischen Exilregierung reagierte das britische Kabinett am 6. Juli 1942 mit einem Grundsatzbeschluss zugunsten des „general principle of the transfer to Germany of German minorities in Central and South-Eastern Europe after the war in cases where this seems necessary and desirable, and authority to let this decision be known in appropriate cases". Schon am folgenden Tag informierte Eden Beneš über diesen Beschluss.

Zu dieser Lösung erklärten Beamte des State Department und der US-Präsident seit März 1943 mehrfach ihre Zustimmung. Die Hoffnungen von Wenzel Jaksch, dass die Alliierten angesichts der übrigen Probleme der Übergangszeit von ihren Transfer-Plänen abrücken könnten, schienen sich im Februar 1945 zu erfüllen. Jetzt aber konnte die tschechoslowakische Regierung die Vertreibung mit sowjetischer Unterstützung einleiten und damit Druck auf die Westalliierten ausüben. Auf der Potsdamer Konferenz einigten sich diese mit der Sowjetunion, die begonnene „wilde Vertreibung" in geregelte Bahnen zu lenken.[18]

5. Sudetendeutsche Kollektivschuld?

Der Unterschied zwischen der ‚Transfer'politik der westlichen Alliierten und der Vertreibungs- und Aussiedlungspolitik der tschechoslowakischen Regierung und Widerstandsbewegung bestand in der öffentlichen Begründung.

Die Frage einer angeblich besonderen Schuld der Sudetendeutschen spielte in den Überlegungen der alliierten Großmächte zur nationalen Homogenisierung der Staaten Ostmitteleuropas keine Rolle. In der tschechischen Propaganda der Kollektivschuld wurde die Vertreibung jedoch begründet mit der Beteiligung von Sudetendeutschen an der Unterdrückung im Protektorat und Sudetenland, vor allem aber mit der Unterstützung, die schließlich fast 90 Prozent der Sudetendeutschen, nämlich bei den Kommunalwahlen vom Mai 1938, der Sudetendeutschen Partei gewährt hatten. Eine Welle großdeutscher nationaler Euphorie hatte die Sudetendeutschen nach dem Anschluss Österreichs erfasst; Opportunismus und politischer Druck der SdP auf ihre Gegner dürften dabei auch eine Rolle gespielt haben.[19] Ver-

---

18 Ders., Der Weg zur Vertreibung 1938-1945. Plane und Entscheidungen zum „Transfer" der Deutschen aus der Tschechoslowakei und aus Polen, 2. Aufl., München 2005.
19 Vgl. Volker Zimmermann, Sudetendeutsche in der Ersten Tschechoslowakischen Republik und im NS-Staat, in: Barbara Coudenhove-Kalergi/Oliver Rathkolb (Hrsg.), Die Beneš-Dekrete, Wien 2002, S. 58.

gleicht man diese Ergebnisse mit der Saar-Abstimmung, so ist das Verhalten der Mehrheit der Sudetendeutschen aber nicht außergewöhnlich.

Im Sinne der Kollektivschuldthese handelten die Dekrete des Präsidenten von den „Deutschen, Magyaren" und „Verrätern und Kollaboranten" bzw. „und anderen Staatsfeinden".[20] Möglichst schnell sollten möglichst viele Deutsche vertrieben werden, um noch vor der Potsdamer Konferenz Fakten zu schaffen. Besonders in dieser Phase waren viele Todesopfer zu beklagen, deren Zahl zwischen 15.000 und 30.000 liegen dürfte. Die Propaganda der Kollektivschuld an den NS-Verbrechen erschwerte auch nach der Potsdamer Konferenz den Übergang zu einer „humanen und ordnungsgemäßen" Durchführung der Zwangsaussiedlung.

6. Die Umsetzung der Vertreibungen

Weniger die Entscheidung zur Vertreibung, sondern ihre brutale Umsetzung ist vor allem auch ein Ergebnis der NS-Besatzungspolitik.

Aufgrund der deutschen Politik gegenüber den Tschechen, vor allem aber der allgemeinen NS-Politik gegenüber Juden, Polen, Serben und Russen gab es wenige Stimmen unter den Politikern der befreiten Staaten, aber auch in der tschechischen Bevölkerung, die für eine humane Durchführung der Zwangsaussiedlung plädierten. Sie stand noch unter dem Eindruck der Politik der wirtschaftlichen Ausbeutung, der Germanisierung, des Massenmordes an den Juden, des Terrors mit seinen Höhepunkten, nämlich nach den Demonstrationen im Herbst 1939, dem Amtsantritt Reinhard Heydrichs, dem Attentat auf diesen „amtierenden Reichsprotektor", den Todesmärschen durch das Protektorat in den letzten Kriegswochen und den traumatisierenden Erlebnissen während des Mai-Aufstandes 1945, als die Einheiten der Waffen-SS wie beim Warschauer Aufstand 1944 Zivilisten vor ihren Panzern auf die Barrikaden zugetrieben hatten.

Gewiss hat sich nur ein kleiner Teil der Bevölkerung an den Mordtaten an Sudetendeutschen beteiligt, schon ein größerer an Demütigung, Beraubung und Verhungernlassen in den Lagern. Deren Treiben sahen die allermeisten Tschechen passiv zu, zumal die schwersten NS-Verbrechen gerade erst – in den böhmischen Ländern unter anderem durch die wenigen Heimkehrer aus Theresienstadt, Auschwitz oder ‚Litzmannstadt' (Lodz) – bekannt wurden.

---

20 So die Dekrete Nr. 5 vom 19.5.1945, Nr. 12 vom 21.6.1945 und Nr. 28 vom 20.7.1945. Vgl. die deutschsprachige Edition der Dekrete in: Karel Jech (Hrsg.), Die Deutschen und Magyaren in den Dekreten des Präsidenten der Republik. Studien und Dokumente 1940–1945, Brno 2003; hierin auch eine synthetisierende Studie von Jan Kuklík, Die Dekrete des Präsidenten der Republik 1940–1945, S. 114–185.

7. Gezielte Eskalation

Einige der größten und teilweise auch brutalsten Massaker an der deutschen Bevölkerung vor der Potsdamer Konferenz waren keine Ausbrüche des spontanen Hasses des tschechischen Volkes, sondern gezielt organisierte Unternehmen der tschechoslowakischen Heeresabwehraufklärung (in enger Zusammenarbeit mit der Roten Armee). Sie sollten beweisen, dass ein Zusammenleben von Tschechen und Deutschen unmöglich sei, und verhindern, dass die westlichen Alliierten von ihren Zusagen zum ‚Transfer' zurücktreten.

Das gilt vor allem für das Aussiger Massaker, das – bisher näher nicht untersuchte – Massaker bei Podbořany und eigentlich auch über das Massaker bei Dolní Moždenice bei Prerau in Mähren.[21] Typologisch gehört auch der so genannte „Brünner Todesmarsch" dazu, obwohl es sich hier eher um einen Akt der organisierten Vertreibung ohne Tötungsziel handelt, allerdings mit fatalen Folgen, als die Rote Armee die Vertriebenen an der österreichischen Grenze nicht übernahm und in den Notlagern bei Pohrlitz eine Epidemie ausbrach, die 455 Menschen das Leben kostete.[22]

8. Die Tragweite der Beneš-Dekrete

Die Dekrete des Präsidenten der Republik – die so genannten Beneš-Dekrete – waren ein Teil der Notlegislative der tschechoslowakischen Regierung im Exil und in den ersten Nachkriegsmonaten bis zur Einberufung einer provisorischen Nationalversammlung, wie es sie auch in anderen besetzten und dann befreiten Staaten gab. Aus heutiger Sicht nicht akzeptabel ist, dass sie von einer Kollektivschuld der Deutschen und Magyaren ausgingen. Nur jene Angehörigen dieser Nationen, die sich aktiv am Widerstand gegen den Nationalsozialismus und die Achsenmächte beteiligt hatten, wurden vom Vorwurf der Mitschuld ausgenommen.

Das erste gegen einen Teil der deutschen Bevölkerung gerichtete Dekret, das Dekret Nr. 6/1945 über die Bestrafung der nazistischen Verbrecher, Verräter und Kollaborateure enthält den Begriff der Kollektivschuld nicht. Die Schlüsselposition zur Vertreibung bzw. zum Transfer der Deutschen und Magyaren aus der Tschechoslowakei nahm das Verfassungsdekret Nr.

---

21 Vgl. Vladimír Kaiser, Das Kriegsende und die Vertreibung der Deutschen aus dem Aussiger Gebiet, in: Detlef Brandes/Edita Ivaničková/Jiří Pešek (Hrsg.), Erzwungene Trennung. Vertreibungen und Aussiedlungen in und aus der Tschechoslowakei 1938–1947 im Vergleich mit Polen, Ungarn und Jugoslawien, Essen 1999, S. 201–218, hier S. 212–216.
22 Zum „Brünner Todesmarsch" vgl. Emilia Hrabovec, Vertreibung und Abschub. Deutsche in Mähren 1945–1947, Frankfurt/Main u. a. 1995, S. 96–103.

33/1945 vom 2. August 1945 ein, mit dem Titel „Umgestaltung der tschechoslowakischen Staatsbürgerrechte der Personen der deutschen und magyarischen Nationalität", das diese Bevölkerungsgruppen – bis auf die eben genannten Ausnahmen – fast aller Bürgerrechte beraubte. Die Zwangsaussiedlung wurde durch dieses Dekret legal ermöglicht, allerdings nicht angeordnet. Bei der Zwangaussiedlung berief sich die Regierung vielmehr auf die Potsdamer Entscheidung der Alliierten über den Transfer der Deutschen aus Polen, der Tschechoslowakei und Ungarn vom selben Tag.

Dasselbe aus der heutigen Sicht eindeutig rechtswidrige, vor der Annahme der Charta der Menschenrechte der Vereinten Nationen im Dezember 1948 allerdings von den Alliierten akzeptierte Prinzip der Kollektivschuld liegt auch jenen Dekreten zugrunde, die sich auf das Eigentum bestimmter Gruppen bezogen. Das Eigentum der „Deutschen, Magyaren, Kollaborateure und Verräter, bzw. der Feinde des tschechischen und des slowakischen Volkes" wurde konfisziert.[23] Zugleich wurden aber auch die ‚Arisierungen' und Enteignungen der Besatzungszeit für ungültig erklärt.[24]

9. Aufarbeitung und Bewertung der Zwangsmigration

Die Öffnung der tschechischen Archive und die Ergebnisse der quellengestützten Forschungen der Jahre seit der ‚Samtenen Revolution' erleichtern eine gemeinsame Bewertung der Zwangsmigration aus der Tschechoslowakei.

Zu den wichtigsten Grundlagen gehören zwei Dokumentensammlungen, und zwar die von Jitka Vondrová[25] und jene von Karel Jech[26]. Neben zahlreichen Aufsätzen wurden inzwischen auch aus den Quellen erarbeitete Monografien vorgelegt. „Den Weg zur Vertreibung 1938–1945"[27] hat Detlef Brandes erforscht. Die Durchführung von Vertreibung und Zwangsaussiedlung seit 1945 untersuchten Emilie Hrabovec[28], Jaroslav Kučera[29] und vor

---

23 Dekrete Nr. 12 vom 21.6.1945, Nr. 28 vom 20.7.1945, Nr. 100–103 vom 24.10.1945, Nr. 108 vom 25.10.1945.
24 Dekret Nr. 5 vom 19.5.1945.
25 Češi a sudetoněmecká otázka [Die Tschechen und die sudetendeutsche Frage] 1939–1945. Dokumenty, hrsg. v. Jitka Vondrová, Prag 1994.
26 Němci a Maďari v dekretech prezidenta republiky. Studie a dokumenty 1940–1945 [Die Deutschen und Magyaren in den Dekreten des Präsidenten der Republik. Studien und Dokumente 1940–1945], hrsg. v. Karel Jech, Brno 2003.
27 Der Titel liegt auch in tschechischer Übersetzung vor: Cesta k vyhnání 1938–1945. Plany a rozhodnutí o ‚transferu' Němců z Československa a z Polska, Prag 2002.
28 Hrabovec, Vertreibung und Abschub.
29 Jaroslav Kučera, „Der Hai wird nie wieder so stark sein". Tschechoslowakische Deutschlandpolitik 1945–1948, Dresden 2001.

allem Tomáš Staněk[30]. Adrian von Arburg, Detlef Brandes, Tomáš Dvořák, Jaroslav Kučera, Tomáš Staněk und Andreas Wiedemann haben sich zu einem Team vereinigt, das seit 2004 eine vierbändige Quellenedition unter dem Titel „Migration und Transformation. Dokumente zu Verlauf und Wirkung von Vertreibung, Zwangsaussiedlung und Neubesiedlung in den böhmischen Ländern 1945-1950" vorbereitet, die von der Volkswagen-Stiftung und dem Deutsch-Tschechischen Zukunftsfonds gefördert wird und sowohl in tschechischer als auch deutscher Sprache erscheinen wird.

---

30 Besonders folgende Monografien seien genannt: Perzekuce 1945. Perzekuce tzv. státně nespolehlivého obyvatelstva v českých zemích (mimo tábory a věznice) v květnu-srpnu 1945, Praha 1996 [Dt. Ausgabe: Verfolgung 1945. Die Stellung der Deutschen in Böhmen, Mähren und Schlesien (außerhalb der Lager und Gefängnisse)], Wien 2002; Tábory v českých zemích 1945-1948 [Lager in den böhmischen Ländern 1945-1948], Šenov u Ostravy 1996 [demnächst auf Dt. beim Collegium Carolinum].

Miroslav Kusý
The Tabooed History of Hungarians in Slovakia, 1945–1948

The Czechoslovak multiethnic state ceased to exist after the Munich Treaty in 1938. The fate of its ethnic minorities started to develop in different ways in *Böhmen und Mähren* and in *Slovak Republic*. Sudeten Germans in Böhmen und Mähren became citizens of Hitler's *Reich*, the majority of Hungarians in Slovakia became citizens of Hungary, when the Southern part of Slovakia was annexed by Horthy. Carpathian Germans in Slovakia became also a different case in comparison to Sudeten Germans in Böhmen und Mähren, because Slovakia was formally an independent state.

The Czechoslovak political leaders in exile began to draft plans for the new Czechoslovak state in its original borders after the defeat of Nazi Germany in the Second World War. In 1943 they planned the complete deportation of Germans and Hungarians from the restored CSR but in 1944 the Western powers rejected the principle of collective guilt for Hungarians, since „Hungarians are not Germans". The Potsdam Agreement in 1945 approved the plan for the one-sided displacement of ethnic Germans from the CSR, but not for Hungarians: their matter had to be resolved bilaterally, as an internal issue between Hungary and the CSR.

In spite of this point of view, the Czechoslovak authorities did non abandon the idea of displacing 400.000 ethnic Hungarians from the country. They only modified this idea in the so called Governmental Program, accepted in Kosice in April 1945. This document accused the Hungarian minority (together with the German minority) of breaking up the CSR and, in this way, codified their collective guilt. In accordance with this Program, the use of Hungarian language was banned too (just like German), and members of both minorities were deprived of their Czechoslovak citizenship. The Program demanded the expropriation of land and farmsteads from ethnic Germans and Hungarians by the Czechoslovak state. Their estates were to be populated by internal Slovak settlers as well as Slovaks were invited „home from abroad".

According to the original plan the ethnic Hungarians were to be evacuated from Slovakia to Hungary. Since the Allies disapproved of the plan, Klement Gottwald proposed to exchange them for Slovaks living in Hungary. The Hungarian government, the government of a defeated country, was pushed to sign the population-exchange agreement, under which the number of officially designated Hungarian inhabitants of Slovakia, which would have been *forced* to leave their native land, was to equal the number of Slovaks inhabiting Hungary, who would voluntarily request resettlement in Czechoslovakia. The plan worked in part, because only 73.000 ethnic Slovaks chose to resettle in their original homeland. For this reason, the number of ethnic Hungarians, deported from Slovakia, cannot have been higher than 90.000 persons.

The sad story of this forced deportation, which started in October 1946, is well known from the accessible documents, from the testimonies of its participants and from the books of Hungarian historians and intellectuals, living in Slovakia, too. However, the Slovak historians are sparing the words when describing this period of our history. Through the communist regime it was prohibited to publish the truth about these events by the censorship. The most courageous historical monograph was published and immediately banned in 1968. It only scarcely claimed that „more then 73.000 Slovaks *immigrated* to the Republic from Hungary and 89.000 Hungarians [were] *relocated* to Hungary."[1]

After 1989, the post-communist historiography of Slovakia improved little in this respect. Hans Renner and Ivo Samson have written about this forced deportation of ethnic Hungarians from Slovakia to Hungary: „The governments of Czechoslovakia and defeated Hungary found a compromised solution", in spite of the fact that it was „unequal business."[2] Another prominent Slovak historian, Dušan Kováč, writes in his popular *History of Slovakia*, published in 2000, very shortly, that „it was realized only the exchange of inhabitants among Czechoslovakia and Hungary", and nothing more about the character of this „exchange".[3]

The one-way transfer of Hungarians, modified to the partly successful „exchange of inhabitants", presented the original conception how to remove Hungarians from Slovakia. In autumn 1945 the implementation of the second conception started as the deportation of Hungarians to the Czech borderland, which was deprived from Sudeten Germans, in order to serve forced labour. The second aim of this transaction was to disperse 50.000 Hungarian families in this region and to place them in the Czech environment for assimilation. The vacated Hungarian farmsteads and estates in Slovakia were allocated to Slovak settlers.

Despite every effort by the Czechoslovak government of the time the campaign ended unsuccessfully, at least because of the consistent effort of

---

1   Ľubomír Lipták, Slovensko v 20. storočí [Slovakia in the 20th Century], Bratislava 1998, S. 264, own translation and accentuation.
2   Dejiny Československa po roku 1945 [History of Czechoslovakia after 1945], Bratislava 1993, S. 15.
3   Dejiny Slovenska, Nakladatelství Lidové noviny, Praha 2000, S. 245.

Hungarians to evade the deportation and the changes in the international situation. The authorities were able to relocate some 50.000 persons instead of planned 50.000 families; those Hungarians who had been deported internally for forced labour on public work projects returned home and demanded the restitution of their confiscated assets. They could dear to do this, because the Czechoslovak government was compelled to restore their Czechoslovak citizenship under international pressure.[4] Furthermore, the pressure was also coming from Stalin, because he wanted to avoid discrepancies between two „befriended states" – CSR and Hungary – of his freshly upcoming socialist block.

The above mentioned prominent Slovak historian, Dušan Kováč, comments this unlawful and shameful operation laconically: The Czechoslovak government tried to evacuate Hungarian families from the Southern Slovakia to the Czech borderland, which was empty after the transfer of Germans." According to him „all the violence against the Hungarian population was the result of the war psychosis and of the effort to pay back for the Vienna Arbitrage and for the Hungarian violence against Slovaks on the wrenched territory."[5] But Renner and Samson admit that this „transfer of Hungarians" was leading to „real and unlawful repression."[6]

Since the Czechoslovak government was still unwilling to acknowledge that the deportation of 400.000 Hungarians was an unrealistic target, it proclaimed a unique form of assimilation, termed „re-Slovakisation" – that is, the „return of 'Hungarianised' Slovaks to the people of their ancestors." According to the leading Slovak communist authority, Vladimír Clementis, re-Slovakisation would be „a choice helping us to withdraw from the mass of Hungarians the persons of the Slavonic origin [...]. They will have a chance to avoid the transfer. And we will be able to designate among real Hungarians the ones which must leave the country [...]. Re-Slovakisation is undoubtedly one of the fundamental form of the 'process of de-Hungarisation'."[7]

---

4   This restoration was a complicated process for decades in the totalitarian communist regime of Czechoslovakia. The first step was that the regime was forced by Allies (and Stalin, too) to return to all Hungarians the Czechoslovak citizenship. This implicated the right to their own nationality. Nevertheless, the realization of this formal step was blocked by the communist authorities and by the justified fear of Hungarians to proclaim themselves as Hungarians. We can follow it due to the statistics. The Census 1950 admitted 367.733 proclaimed Hungarians, 533.934 in 1961, 570.478 in 1970 etc. For the historiography on the expulsion in Slovakia see László Szarka's introduction, The history and the memory of the forbidden to the book by Katalin Vadkerty, Maďarská otázka v Československu 1945–1948 [The Hungarian question in Czechoslovakia 1945–1948], Bratislava 2002.
5   Dejiny Slovenska, S. 245.
6   Ebd.
7   Vadkerty, S. 383.

The threats were clear: the loss of citizenship, expropriation, forced deportation to Hungary or to the Czech borderland. The lure was big: keeping citizenship and property, remaining in the homeland with the status of a fully-fledged inhabitant of the country. Under this pressure, more then 400.000 ethnic Hungarians asked until January 1, 1948 for re-Slovakisation; Slovak nationality was admitted to 282.000 of them, but the profit from this transaction was very temporary. After 1948, when the brutal pressure was over, the overwhelming majority of the re-Slovakised Hungarians returned gradually to their original nationality.

In this case, too, some prominent Slovak historians try to justify the forced re-Slovakisation of ethnic Hungarians in Slovakia until today. According to Renner and Samson „the government proceeds to their 're-Slovakisation' to compensate the forced Hungarisation of Slovaks in the preceding periods. Part of the Hungarian inhabitants accepting Slovak nationality avoided the limitation of civil rights of the Hungarian minority."[8] And according to Dušan Kováč „the formal aim was to facilitate the return of the Slovak nationality to the citizens of Slovakia, which appeared in Hungary after the Vienna Arbitrage, and which from the different reasons proclaimed themselves to be Hungarians."[9]

I quoted here only the best representatives of the Slovak popular literature about the common modern history of Slovakia and I omitted the evidently nationalist historians. But also without them these texts make allowances for the traditional stereotypes and prejudices of the common Slovak readers.

All these attempts to ethnic cleansing in Slovakia were unsuccessful because of the „unfavourable circumstances" for their realisation in the situation, which appeared in Europe after the Second World War. The Allies disapproved of it and our authorities were forced to disguise the forced migration: the transfer as an exchange of inhabitants, forced inner deportations to the Czech borderland as a labour duty or as a friendly aid, the forced national assimilation of Hungarians as their re-Slovakisation. All these forms of disguise were subsequently disclosed, but the painful remnants of this story are visible until today. Our politicians, intellectuals and – first of all – historians must be able to see and interpret this period of the modern Slovak history without traditional stereotypes and prejudices. At least, they should do so, because they are – in this respect – opinion leaders for the whole Slovak population.

---

8   Ebd.
9   Ebd.

Edita Ivaničková

„Vertreibung und Aussiedlung" aus Sicht der slowakischen Gesellschaft und der Historiografie nach 1989

Aus Sicht der massenhaften Zwangsmigration der Bevölkerung ist die Vertreibung und Aussiedlung der Deutschen zweifelsfrei „die größte aufgezwungene und vertragsmäßig sanktionierte Umsiedlung in der Geschichte".[1] Dieser quantitative Umfang des Zwangstransfers der Deutschen sollte jedoch nicht die Tatsache verhüllen, dass diese konkrete Erscheinung nur ein Teil der umfangreichen historischen Problematik ist, die ethnisch, politisch, religiös, ideologisch, ökonomisch und ähnlich bedingte Zwangsmigrationen der Bevölkerung nicht nur in Europa, sondern auch im globalen Umfang umfasst. Und sie beschränkt sich nicht auf das 20. Jahrhundert; das Instrument ist uralt. Der Blick auf diese Problematik wird dabei noch erweitert, und gleichzeitig kompliziert, wenn wir diskutieren, ob man im Zusammenhang mit der Zwangsmigration nur die durch den Staat (bzw. durch eine Institution) sanktionierte Umsiedlungen der Bevölkerung und/oder spontane (wilde) Akte der Massenvertreibung untersuchen soll. Oder ordnen wir in diese Kategorien auch die Migrationswellen ein, die durch ungünstige wirtschaftliche Bedingungen verursacht wurden? Man muss zudem fragen, ob auch Zwangsumsiedlungen von Bevölkerungsgruppen als Vorstufen und Bestandteil des Holocaust oder eines anderen Genozids hierher gehören. Und was ist mit den so genannten kleinen Zwangstransfers bestimmter Bevölkerungsgruppen, die sich innerhalb der Staaten unter der Macht eines totalitären Regimes abspielten? Solche und weitere Fragen zu stellen ist – meiner Meinung nach – nicht nur ein Selbstzweck. Bereits die national orientierte wissenschaftliche Erforschung dieser Probleme würde eine Menge neuer Erkenntnisse bringen. Noch bessere Chancen haben aber groß angelegte internationale Projekte, die das ganze Spektrum dieser Fragen erfassen und deren Vergleich ermöglichen könnten.

Das Problem der Zwangsmigration ist dabei nicht nur das Problem der Geschichte und zurzeit das Thema der Historiografie. Es beschäftigt auch

---

1 Umsiedlung, Flucht und Vertreibung der Deutschen als internationales Problem. Zur Geschichte eines europäischen Irrwegs, hrsg. v. Haus der Heimat des Landes Baden-Württemberg, Stuttgart 2002, S. 23.

die breitere Öffentlichkeit und die Politiker (was nicht immer dasselbe ist). Hier treten jedoch schon Spezifika auf. Nicht jede Gesellschaft und deren politische Eliten reflektieren die gleichen Aspekte der Zwangsmigration. Ihr historisches Bewusstsein, die Konnotationen der gegebenen Entwicklung und die pragmatische Politik selektieren aus der Problematik diejenigen Aspekte, die ihre eigenen nationalen oder Gruppeninteressen und -vorstellungen betreffen. Es werden dabei oft Fragen ausgegrenzt – oder man widmet jenen eine geringere Aufmerksamkeit –, die in ihrer Region, ja sogar in ganz Europa, eine primäre Rolle spielen. Solches Herantreten ist zweischneidig: Einerseits unterstützt es den Abschluss einer bestimmten (z. B. nationalen) Gemeinschaft in sich, wobei die Vermittlung der Ergebnisse der oben genannten internationalen Forschung diesen Trend bestimmt durchbrechen könnte. Andererseits kann jedoch die Forschungskonzentration auf „die Spezifika" *einer Nation* einen gewissen Spiegel vorhalten, der es ermöglicht, das ganze Problem wie mit einer Lupe detaillierter zu sehen.

Dieser Einführungsabriss soll nicht nur oberflächliches Theoretisieren sein. Die aufgeführten Gedanken betreffen in vollem Maße die Slowakei, ihre Historiografie, ihre Gesellschaft und ihre politischen Eliten. In einer Zeit, in der sich die europäische Diskussion – und davon spricht auch die Bonner sowie die früheren Konferenzen zu diesem Thema – vor allem dem Thema Zwangstransfer der Deutschen widmet, kann die slowakische Realität ein inspirierendes Beispiel (ohne negative oder positive Vorzeichen) sein.

Auch die Slowakei, als ein Bestandteil Mitteleuropas, in dem sich jahrhundertelang Migrationsverschiebungen der Bevölkerung abspielten, hat reiche Erfahrungen mit den erzwungenen Transfers der ethnischen, religiösen oder anderen Gruppen. Die Slowaken begegneten dabei in verschiedenen historischen Zeitabschnitten allen drei Aspekten der Zwangsmigration: Sie waren deren Objekt, Zeuge und auch Durchführer.[2] Und alle diese Elemente wurden in konzentrierter Form in die slowakische Geschichte des 20. Jahrhunderts übertragen.

Die gegenwärtige Reflexion der Zwangsmigration in der Slowakei wird jedoch nicht direkt von der Bedeutung dieser Erscheinungen in der slowakischen Geschichte abgeleitet. Obwohl die slowakische Historiografie diese Fragen stufenweise auf Grund der Vertiefung der Forschung der nationalen

---

2 Zu dieser Problematik siehe unter anderem Edita Ivaničková, Die Zwangsmigration auf und aus dem Gebiet der Slowakei Ende der Dreißiger- und in den Vierzigerjahren, in: Dieter Bingen/Włodzimierz Borodziej/Stefan Troebst (Hrsg.),Vertreibung europäisch erinnern? Historische Erfahrungen – Erinnerungspolitik - Zukunftskonzeptionen, Wiesbaden 2003, S. 144–149; Marína Zavacká, Die Zwangsmigration in den Jahren 1938–1950 als Thema des gesellschaftlichen Diskurses nach 1989, in: K. Erik Franzen/Peter Haslinger/Martin Schulze-Wessel (Hrsg.), Diskurse über die Zwangsmigrationen 1938–1950 in den EU-Beitrittsländern seit 1989 (Arbeitstitel), wird München 2006 erscheinen.

Geschichte in ihren historischen Zusammenhängen und im ganzen chronologischen Umfang entdeckt[3], selektieren die slowakische Gesellschaft und ihre politischen Eliten jedoch ihr Interesse für diese Problematik. Im Vergleich zu den anderen historischen Fragen ist sie für die slowakische Öffentlichkeit eher zweitrangig, und zwar trotz der Tatsache, dass sie ihre Aufmerksamkeit auf das 20. Jahrhundert konzentriert. Dieses Interesse für die neueste Geschichte hat dabei natürliche Ursachen, die zum einem in der Erfahrung des Generationsgedächtnisses liegen, in dem sich der Stand des historischen Bewusstseins der slowakischen Gesellschaft widerspiegelt. Zum anderen ist es die Reaktion auf die Peripetien der Entwicklung nach dem November 1989. Ähnlich wie in weiteren post-kommunistischen Ländern wirkt sich hier als Katalysator und Akzelerator die Tatsache aus, dass die totalitären Regime (die Slowakei hatte zwei: in der Zeit des Krieges und nach dem Jahre 1948) gerade die Geschichte des 20. Jahrhunderts für ihre Machtziele am meisten missbrauchten. Die Tabuisierung, Sezierung, Mythologisierung und die direkte Falsifikation bestimmter historischer Themen verdrehten das historische Bewusstsein der Slowaken.

Die Reaktion der slowakischen Öffentlichkeit, der Eliten (vor allem der politischen) und der Historiografie auf die „Neuentdeckung" der Geschichte war deshalb nach dem November 1989 unterschiedlich, oft gegensätzlich oder mehrdeutig. Anfangs „überwog in der breiten Öffentlichkeit ‚das Nulljahr-Syndrom', ein dicker Strich unter die Vergangenheit und die Sehnsucht nach einem neuen Anfang".[4] Parallel dazu artikulierten sich in der Gesellschaft jedoch die übertriebenen Erwartungen, dass die neu geschriebene Geschichte vollkommen anders sein würde, als sie vom kommunistischen Regime und seiner marxistisch-leninistischen Historiografie präsentiert worden war. Und außerdem kam ein in der Vergangenheit reich genährtes Phänomen zu Wort: die Mythologisierung der Geschichte. Das Problem der „Neuentdeckung" der Geschichte besaß in der ersten Hälfte der Neunzigerjahre ebenso eine markante politische Dimension. „Viele Politiker, Publizisten und Ideologen versuchten auf der slowakischen Geschichte zu ‚surfen' und aus den einzelnen Zeitabschnitten chirurgisch nur die Fakten und Ereignisse

---

3 Die Arbeiten, die auch diese Fragen betreffen, finden sich in Alžbeta Sedliaková (Hrsg.), Historiografia na Slovensku 1990–1994. Historiography in Slovakia 1990–1994, Bratislava 1995; dies. (Hrsg.), Slovenská historiografia 1995–1999. Slovak Historiography 1995–1999, Bratislava 2000; dies. (Hrsg.) Slovenská historiografia 2000–2004. Slovak Historiography 2000–2004, wird Bratislava 2006 erscheinen. Für die Arbeit des Historischen Instituts der Slowakischen Akademie der Wissenschaften in Bratislava und das Periodikum Historický časopis [Historische Zeitschrift] siehe URL: <http://www.history.sav.sk>.

4 Ľubomír Lipták, Storočie dlhšie ako sto rokov. O dejinách a historiografii [Das Jahrhundert länger als hundert Jahre. Über die Geschichte und Historiografie], Bratislava 1999, S. 262.

herauszunehmen, die in einen gewissen ideologischen Rahmen passten."⁵ Die Historiografie löste in dieser Zeit mehrere, gleichermaßen wichtige Aufgaben gleichzeitig: Sie musste sich mit der eigenen Vergangenheit auseinandersetzen und sich dringend neue Prinzipien des Funktionierens nach den europäischen Standards der „normalen" wissenschaftlichen Disziplin aneignen; sie reagierte – oft polemisch – auf die häufig gegensätzlichen Anforderungen und Anschauungen der Öffentlichkeit; und nicht zuletzt versuchte sie (mit Erfolg) dem neuen politischen Druck Widerstand zu leisten.

Der aufgeführte Kontext hatte nach dem November 1989 eine eminente Bedeutung für die Auswahl von historischen Themen, die die Gesellschaft auf die eine oder andere Art und Weise forderte, die die Politik gebrauchte oder missbrauchte und die die Historiografie reflektierte. Das Dachthema – ähnlich wie so oft in der slowakischen Geschichte bei Wendeereignissen (1918, 1939, 1944/1945, 1968) – war dabei die nationale und Emanzipationsentwicklung der Slowaken.

In diesem Zusammenhang ist es interessant, dass, obwohl die ersten drei Nachnovemberjahre voll der scharfen Auseinandersetzung in der Frage des weiteren Zusammenlebens der Tschechen und Slowaken waren (auf der Ebene der Politik und der Öffentlichkeit), die historische Mythologie und historische Argumentation bei diesem Prozess und auch nach der Trennung der Tschecho-Slowakei im Jahre 1993 keine wesentliche Rolle spielte.⁶ Diese Entwicklung sorgte dafür, dass eins der Themen der „Vertreibung" – die Umsiedlung der Tschechen, besonders die der tschechischen Staatsangestellten aus der Slowakei in den tschechischen Teil der ČSR nach dem Oktober 1938 und später dann in das Protektorat – zu keinem öffentlichen und politischen Thema wurde und nur auf der Agenda der Historiker blieb.⁷

Die Umsiedlung der Tschechen aus der Slowakei erschien nicht einmal im größten historischen Nachnovemberthema – zum größten Teil Dank des Öffentlichkeitsechos, des Medieninteresses, der Aggressivität einiger Diskussionsteilnehmer und der umfangreichen politischen Deckung –, das wiederum mit der slowakischen Staatlichkeit zusammenhing. Es handelte sich um die Frage der Stellungnahme zur Slowakischen Republik der Jahre 1939–1945. Die Problematik des Satelliten des nazistischen Deutschen Reiches – des totalitären slowakischen Kriegsstaates – steigerte und erweiterte aber mehr die Diskussion um den Holocaust in der Slowakei als um die histori-

---

5 Pavol Lukáč, Dejiny a zahraničná politika v strednej Európe [Geschichte und Außenpolitik in Mitteleuropa], Bratislava 2004, S. 313.
6 Lipták, S. 263.
7 Siehe z. B. Valerián Bystrický, Vysťahovanie českých štátnych zamestnancov zo Slovenska v rokoch 1938–1939 [Aussiedlung der tschechischen Staatsangestellten aus der Slowakei in den Jahren 1938–1939], in: Historický časopis 45 (1997), H. 4, S. 596–611.

sche Beziehung zu den Tschechen. Es ist hier hinzuzufügen, dass das Holocaustthema auch eine offizielle politische Reflexion in der Form der „Erklärung zur Deportation der Juden aus der Slowakei" erlebte, die die slowakische Regierung und das Parlament im Jahre 1990 herausgaben. Aber trotz dieses öffentlichen Diskurses, in dem sich die wissenschaftlichen und pseudowissenschaftlichen Argumente, Emotionen, Populismen und die Versuche um politische Forschungsreglementierung und Geschichtsauslegung mischten, weckte die Vorstufe der Deportationen der slowakischen Juden ins Reich – das heißt deren Zwangsghettoisierung in den slowakischen Sammellagern – auch in diesem Fall kein größeres öffentliches Echo.[8]

Im Gegensatz zu den beiden oben genannten Fällen war die Lage im Zusammenhang mit dem weiteren großen Thema der historischen und der historisierenden Diskussion der slowakischen Gesellschaft nach dem November 1989 anders. Es ging hier um die Diskussion, die die Beziehung zu Ungarn und zur ungarischen Minderheit in der Slowakei betraf. Auch wenn sie anfangs ihren „tschechoslowakischen" Rahmen hatte (bis Ende 1992), war es eine höchst „slowakische" Angelegenheit. Noch markanter als in den beiden vorhergehenden Fällen drangen hier nicht nur die Innen- und Außenpolitik, und die mit ihr 40 Jahre lang unterdrückten Emotionen nach außen, sondern auch die ständigen Unterschiede in der Bewertung der gemeinsamen Geschichte unter den slowakischen und ungarischen Historikern. Die Auseinandersetzung reichte mit ihrem Inhalt bis in die Zeit der Ankunft der Magyaren im mittelalterlichen Mitteleuropa hinein und konzentrierte sich auf der slowakischen Seite auf so genannte Unrechte und „die tausendjährige Unterjochung". In diese öffentliche Polemik geriet, unter dem Druck der slowakischen Eliten und teilweise auch der Eruption des deutsch-tschechischen(-slowakischen) Diskurses über die „Vertreibung und Umsiedlung", auch die Problematik der Zwangsmigrationen der Bevölkerung in den neugeschichtlichen slowakisch-ungarischen Beziehungen hinein. Die Diskussion

---

8 Die erste Untersuchung, die sich auch mit dieser Problematik befasste, war die Monografie von Ivan Kamenec, Po stopách tragédie [Auf den Spuren der Tragödie], Bratislava 1991. Danach folgten weitere Arbeiten, z.B. von Ladislav Lipscher, Židia v slovenskom štáte, Bratislava 1992 (slowak. Übersetzung von Die Juden im slowakischen Staat, München 1980); Ladislav Hubenák (Hrsg.), Riešenie židovskej otázky na Slovensku 1939–1945. Dokumenty I.-V. [Die Lösung der Judenfrage in der Slowakei 1939–1945. Dokumente I-V], Bratislava 1994–2000; Katarína Hradská, Prípad Dieter Wisliceny (Nacistickí poradcovia a židovská otázka na Slovensku) [Der Vorfall Dieter Wisliceny (Die nazistischen Berater und die Jugendfrage in der Slowakei)], Bratislava 1999; Eduard Nižňanský, Židovská komunita na Slovensku medzi československou parlamentnou demokraciou a Slovenským štátom v stredoeurópskom kontexte [Die Judenkommunität in der Slowakei zwischen der tschechoslowakischen parlamentarischen Demokratie und dem Slowakischen Staat im mitteleuropäischen Kontext], Prešov 1999; Peter Salner (Hrsg.), Prežili holokaust [Sie überlebten den Holocaust], Bratislava 1997; Eduard Nižňanský (Hrsg.), Holocaust na Slovensku. Dokumenty. Zv. I-IV [Holocaust in der Slowakei, Dokumente, Bde. I-IV], Bratislava 2001–2003.

darüber verlief wellenartig. Sie korrespondierte nicht mit der Publikation neuer historischer Forschungen und der Polemik der fachlichen Öffentlichkeit[9], sondern hing vielmehr mit der so genannten ungarischen Karte in der slowakischen Innenpolitik und mit den innen- und außenpolitischen Aktivitäten der Republik Ungarn zusammen. Von der slowakischen Seite her wurde in die Aufzählung der „Unrechte" die Frage der Zwangsmigration der Slowaken im südlichen Teil des slowakischen Gebietes aufgenommen, welches Ungarn in Folge des ersten Wiener Schiedsspruchs vom November 1938 in Beschlag genommen hatte und es bis zum Ende des Weltkrieges behielt. Dieses Problem war dabei auch eins der öffentlich benannten Argumente, mit denen man begründete, warum es nach dem Krieg zur tschecho-slowakisch-ungarischen zwischenstaatlichen Vereinbarung über den Austausch der Bevölkerung kam, die für die Ungarn eine Trauma darstellte. Auf der tschechoslowakischen Seite wurde diese Aktion auch von Gewalt begleitet und durch den Zwangstransfer der Angehörigen der ungarischen Minderheit im Rahmen der ČSSR ergänzt.[10] Und gerade der Bevölkerungsaustausch, der seines Charakters und seiner Methode wegen als einer der aktuell diskutierten Bestandteile des Problems „Vertreibung und Aussiedlung" verstanden wurde, hatte im Diskurs nach dem November 1989 einen besonderen Platz. Nicht nur deshalb, weil sich die slowakische Öffentlichkeit (einschließlich der fachlichen) damit offen und ohne ideologische Reglementierung zum ersten Mal nach 45 Jahren befasste. Dieses Thema war umso sensibler, weil die Slowaken dabei zum ersten Mal nicht als das Opfer der so genannten ungarischen Unrechte auftraten, sondern als Subjekt, das für die „Unrechte" gegenüber den anderen mitverantwortlich war. Der Reinigungscharakter dieser Diskussion, den ein Teil der Eliten durch eine Entschuldigung für die Nachkriegsgrausamkeiten gegenüber den Magyaren (erfolglos) krönen wollte, wurde nicht er-

---

9 Aus den zahlreichen Werken seien zumindest einige monografische Bearbeitungen des Themas der slowakisch-ungarischen Beziehungen im 20. Jahrhundert, inklusive des Problems des Bevölkerungsaustausches zwischen der ČSSR und Ungarn nach 1945 und dessen Auswirkungen, genannt: Dagmar Čierna-Lantayová, Podoby česko-slovensko-maďarského vzťahu 1938–1949 [Die Gestaltung der tschecho-slowakisch-ungarischen Beziehung 1938–1949], Bratislava 1992; Štefan Šutaj, Maďarská menšina na Slovensku v rokoch 1945–1948. Východiská a prax politiky voči maďarskej menšine na Slovensku [Die ungarische Minderheit in der Slowakei in den Jahren 1945–1948. Ausgangspunkte und Praxis der Politik gegenüber der ungarischen Minderheit in der Slowakei], Bratislava 1993; Katalin Vadkerty, Maďarská otázka v Československu 1945–1948 [Ungarnfrage in der Tschechoslowakei 1945–1948], Bratislava 2002; Štefan Šutaj/Peter Mosný/Milan Olejník, Prezidentské dekréty Edvarda Beneša v povojnovom Slovensku [Präsidentendekrete von Edvard Beneš in der Nachkriegsslowakei], Bratislava 2002; Ladislav Takáč, ... preto, že si Maďar! [... deshalb, weil du Ungar bist!], Prešov 2003, S. 298.

10 Vgl. zu dieser Problematik auch den Beitrag von Miroslav Kusý in diesem Band.

reicht.[11] Die Polemik zu diesem Geschichtstrauma war nämlich primär nicht auf die Auseinandersetzung mit der Vergangenheit orientiert, sondern sie diente als eine historische Kulisse zur Lösung der ungeordneten, konfusen und beide Seiten traumatisierenden slowakisch-ungarischen Beziehungen nach dem November 1989. Der slowakisch-ungarische Vertrag von 1995 dämpfte teilweise eine weitere Verschärfung der Spannungen, aber wie es auch die soziologischen Forschungen und Meinungsumfragen andeuten, steht die „ungarische Frage" immer wieder bereit, in einem öffentlichen Diskurs aufzutauchen – und dies mitsamt ihren historischen Wurzeln, ihren Vorurteilen und Traumata.

Die politischen Spielereien, Leidenschaften, Mythologisierungen, die die Thematisierung der Geschichte der slowakisch-ungarischen Beziehungen über zwei Drittel der Neunzigerjahre des vergangenen Jahrhunderts begleiteten, wichen nahezu der weiteren „heißen" Öffentlichkeitsfrage aus – der Vertreibung und Aussiedlung der Deutschen aus der Nachkriegstschechoslowakei. Im Vergleich mit den tschechischen Ländern räsonierte dieses Thema in der Slowakei in der Laien- und Fachöffentlichkeit und unter der politischen Elite wesentlich schwächer als das vorhergehende Thema. Dies hatte auch seine historischen Gründe.

Die Slowakei war bis auf eine Ausnahme[12] in der Geschichte nie ein direkter Nachbar Deutschlands, was zur Folge hatte, dass zwischen diesen zwei Ländern keine „Sonder-Sozio-Bindungen"[13] entstanden. Solche Bindungen an das Deutsche Reich wies bis in die Dreißigerjahre des 20. Jahrhunderts hinein nicht einmal die deutsche Minderheit in der Slowakei auf, die Karpatendeutschen. Die Slowakei pflegte mit Deutschland meist so genannte vermittelte Beziehungen, in denen die Interessen der Slowaken durch die Interessen der stärkeren Ethnie (der Magyaren in Österreich-Ungarn und der Tschechen in der Tschechoslowakischen Republik) überdeckt wurden. Aber auch das Interesse von der deutschen Seite konzentrierte sich vor

---

11 Der erste Schritt in diese Richtung war das Treffen der slowakischen und ungarischen interparlamentarischen Kommission Ende 1991, die die Geschichte der slowakisch-ungarischen Beziehungen in den Jahren 1938–1948 beurteilen und ein gemeinsames Memorandum vom gegenseitigen „Verzeihen" den historischen Unrechte erarbeiten sollte. Wegen der Nichtvereinbarkeit der Stellungnahmen beider Seiten geriet die Arbeit der Historiker- und Politikerkommission in eine Sackgasse, so dass das Memorandum nie vollendet wurde. Siehe u. a. Rudolf Chmel, Moja maďarská otázka [Meine ungarische Frage], Bratislava 1996, S. 387.
12 Die Slowakei hatte nur in der Zeit des Zweiten Weltkrieges eine gemeinsame Grenze mit Deutschland, als die Slowakische Republik Vasallenstaat des Reiches war. Heutzutage sind die Beziehungen zum nazistischen Deutschland und die daraus folgenden Auswirkungen zu einem Bestandteil des (auch öffentlichen) Diskurses über den oben genannten slowakischen Kriegsstaat geworden.
13 Pavol Lukáč, Súčasná podoba slovensko-nemeckých vzťahov. Náčrt vývinu a stavu problematiky [Die gegenwärtige Gestalt der slowakisch-deutschen Beziehungen. Abriss der Entwicklung und des Standes der Problematik], Bratislava 1996, S. 20.

allem auf die erwähnten größeren Staaten und deren dominante Ethnien. Deutschland widmete den Slowaken – wenn überhaupt – nur nachrangige Aufmerksamkeit. Die nächste Besonderheit im Vergleich mit Böhmen und Mähren war, dass das jahrhundertelange Zusammenleben der Slowaken und der Karpatendeutschen konflikt- und konkurrenzfrei war.[14] Die Lage begann sich erst in den Dreißigerjahren des 20. Jahrhunderts zu ändern, als die Karpatendeutschen ihre Minderheitenidentität ausprägten und gleichzeitig die nazistische Ideologie aus dem Reich übernahmen. Zur radikalen Wende in den Beziehungen kam es im Zusammenhang mit dem Slowakischen Nationalaufstand im August 1944, der von den reichsdeutschen Einheiten brutal unterdrückt wurde. Die deutsche Okkupation der Slowakei und die Einstellung der karpatendeutschen Minderheit in der Zeit des slowakischen Staates (1939–1945) waren unmittelbare Ursachen dafür, warum auch die slowakische politische Führung mit dem Plan des Präsidenten Edvard Beneš, die deutsche Minderheit aus der ganzen erneuerten ČSR auszusiedeln, einverstanden war. In Folge dessen wurden aus der Slowakei 32.450 Karpatendeutsche abtransportiert.[15] Auch bei dieser Aussiedlung der Deutschen kam es – ähnlich wie in anderen Ländern Mitteleuropas – zu Gewalttaten; eine Phase der „Wildabschiebung" wie z. B. in den tschechischen Ländern gab es jedoch nicht.

Schon während der Planung und Aussiedlung der Deutschen aus der ČSSR verstand man dieses Problem in der Slowakei als eine gesamttschechoslowakische Angelegenheit, in der die Betonung auf den sudetendeutschen Aspekt gelegt wurde. Diese Anschauung dauerte auch in der Zeit des Kommunismus an, und als solches tauchte sie wieder nach dem November 1989 auf. In diesem Kontext wurde auch in der Slowakei die Diskussion über die Vertreibung und Aussiedlung der Deutschen nach dem Krieg auf der Ebene der Politik, der Eliten und im geringeren Maß der Historiker[16]

---

14 Der Volkszählung 1930 nach lebten in der Slowakei 154.821 Karpatendeutsche, konzentriert besonders in Bratislava (Pressburg) und Umgebung, in der Region am Fluss Nitra (das so genannte Hauerland), in den mittelslowakischen Bergbaustädten und in der Spiš (Zips).

15 Die Anzahl der Karpatendeutschen sank gegen Kriegsende um 120.000 Personen, die stufenweise ab Herbst 1944 auf Befehl von Heinrich Himmler aus der Slowakei evakuiert wurden. Siehe z. B. Dušan Kováč, Die „Aussiedlung" der Deutschen aus der Slowakei, in: Detlef Brandes/Edita Ivaničková/Jiří Pešek (Hrsg.), Erzwungene Trennung. Vertreibungen und Aussiedlungen in und aus der Tschechoslowakei 1938–1947 im Vergleich mit Polen, Ungarn und Jugoslawien, Essen 1999, S. 235–240.

16 Die Anzahl der slowakischen Historiker, die sich mit den slowakisch-deutschen (und karpatendeutschen) Beziehungen befassen, ist gering, verglichen mit z. B. den Fachleuten für die Geschichte der slowakisch-ungarischen Beziehungen oder auch der ruthenischen Minderheit. Eine größere Arbeit über die slowakischen Deutschen schrieb bislang nur Dušan Kováč, Nemecko a nemecká menšina na Slovensku 1871–1945 [Deutschland und die deutsche Minderheit in der Slowakei 1871–1945], Bratislava 1991. Die Ergebnisse der Archivforschung der Zwangsaussiedlung der Deutschen aus der Slowakei begannen (vorläufig in der Form von Studien) erst in der zweiten Hälfte der Neunzigerjahre zu

sowie der Öffentlichkeit eröffnet. Diese Diskussion wurde außer der eigenen „slowakischen" Thematisierung des Problems auch Dank des kontroversen tschechisch-deutschen Dialogs beschleunigt. Dieser Diskurs erreichte seinen Höhepunkt nach dem November 1989 in der Deklaration, die der Slowakische Nationalrat im Februar 1991 verabschiedete. Darin wurde das Bedauern über die unschuldigen karpatendeutschen Opfer der Nachkriegsaussiedlung zum Ausdruck gebracht und das Prinzip der Kollektivschuld abgelehnt.[17] Die mehr oder weniger kontinuierliche gesellschaftliche Diskussion endete vorläufig mit der Trennung der Tschecho-Slowakei im Januar 1993. In den folgenden sechs Jahren waren die slowakisch-deutschen Beziehungen nicht wegen der historischen Traumata, sondern hauptsächlich wegen der aktuellen politischen Entwicklung in der Slowakei belastet.

Diese nach dem November 1989 relativ unkomplizierte Auseinandersetzung der slowakischen Politik, der Eliten, der fachlichen und der breiteren Öffentlichkeit mit der Frage der Zwangsaussiedlung der deutschen Minderheit kann mit mehreren Faktoren begründet werden. In erster Reihe spiegelten sich hier die breiteren (in groben Umrissen oben angedeuteten) historischen Konnotationen der Entwicklung der slowakisch-deutschen und karpatendeutschen Beziehungen wider. Aber noch markanter griff in diesen Prozess die Nachnovemberentwicklung in der Slowakei ein. Das „deutsche" Thema wurde durch die „ungarische Frage" (vor allem in der Wahrnehmung durch die Öffentlichkeit) und auch durch die stürmische Entwicklung der slowakisch-tschechischen Beziehungen bis 1993[18] überdeckt und in den

---

erscheinen. Es seien genannt: Detlef Brandes/Edita Ivaničková/Jiří Pešek; darin: Ľubomír Lipták, Nemecká a maďarská menšina v slovenskej politike a odbojovom hnutí [Deutsche und ungarische Minderheit in der slowakischen Politik und der Widerstandsbewegung], S. 85–94; Jan Pešek, Nemci na Slovensku po skončení hromadného povojnového odsunu [Deutsche in der Slowakei nach der Beendigung des Massennachkriegsaussiedlung], S. 189–194; weiterhin: Dušan Kováč, Organizovaný odsun Nemcov zo Slovenska po roku 1946 [Die organisierte Aussiedlung der Deutschen aus der Slowakei nach dem Jahr 1946], in: Historický časopis 50 (2002), H. 3, S. 423–437; Soňa Gabzdilová, Situácia nemeckej menšiny na Slovensku pri návrate z evakuácie na jar a v lete 1945 [Die Situation der deutschen Minderheit in der Slowakei bei der Ankunft aus der Evakuation im Frühling und Sommer 1945], in: Historický časopis 49 (2001), H. 3, S. 453–475; dies./Milan Olejník, Proces internácie nemeckého obyvateľstva na Slovensku v rokoch 1945–1946 [Der Prozess der Internierung der deutschen Bevölkerung in der Slowakei 1945–1946], in: Historický časopis 50 (2002), H. 3, S. 423–437; Milan Olejník, Status nemeckej minority na Slovensku v prácach slovenských a nemeckých historikov [Der Status der deutschen Minorität in der Slowakei in den Arbeiten slowakischer und deutscher Historiker], in: Štefan Šutaj (Hrsg.), Národ a národnosti na Slovensku [Die Nation und die Nationalitäten in der Slowakei], Prešov 2004, S. 138–146.

17 Slovenský denník [Slowakische Tageszeitung] vom 13. Februar 1991.
18 Das entgegenkommende Herantreten der slowakischen Seite zur Auseinandersetzung mit der Aussiedlung der Deutschen rief sogar Spannungen in den Beziehungen mit der tschechischen politischen Szene hervor. Es äußerte sich hier ein gewisses gegenseitiges „Vergelten", indem ein Teil der slowakischen politischen Szene auf die mangelnde föderale (d. h. tschechische) Durchsetzung der slowakischen Interessen in der „ungarischen Frage" mit der Eröffnung der „deutschen Karte" reagierte. Vgl. Lukáč, slovensko-nemeckých vzťahov, S. 35.

Hintergrund geschoben. Dazu kam noch die Tatsache, dass die deutsche Seite – hinsichtlich der Größe und des Einflusses der Organisationen der karpatendeutschen Vertriebenen in der Bundesrepublik Deutschland und in Österreich – im polemischen Dialog nicht so einen Druck auf die Slowakei ausübte, wie dies im tschechischen Fall geschah.[19]

Dieser Zustand dauert auch in der Gegenwart an und dies nicht nur hinsichtlich der slowakisch-deutschen Beziehungen und der Problematik der „Vertreibung und Aussiedlung". Die slowakische Gesellschaft erwartet immer noch die konsequente Auseinandersetzung mit den Problemen und Traumata ihrer Vergangenheit, einschließlich der historischen Beziehungen zu ihren Nachbarn und Minderheiten. Die Diskussion zur Geschichte ist jedoch kein einmaliger Akt – und er kann es auch nicht sein. Es ist ein Prozess, der auch in der Slowakei mal unbeachtet, mal auf eruptive Art fortgesetzt wird. Der Ruf nach einem „großen Thema" des gesamtgesellschaftlichen Diskurses, der zurzeit aus den Reihen der slowakischen Eliten zu hören ist, kann vielleicht in so eine Diskussion münden.

---

19 Bei der Volkszählung 1991 meldeten sich 5.629 Personen zur deutschen Minderheit. Vgl. Lukáč, slovensko-nemeckých vzťahov, S. 71. Deutsche in der Slowakei – im Gegensatz zu der ungarischen Minderheit – haben bis jetzt keine politische Organisation bzw. Partei. Ihre kulturellen, wirtschaftlichen und sozialen Interessen versucht der Karpatendeutsche Verein in der Slowakei durchzusetzen. Der Verein wurde im September 1990 gegründet. Das Karpatendeutschmuseum, gegründet 1994 beim Slowakischen Nationalmuseum, ist bestrebt, neue Impulse bei der Erneuerung und Entwicklung des Kulturerbes der Karpatendeutschen einzubringen.

Ungarn/Slowenien/Italien

Ágnes Tóth

Das Thema Vertreibung in der ungarischen Geschichtsschreibung und im gesellschaftlichen Gespräch in den 1990er-Jahren

In meinem Beitrag behandele ich zwei Aspekte der „Aufarbeitung" der *Vertreibung*. Zum einen stelle ich die Frage, wie die Frage der Vertreibung in den 1990er-Jahren in der ungarischen Geschichtsschreibung thematisiert worden ist und zweitens interessiere ich mich dafür, wann und wie das Thema Vertreibung zum öffentlichen Gesprächsthema geworden und in den gesellschaftlichen Dialog gekommen ist.

1. Die Entdeckung des Vertreibungsthemas in der ungarischen Geschichtswissenschaft

Die Forschungen zur Geschichte des Ungarndeutschtums lassen sich in den letzten 50 Jahren in drei von einander stark abweichende Epochen teilen, wenn wir die Ergebnisse und die Bedingungen betrachten. Die erste Zäsur lässt sich am Ende der Sechzigerjahre feststellen. Für diese Jahre war charakteristisch, dass bei den Minderheitenforschungen ebenso politische wie ideologische Erwartungen formuliert wurden, man zählte die neue und die neueste Zeit praktisch zu den Tabuthemen, und die wissenschaftlichen Kriterien wurden in den Hintergrund gedrängt.

In der nächsten Periode, zwischen 1970 und 1989, findet man den direkten politischen Einfluss wegen der allgemeinen ideologischen Entspannung wesentlich vermindert. Da es an einem einheitlichen Archivgesetz bzw. einer Verordnung mangelte, konnten einige – man kann sogar sagen: privilegierte – Forscher das auf dieses Thema bezogene Material lesen. Dadurch wurde möglich, dass man vor allem mit der Bearbeitung der Nationalitätenprobleme der Zwischenkriegszeit beginnen konnte.

Im Jahrzehnt nach dem Systemwechsel 1989 gerieten die Nationalitätenforschungen in den Vordergrund. Die Entwicklung steht mit dem Ausbau des demokratischen politischen Systems in Zusammenhang. Damit wurden die Archivmaterialien für die Forscher frei zugänglich, und sie stehen einem Jeden zur Verfügung. Es wurde der Anspruch erhoben, dass man die Bedeutung der Nationalitätenprobleme erkennen und der Gesellschaft ihre vielseitige Vergangenheit zeigen soll.

Die veränderten Umstände haben ermöglicht, dass bisher tabuisierte Themen zentrale Forschungsziele werden konnten, wie die dem Zweiten Weltkrieg folgenden Umsiedlungen – so z. B. die Aussiedlung der Deutschen oder der slowakisch-ungarische Bevölkerungsaustausch. Das jahrzehntelang andauernde Schweigen und die krampfhafte Angst der Betroffenen entspannten sich. Als Folge dieser Entwicklung erschienen mehrere Memoiren, Lebensgeschichten, die nicht nur das Interesse der breiteren Kreise der Gesellschaft erweckten, sondern auch die historische Fachliteratur um viele Daten bereicherten.[1]

Die ersten Ergebnisse der in den Siebzigerjahren gestarteten Forschungen wurden in der ersten Hälfte der Achtzigerjahre publiziert. Die Verfasser nutzten die immer noch beschränkt zur Verfügung stehenden Forschungsmöglichkeiten für ihre Arbeit im größtmöglichen Maße aus. Im Mittelpunkt dieser oft regionalen Studien steht die Beschreibung des Verhaltens unserer deutschen Bevölkerung während des Zweiten Weltkrieges und die des außen- und innenpolitischen Hintergrundes der Umsiedlung und Bevölkerungswanderung in der Nachkriegszeit.[2]

Besondere Ergebnisse kamen ans Licht, als man in den Achtzigerjahren in den Regionalarchiven die Akten der Verwaltungsorgane untersuchte. Dadurch wurden die Methoden, die Etappen und die zahlenmäßige Größe der Aussiedlung der Bevölkerung deutscher Nationalität zum Teil bereits bekannt. Durch die Analyse der damals geltenden Gesetze und Bestimmungen zeigte sich, welche Misshandlungen und willkürliche Interpretation die oft vorkommenden juristischen Mängel dieser Verordnungen ermöglicht haben. Nach der Untersuchung der damaligen Presseberichterstattung wurde auch klar, dass die Maßnahmen gegenüber den Menschen deutscher Nationalität zweifellos kampagnenmäßig, manipulativ und interessenorientiert durchgeführt worden waren.[3]

---

1 Zoltán Horváth, És mi hazatértünk az andódi harangszóra, Bácsalmás-Nyíregyháza 1998; ders. (Hrsg.), A felvidéki magyarok Bácsalmásra telepítésének igaz története (1947–1997), Bácsalmás 1997; Ferenc Kozma, Keserves utak: riportok a Magyarországról kitelepített németekről, [Bittere Wege. Reportage über die aus Ungarn ausgesiedelten Deutschen] Budapest 1991; Franz Walper, „Minket is üldöztek..." A csobánkai svábok kálváriájának és kiűzésének dokumentációja, Csobánka 1996.

2 Béla Bellér, A magyarországi németek rövid története, Budapest 1981; Loránt Tilkovszky, A magyarországi német nemzetiségi kérdés a budapesti osztrák követség jelentéseinek tükrében 1918–1938, in: A Magyar Tudományos Akadémia Filozófiai és Történettudományok Osztályának Közleményei XXX (1981), S. 111–124; István Fehér, A magyarországi németek kitelepítése 1945–1950, Budapest 1988.

3 Eine unvollständige Liste der Studien jener Zeit, die mit dem Thema, der Betrachtungsweise oder der Quellenbasis etwas Neues geboten haben: Tibor Bognár, Kitelepítés Szulokból, a második világháború után, in: Somogy Megye Múltjából 16 (1985), S. 559–64; A hazai németségre vonatkozó rendelkezések végrehajtása Szulokon 1945 és 1949 között, in: Somogy Megye Múltjából 17 (1986), S. 109–18; Nemzethűségi vizsgálatok a Somogy megyei németek körében, 1945–1946, in: Somogy Megye Múltjából 19 (1988), S. 309–28; István Fehér, A magyarországi németek kitelepítése, 1945–1950, Budapest 1988;

Zu dieser Zeit wurden bereits viele Memoiren der nach Deutschland Ausgesiedelten publiziert – seien dies Werke von Privatpersonen oder Gruppen –, die auf Materialien aus „Familienarchiven" beruhten. Sie lenkten die Aufmerksamkeit mit ihrer anderen Betrachtungsweise auf neue Herangehensweisen.[4] Obwohl sich die Standpunkte in Bezug auf Methode und Verwendung von Begrifflichkeiten lange Zeit einander nicht annäherten, in mehreren Fällen sogar einen regen Streit verursachten, bin ich trotzdem der Meinung, dass dieses Zeitalter der Polemisierung die Grundlage des späteren, fruchtbringenden Meinungsaustausches schuf.

Als Meilenstein zählt in dieser Hinsicht eine in Budapest 1987 veranstaltete Historikerkonferenz. Auf der Konferenz „300 Jahre gemeinsames Leben – aus der Geschichte der Ungarndeutschen" („300 éves együttélés – a magyarországi németek történetéből") war es für heimische Historiker und ihre ausländischen Kollegen bzw. die Vertreter der ausgesiedelten Deutschen möglich, einen offenen und fruchtbringenden Dialog über die Fragen des jahrhundertealten Zusammenlebens zu führen. Selbstverständlich legte man sowohl in den Vorträgen als auch in der Diskussion einen besonderen Akzent auf die umstrittenen Episoden des Zusammenlebens in der neuesten Zeit – so auf die Rolle der Deutschen während des Krieges, ihre Aussiedlung, deren außen- und innenpolitische Züge und die Problematik der Verantwortung. Als positive Wirkung des offen, ehrlich und vorurteilslos begonnenen Dialogs behandelten schon in der zweiten Hälfte der Achtzigerjahre zahlreiche Dokumentarfilme und belletristische Werke die Tragödie der Ungarndeutschen.[5]

Die demokratische Wende war auch für die minderheitenhistorische Forschung günstig. Die politischen Sondermaßnahmen, die bis dahin die Freiheit der Forscher beschränkt hatten, wurden aufgehoben, so dass die Quellenmaterialien der höchsten Staatsverwaltungsorgane – Protokolle der Regierungssitzungen und Dokumente des Ministerpräsidentenbüros frei zugänglich wurden. Dadurch können die Fachleute die Geschehnisse der Bevölkerungsbewegungen der Nachkriegszeit nicht nur in einzelnen Episoden,

---

Miklós Füzes, A német nemzetiségi mozgalom a Baranyai hegyháton 1934–1944, in: A Dunántúl településtörténete, Kötet 5/1, Pécs 1982; György Zielbauer, Politikai viszonyok és az 1945 – ös nemzetgyűlési választás Észak-Nyugat-Dunántúl német községeiben, in: Szombathelyi Berzsenyi Dániel Tanárképző Főiskola tud, Közleményei 5 (1986), S. 137–53; László Szita, A magyarországi németség iskolaügyének alakulása a Délkelet-Dunántúlon 1938–1944, in: Baranyai Helytörténetírás (1981), S. 441–556; Ágnes Tóth, Telepítések Csonka Bács-Bodrog vármegyében 1945–1948, Kecskemét 1989.

4 Paul Flach, Waschkut: Beiträge zur Geschichte einer überwiegend deutschen Gemeinde in der Batschka/Ungarn, München 1983; Csavoly: Heimatbuch einer ungarndeutschen Gemeinde aus der Batschka, Weiblingen 1980; Heimatbuch Tschatali-Csátalja, Bd. I-II, Erlensee 1988.

5 Péter Forgács, Dunai Exodus, 1998; Mária Ember, A halálvonat artistái és más történelmi interjúk, Budapest 1990; Pál Forgon, Ott voltam, ahol a legszebb virágok nyílnak, Budapest 1993; Márton Kalász, Tizedelő cédulák, Budapest 1999.

sondern in ihrer ganzen Komplexität betrachten. Als zentrale Themen schoben sich solche Ereignisse in den Vordergrund wie die massenhafte Verschleppung von Menschen deutscher Nationalität in die Sowjetunion Ende 1944/Anfang 1945, die Verantwortung der ungarischen Regierung und der Parteien in den Gesetzesverletzungen während der Umsiedlung oder eben der Sonderstatus, die Befugnisse und das Funktionieren der Organe, die die Umsiedlung fortgeführt haben – all diese Aspekte hatten bis dahin zu den Tabuthemen gezählt. Ebenso wurde die Änderung in den Stellungnahmen der Regierung und der Parteien in Bezug auf Umsiedlungen bzw. die Wirkung der ungarischen innenpolitischen Kraftverhältnisse auf die Beurteilung der deutschen Minderheit und auf die Lösungsalternativen der Nationalitätenfrage zu einem aktuellen Thema.

Anfang der Neunzigerjahre erschienen in Ungarn die ersten regionalen Untersuchungen, die diese Fragen bereits auf komplexe Weise analysierten. Gleichzeitig organisierte man in Deutschland mehrere Forschungsprogramme, deren Mitarbeiter sich mit der Geschichte der Völker des Donautals – unter besonderer Rücksicht der deutschen Nationalität – beschäftigten. Diese Recherchen ergänzen sich mit neuen, interdisziplinären Aspekten und methodischen Ähnlichkeiten und führten nicht nur zur Fortsetzung des fachlichen Dialogs, sondern auch zu neuen Ergebnissen.[6]

---

6 Einige von ihnen sind: Tibor Bognár, A német lakosság elleni jogfosztó és korlátozó intézkedések a Somogy megyében 1946–1949, in: Somogy Megye Múltjából 20 (1989), S. 353–62; ders., Törvényesség és törvénytelenség a hazai németek elleni eljárásban a háború elött és utáni jogalkotás tükrében, in: Somogy Megye Múltjából 21 (1990), S. 263–82.; ders., Adatok a Somogy megyei németlakta települések 1945–1950 közötti helyzetéhez, in: Somogy Megye Múltjából 22 (1991), S. 221–38; Gyula Erdmann, Deportálás, kényszermunka. Békési és csanádi németek szovjet munkatáborokban, Gyula 1990; István Fehér, Az utolsó percben. Magyarország nemzetiségei 1945–1990, Budapest 1993; ders., A soknemzetiségű Baranya a 20. században, Pécs 1996; Miklós Füzes, Modern rabszolgaság. „Malenkij robot". Magyar állampolgárok a Szovjetunió munkatáboraiban 1945–1949, Budapest 1990; ders., A rabszolgaszerzés, in: Magyarországi németek elhurcolása 1944/1945. A kollektív büntetés elsö állomása, [Dokumentband], Budapest 1990, S. 85–109; ders., Forgószél. Be- és kitelepítések Délkelet-Dunántúlon 1944–1948 között, Pécs 1990; Loránt Tilkovszky, Hét évtized a magyarországi németek történetéböl 1919–1989, Budapest 1989; ders., Nemzetiség és magyarság. Nemzetiségpolitika Magyarországon Trianontól napjainkig, Budapest 1994; Ágnes Tóth, Bibó István memorandumai a magyarországi német lakosság kitelepítésével kapcsolatosan, in: Bács-Kiskun megye múltjából XI, Kecskemét 1992, S. 330–383; dies., Telepítések Magyarországon 1945–1948 között. A németek kitelepítése, a belsö népmozgások és a szlovák-magyar lakosságcsere összefüggése, Kecskemét 1993; György Zielbauer, A magyarországi németség nehéz évtizede 1945–1955, Szombathely-Vép 1990; ders., Adatok és tények a magyarországi németség történetéböl 1945–1949, Budapest 1989; ders., A magyarországi németek elhurcolása, és elüzése. Válogatott szemelvények a korabeli magyar sajtóból 1944–1948, Budapest 1996.

2. Die öffentliche Thematisierung

„Als stilles und weniger spektakuläres Nebenprodukt des politischen Erdrutsches in Ungarn erfolgte auch in der Minderheitenpolitik des Landes eine grundlegende Wende. Ohne Übertreibung darf man feststellen, dass während einiger Monaten so viel passierte, wie während der vorangegangenen 40 Jahre insgesamt. All diese Änderungen hatten eine positive Richtung, sowohl aus der Sicht der im Land ansässigen nationalen und ethnischen Minderheiten, wie auch aus der des jenseits der Grenzen lebenden Ungarntums."[7]

Am 24. April 1989 nahm die Regierung eine Satzung über die Gründung des Nationalitätenkollegiums an, das später den Namen Nationales und Ethnisches Kollegium trug. Das Kollegium fungierte als „Ratgeberkörperschaft der Regierung in Fragen der einheimischen Minderheiten und des jenseits der Grenzen lebenden Ungarntums; dadurch hatte es bisher periphere, ungelöste Aufgaben inne und schaffte ein Forum für jahrzehntelang verschwiegene, aber akute Probleme, um sie so in gute Hände zu legen.

Das Kollegium versah eine Art koordinierende Rolle, und bezog in seine Arbeit möglichst sämtliche, in Minderheitenfragen kompetente und tätige staatliche und Verwaltungsorganisationen, Ministerien, Institutionen mit landesweiter Kompetenz, wissenschaftliche und kulturelle Einrichtungen, Medien, politische Parteien, jedoch auch einzelne Fachleute mit ein. Andererseits wandte dieses Organ das Prinzip „für sie, aber ohne sie" nicht an: „Das Kollegium forderte die Minderheitenorganisationen auf, sich auch in den Vorgang der Formulierung der neuen ungarischen Minderheitenpolitik einzuschalten."[8]

Das Kollegium bzw. Sekretariat löste sich in seiner ursprünglichen Form innerhalb kurzer Zeit wieder auf. Nach den Parlamentswahlen 1990 entstanden für die Angelegenheiten der Minderheiten zwei separate Organisationen. Das innerhalb des Ministerpräsidentenbüros fungierende Amt der Nationalen und Ethnischen Minderheiten ist für die Koordinierung der inländischen Minderheiten, das Amt für Auslandsungarn – wie aus dem Namen folgt – für die Angelegenheiten der im Ausland lebenden Ungarn verantwortlich. Im Parlament wurde 1993 das Gesetz über die Rechte der einheimischen Nationalitäten und Minderheiten verabschiedet, in dem Folgendes festgestellt wird:

---

[7] Róbert Györi Szabó, Kisebbségpolitikai rendszerváltás Magyarországon, Budapest 1998, S. 11 (eigene Übersetzung).
[8] Ebd. Der Verfasser bietet in seiner monografischen Bearbeitung einen sehr ausführlichen und vielseitigen Überblick über die ein halbes Jahr umfassende Geschichte des Nationalen und Ethnischen Kollegiums und Sekretariats. Die Neuartigkeit des Themas und die synthetisierende Betrachtungsweise des Autors sichern neben der Größe der angewendeten Quellenbasis die Bedeutung dieser Arbeit.

„Die Sprache, sachliche und geistige Kultur, historischen Traditionen, sowie andere, mit der Minderheitssituation zusammenhängende Eigenschaften der auf dem Gebiet der Ungarischen Republik lebenden und über die Staatsbürgerschaft verfügenden nationalen und ethnischen Minderheiten bilden einen besonderen Teil ihres gemeinschaftlichen Wesens. All diese sind besondere Werte, deren Bewahrung, Pflege und Bereicherung nicht nur ein Recht für die nationalen und ethnischen Minderheiten bedeutet, sondern es steht auch im Interesse der ungarischen Nation, sogar der Staaten und der Gemeinschaft der Nationen."[9]

Nach der Wende 1990 reagierte das Parlament sogar mit zwei Beschlüssen auf die Ungerechtigkeiten, die nach dem Zweiten Weltkrieg gegenüber den Ungarndeutschen begangen wurden: erstens der Parlamentsbeschluss Nr. 35/1990 über die Wiedergutmachung der kollektiven Ungerechtigkeiten gegenüber der deutschen Minderheit von Ungarn, zweitens der Parlamentsbeschluss Nr. 36/1990 über die Wiedergutmachung der Unbilligkeiten gegenüber denjenigen ungarischen Staatsbürgern, die in die Sowjetunion zu Reparationsarbeiten verschleppt wurden sowie jene, die durch die sowjetischen Gerichte verurteilt und zwischenzeitlich wegen Unbegründetheit der Anklage rehabilitiert wurden. In diesen zwei Beschlüssen hielt das ungarische Parlament die Ungerechtigkeit dieser Taten fest und sagte Folgendes aus:

„Die Vertreibung der *Ungarndeutschen* ab 1944 und ihrer *Aussiedlung* danach war eine die Menschenrechte schwer verletzende, unrechte Aktion. Die Betroffenen mussten unschuldig wegen ihrer Nationalitätszugehörigkeit leiden. Diese Anordnungen drückten aus, dass die *Ungarndeutschen* kollektiv zur Verantwortung gezogen wurden. Aus diesem Grund spricht das Parlament den Angehörigen der Toten ihr Beileid und den Überlebenden des Leidens ihr Mitgefühl aus."[10]

Mitte der Neunzigerjahre machte sich – meiner Ansicht nach – eine bedeutende Änderung in der Kommunikation des Themas bemerkbar. Der Diskurs über die Aussiedlung der Ungarndeutschen, der sich bis dahin eigentlich nur unter Historikern vollzog, geriet in eine breitere gesellschaftliche Öffentlichkeit. Eine gute Gelegenheit bot dazu der 50. Jahrestag der Aussiedlungen im Jahre 1996. Nicht mehr nur Historiker, Betroffene, Politiker und die verschiedenen Organisationen, Ämter des Staates beschäftigten sich mit der Aufarbeitung der Vertreibung. Durch die vielen Artikel in der Landes- und Regionalpresse, die Interviews und Berichte im Radio und Fernsehen sowie Ausstellungen kam dieses in der gesellschaftlichen Erinnerung unterdrückte, als Tabu behandelte Thema an die Oberfläche. Insbesondere

---

9 Das Gesetz 1993/LXXVII über die Rechte der nationalen und ethnischen Minderheiten, in: Magyar Törvénytár III./2, S. 1093–99 (eigene Übersetzung).
10 Ebd.

muss der Ausstellung im Ungarischen Landwirtschaftlichen Museum vom Frühling 1996 große Bedeutung beigemessen werden, in deren Mittelpunkt – worauf schon der Titel hinwies: „Opfer der kollektiven Strafe" – die Darstellung der Aussiedlung und der Heimatverlust stand. Bei der Ausstellungseröffnung zeigte der damalige politische Sekretär der Ministerpräsidentenamtes, Csaba Tabajdi, als erster im Namen des ungarischen Staates Reue und betonte:

> „Beide Seiten, sowohl die Mehrheitsnation, als auch die Minderheit, sollten in sich gehen. Man muss vermeiden, dass die moralischen und politischen Unterschiede zwischen der vertreibenden Mehrheit und den Vertriebenen gleichgestellt werden. Weder die wirtschaftliche Not der ungarischen Nation, der Landhunger, die Parteiinteressen, noch die Pflicht, Hunderttausenden vertriebenen Ungarn ein Heim zu bieten, kann die Verantwortlichkeit der damaligen ungarischen Politik bei der Vertreibung der Ungarndeutschen rechtfertigen. Bis in die heutigen Tage wird über die Verantwortlichkeit gestritten: wie stark eigentlich der internationale Druck auf Ungarn damals gewesen ist. Die Tatsache, dass eine kleine Minderheit der Ungarndeutschen den Ideen des ‚Großdeutschtums' verfallen war, kann die Vertreibung dieser Bevölkerungsgruppe auch nicht rechtfertigen."

Fast gleichzeitig damit, am 23. und 24. März 1996, erinnerte die Landesverwaltung der Ungarndeutschen in Budakeszi mit einer landesweit bedeutenden, zentralen Veranstaltung an den 50. Jahrestag der Aussiedlungen. Eine Veranstaltung ähnlich großer Bedeutung erfolgte im Sommer 1996 in Budaörs, wo der Grundstein eines Denkmals für den 60. Jahrestag gelegt wurde.

Im Laufe dieses Jahres gab es unzählige Gedenkfeiern. In fast jeder Gemeinde, welche von der Aussiedlung betroffen war, wurden Gedenktafeln oder Denkmäler eingeweiht. Diese sind in ihrer künstlerischen Gestaltung von unterschiedlichem Niveau, sie wurden von Spenden der Ortsansässigen sowie mit der finanziellen Hilfe der Ausgesiedelten verwirklicht. Oftmals wurde bloß das Denkmal der Gefallenen des Ersten Weltkriegs mit der Namensliste derer ergänzt, die ausgesiedelt oder in die Sowjetunion verschleppt wurden. Die Gestalt der Denkmäler, der Statuen verewigen in vielen Fällen nicht nur die Aussiedlung und Vertreibung der Ungarndeutschen, sondern sie erinnern symbolisch an alle aus ihrer Heimat Vertriebenen.[11]

An diesen Ereignissen nahmen nicht nur die Leiter der lokalen Selbstverwaltung, die Vertreter der Kirchen, sondern auch Prominente des Parlaments und Mitglieder der Regierung teil. Es sind auch die vor 50 Jahren Vertriebenen in großer Zahl in ihre ehemaligen Dörfer zurückgekehrt. Am 16.

---

11 Vgl. zum Beispiel in Bácsalmás das Denkmal der aus ihrer Heimat vertriebenen Völker.

Mai 1997, bei der Einweihungsfeier des Denkmals in Fünfkirchen (Pécs) im Hof des Lenau-Hauses – ein Wanderer, mit einem Stock in der rechten und einem Sack in der linken Hand – erschien Staatsoberhaupt Árpád Göncz und hielt eine Rede. Im Namen der Ausgesiedelten sprach Heinrich Reitinger, Vorsitzender des Ungarndeutschen Sozial- und Kulturwerks, welcher – die in den Neunzigerjahren in Ungarn laufenden Vorgänge, die rechtliche und moralische Beurteilung der Aussiedlung und die Gesten des Staates betrachtend – Folgendes sagte: Für uns hat eine neue Geschichtsschreibung begonnen.[12]

Auch die Historikerkonferenz im Herbst 1997 war Teil der Reihe von Gedenkfeiern, die aber meiner Meinung nach – verglichen mit den früheren Konferenzen – weniger Neues brachte, vor allem weil sich die Vortragenden nur zum Teil auf die neuesten Forschungsergebnisse des letzten Jahrzehnts stützten. Aber durch die große Öffentlichkeit, die von den Medien geschaffen wurde und durch die Anwesenheit von Prominenten der Gesellschaft und des öffentlichen Lebens gefördert, wurde das Thema Vertreibung wieder für mehrere Wochen zum Thema des gesellschaftlichen Gesprächs. Die Thematik der Konferenz und ein großer Teil der zu dieser Zeit erschienenen Artikel und Polemiken der Presse lassen sich um folgende Themen gruppieren: Inwiefern erfolgte die Aussiedlung der Deutschen aufgrund der kollektiven Verantwortung auf Druck der Großmächte oder etwa wegen Verpflichtungen, und inwiefern war das die Absicht des Staates? Wie kann man die Verantwortung des Staates in dieser Frage eingrenzen? Was war die Reaktion der ungarischen Gesellschaft – gab es überhaupt eine? Und sind die getroffenen Maßnahmen gegen die Ungarndeutschen als „Vertreibung", „Aussiedlung" oder etwa als „Umsiedlung" zu betrachten?

Nach der Reihe von den Gedenkfeiern an diesem Jubiläum kamen aber die Diskussionen zum Stillstand; auch die Klärung der Begriffe ist nicht abgeschlossen. Der Hauptgrund dafür war, dass in erster Linie die Betroffenen den Bedarf hatten, sich mit der Vertreibung auseinanderzusetzen, was aus Anlass des 50. Jahrestages staatlich „unterstützt" wurde. Obwohl das vorher als Tabu behandelte Thema zum Gegenstand gesellschaftlichen Gesprächs wurde, bildete sich kein dauerhafter gesellschaftlicher Dialog über die Frage heraus. Seit den Gedenkfeiern des Jahrestages herrscht weiterhin die Einstellung, worüber nicht gesprochen wird, existiert auch nicht. Aufgrund dessen kann man ohne zu übertreiben sagen, dass sowohl die ungarische Geschichtsschreibung als auch die ungarische Gesellschaft bis zum 60. Jahrestag der Vertreibung noch genug zu tun haben werden.

---

12 „Neue Geschichtsschreibung begonnen", Rede von Heinrich Reitinger, Geschäftsführender Vorsitzender des Ungarndeutschen Sozial- und Kulturwerkes, München, in: Neue Zeitung 21 (1997), S. 4.

Krisztián Ungváry

Vertreibung, die ungarische Gesellschaft und einige Anregungen zur nationalen Erinnerungskultur

Auf den ersten Blick scheint Ungarn von den Problemen, die die Diskussion über das Thema Vertreibung in Tschechien und Polen bestimmen, frei zu sein. Das ungarisch-deutsche Verhältnis ist traditionell gut, und die ungarndeutsche Volksgruppe hatte für die deutsche Politik weder vor noch nach 1945 eine vergleichbare strategische Bedeutung wie die Deutschen aus den anderen traditionellen Siedlungsgebieten.

Die ungarische Geschichtswissenschaft und auch die Politik haben sich schon vor langer Zeit mit dem Thema Vertreibung und der ungarischen Verantwortung beschäftigt.[1] Der ungarische Staat hat sich für die Vertreibung der Ungarndeutschen entschuldigt, und es gehört für ungarische Politiker zum guten Ton, sich beim Empfang eines deutschen Staatsgastes dafür zu entschuldigen. Auch die Ungarndeutschen wurden in die Wiedergutmachung mit einbezogen, soweit sie die ungarische Staatsbürgerschaft besaßen. Die ungarische Tagespresse ist frei von polemisierenden Artikeln gegenüber den Vertriebenenverbänden, und die Ungarndeutschen im eigenen Lande leben in bester Eintracht mit den Magyaren.

Unter der Oberfläche der Höflichkeit schlummern jedoch auch in Ungarn Emotionen und Gesinnungen, die sich aus den gleichen Quellen speisen wie in den bereits genannten Ländern. Die Tatsache, dass diese Emotionen zurzeit eine ganz andere Intensität haben, darf nicht darüber hinwegtäuschen, dass es sich hierbei um dasselbe gesellschaftliche Strukturproblem handelt wie in Polen oder Tschechien. Dabei geht es im Grunde genommen um die Wahrnehmung der Doppelrolle der eigenen Nation als Täter und Opfer.

Sowohl die ungarische Geschichtsschreibung als auch die ungarische Gesellschaft sind in Bezug auf die Frage der Verantwortung für die Vertreibung zweigeteilt. Hierbei handelt es sich zum Glück nicht um gleich starke Parteien. Auch sind die Konflikte und Spannungen ganz andere als in Tsche-

---

1 Zu den rumänisch-ungarischen Verbindungen vgl. Csatári Dániel, Forgószélben [Im Wirbelwind], Budapest 1969; zu den Massakern in der Vojvodina vgl. Búzási János, Az ujvidéki „razzia" [Die „Razzia" in Újvidék], Budapest 1963; A. Sajti Enikö, Délvidék 1941–1944 [Südland 1941–1944], Budapest 1987. Das Thema wurde auch als großer Romanerfolg bekannt und erlebte schon 20 Jahren vor der Wende fünf Auflagen und eine Verfilmung: Cseres Tibor, Hideg napok [Kalte Tage], 5. Aufl. Budapest 1973.

chien oder Polen. Es handelt sich aber auch in Ungarn um die übliche Opferperspektive. Das eigene Leiden wird verabsolutiert und die eigene Schuld nicht zur Kenntnis genommen. Für die erste Haltung mag die Geschichte selbst stark mitverantwortlich sein: Ungarn war nicht nur eine „Vertreibernation", sondern auch Opfer von Vertreibungen. Der ungarische Staat verlor nach dem Ersten Weltkrieg 70 Prozent seines Staatsgebietes, jeder dritte Ungar geriet unter die Herrschaft fremder Staaten und war einem mehr oder weniger aggressiven Anpassungsdruck ausgesetzt. Für die zweite Haltung ist jedoch eine im übrigen Osteuropa typische Geschichtsauffassung verantwortlich, die leider auch in Ungarn häufig vertreten wird. Diese Geschichtsauffassung hat ihre Wurzeln in der Zeit vor 1989. Es ist kein seltenes Phänomen, dass alte kommunistische Eliten in Osteuropa den schnellsten Anschluss an die „neuen" nationalistischen Staatsmythen finden konnten. Im Grunde genommen mussten sich diese politischen Akteure gar nicht so sehr verändern, denn sie haben auch vor der Wende unter dem Deckmantel eines angeblichen Internationalismus ein nationalistisches Geschichtsbild vermittelt. Die Genese dieser Entwicklung ist in der stalinistischen Sowjetunion zu suchen, wo ab den 1930er-Jahren stillschweigend die großrussische Idee als staatstragend gefördert wurde. Man kann daher durchaus resümieren, dass damit die „linke" Geschichtspolitik die Argumentationsmuster der Ultrarechten übernahm. Nach dem Tode Stalins wurde es auch den „Bruderländern" erlaubt, sich offen zu einem Teil der bewährten nationalistischen Mythen zu bekennen. Als Extremfall mag hier Rumänien erwähnt sein, das sich unter Ceaușescu auf die „2.500 Jahre alte rumänisch-lateinische Kultur" berief. Mehr oder weniger waren alle Staaten Osteuropas von nationalistischen Ideen durchsetzt. Seit der Wende sind hier alle Schranken geöffnet, so dass auf diesem Gebiet sogar eine Radikalisierung festgestellt werden muss.

Man muss dabei der ungarischen Geschichtswissenschaft zugute halten, dass sie als Pionier der kritischen Geschichtsschreibung unter den kommunistischen Ländern galt. Die Irrlehre der „hunnischen Abstammung" der Ungarn oder die Wahnidee der „ungarisch-japanischen Verwandtschaft" etc. wurden in Ungarn von der offiziellen Wissenschaft immer offensiv bekämpft. Solche Aussagen sind nur in bestimmten Schichten der ungarischen Gesellschaft anzutreffen, in besseren Kreisen werden sie nicht toleriert. Wie fließend der Übergang zwischen kritischer Geschichtswissenschaft und „kultureller Unterwelt" sein kann, veranschaulichen die Buchhändler am besten. Am verkehrsreichsten Platz in Budapest, an der Moszkva tér, werden in den gleichen Buchläden neben Büchern von Götz Aly, Brigitte Hamman, John Keegan oder Joachim Fest auch wiederaufgelegte oder neu geschriebene

Hetzbroschüren[2], verlogene Kriegserzählungen[3] und rechtsextreme Literatur verkauft.

Auf anderen Gebieten ist die Lage jedoch auch in Ungarn nicht so rosig. Wenn es um die ungarische Verantwortung in der Minderheitenpolitik oder um Trianon geht (gemeint ist damit einer der Pariser Vorortverträge), scheinen sowohl die Gesellschaft als auch die Wissenschaften verwirrt zu sein. Die Debatten in der ungarischen Gesellschaft über das Denkmal für den zweifachen Ministerpräsidenten (1920–1921 und 1939–1941) und Antisemiten Pál Teleki[4] oder das Millenniumsdenkmal in Ágfalva[5], wie auch die Erinnerungsfeierlichkeiten anlässlich des Rákóczi-Freiheitskampfes in den ungarndeutschen Dörfern[6] zeigen, wie dünn das Eis des gesellschaftlichen Konsenses ist.

Als eklatantes Beispiel dafür kann die Behandlung der Frage nach der Verantwortung für die Vertreibung genannt werden. Bis in die 1980er-Jahre hinein herrschte die These vor, die Vertreibung der Ungarndeutschen sei nur aufgrund der Beschlüsse des Potsdamer Abkommens erfolgt. Ágnes Tóth weist mit Recht darauf hin, dass sich nach 1980 eine differenziertere Sichtweise in der ungarischen Gesellschaft entwickelte.[7] Das bedeutet aber keineswegs, dass die alten Behauptungen ganz verschwunden wären. Wie in den anderen osteuropäischen Ländern sind auch in Ungarn Personen im Amt, die schon vor einigen Jahrzehnten eine wichtige Rolle gespielt haben und Vertreter einer viktimologisch ausgerichteten, hungarozentrischen Geschichtsauffassung sind. Es wäre jedoch verfehlt zu denken, dass sie nur

---

2 Vgl. z. B. die auch in Deutschland vor 1945 verlegten Arbeiten wie die von H. S. Chamberlain, Die Erscheinung der Juden in der Weltgeschichte; Herman Fehst, Bolschewismus und Judentum; Leon de Poncis, Die Geheimkräfte der Revolution; Berthold Flüggen, England, Pirat der Welt.
3 Vgl. Dr. Erich Murawski, Blitzkrieg im Westen.
4 Siehe dazu Krisztián Ungváry, Szobrot Teleki Pálnak?, in: Népszabadság, 17.2.2004; Keresztes Lajos, Tisztogatás a történelem pantheonjában, in: Magyar Nemzet 21.2.2004; Krisztián Ungváry, Hamis próféták a szoborvitában und Keresztes Lajos, Ordító ellentmondás, abszurd viszonyok, beide in Magyar Nemzet 3.3.2004. Die Wellen dieser Debatte fanden auch in die deutsche Tagespresse Eingang.
5 Ágfalva liegt bei Sopron/Ödenburg an der österreichischen Grenze und ist von Deutschen bewohnt. Über die künftige Zugehörigkeit des Gebietes wurde im Jahre 1922 per Volksabstimmung entschieden. Auf dem Lande ergab die Volksabstimmung eine klare Mehrheit für Österreich. Letzten Endes entschieden jedoch die Ergebnisse von Sopron, die von ungarischer Seite massiv manipuliert wurden, für einen Verbleib in Ungarn. Im Jahre 2000 wurde im Dorf Ágfalva ein Millenniumsdenkmal errichtet, das keine positive Erinnerung an die Wahlfälschung möglich macht.
6 Pilisvörösvár wurde während des Rákóczi-Freiheitskampfes von den Kurutzen zerstört, die Bevölkerung teilweise ermordet. Die lokalen Behörden pflegen jedoch einen unkritischen Umgang mit dieser Epoche: In der Schule werden Erinnerungsfeiern abgehalten, ohne zu erwähnen, dass der Rákóczi-Freiheitskrieg für die Dorfbewohner nur negative Folgen hatte.
7 Vgl. dazu den Beitrag von Ágnes Tóth in diesem Band.

einer bestimmten politischen Richtung angehören. Unter bekennenden Linken findet man solche Aussagen ebenso wie im konservativen Lager.[8]
Die Hauptaussagen[9] dieser Schule sind:
1. Die Ungarn haben die Vertreibung nur in Folge des Zwangs des Potsdamer Abkommens durchgeführt und alles zur Schadensbegrenzung getan.[10]
2. Die Vertreibung der Ungarn aus der Slowakei war qualitativ ein anderes Ereignis als die Vertreibung der Ungarndeutschen.
3. Die Ungarndeutschen tragen eine Mitschuld an ihrer Vertreibung, weil der Volksbund, eine „faschistische Organisation", als „fünfte Kolonne" den ungarischen Staat gefährdet hat.[11]
4. Die ungarische Nationalitätenpolitik war wesentlich moderner und liberaler als die der Nachbarstaaten.

Derartige Aussagen in renommierten Fachzeitschriften zu veröffentlichen ist natürlich nicht einfach. Deshalb werden diese Meinungen meistens in der Tagespresse, aber auch in Schulbüchern und in eigenständigen Monografien veröffentlicht. Weder von Wissenschaftlern noch vom Publikum werden sie stillschweigend hingenommen. Trotzdem gibt es leider immer noch einen Bedarf an dieser verlogenen, nur am Opferstatus ausgerichteten Geschichtsauffassung.

Im Gegensatz zu Deutschland gibt es in Ungarn keine größeren gesellschaftlichen Initiativen zur Aufarbeitung von Flucht und Vertreibung. 50 Jahre lang waren Privatinitiativen ohnehin verboten. Aus naheliegenden politischen Gründen muss der ungarische Staat auch jetzt ein absolutes Desinteresse an solchen Initiativen haben: Es leben insgesamt etwa drei Millionen Ungarn in den Nachbarländern, die durch solche Bestrebungen in eine

---

8 Musterbeispiel für diese Auffassung ist die Arbeit von Margit Földesi, A megszállók szabadsága. A hadizsákmányról, -a jóvátételről, Szövetséges Ellenőrző Bizottságról Magyarországon [Die Freiheit der Besatzer], Budapest 2002 und meine Rezension: Geistiges Chaos. Gedanken über ein „rechtskonservatives" Buch (Margit Földesi, A megszállók szabadsága [Die Freiheit der Besatzer], Budapest 2002), in: Archiv der Suevia Pannonica, Jg. 21 (31), 2003, S. 138–142.
9 Diese Aussagen sind sowohl in den Zeitungsdebatten als auch in wissenschaftlichen Arbeiten zu finden. Siehe dazu die Debatte, ausgelöst durch den Artikel des Verfassers im Pester Lloyd: Rassistische Antifaschisten. Die Genese der „Deutschenfrage" in Ungarn, 24.9.2003 und die darauf folgenden Artikel am 15.10., 22.10. und 5.11.2003. Oder die Debatte in Magyar Nemzet, auszugsweise auf Deutsch wiedergegeben im Sonntagsblatt 1/2004. Als Beispiele für die wissenschaftlichen Arbeiten seien hier das zitierte Werk von Margit Földesi und das in Anmerkung 4 erwähnte Universitäts-Lehrbuch genannt.
10 Leider fand diese These auch in die vom Leiter des Lehrstuhls der neuen und neuesten ungarischen Geschichte der Eötvös-Loránd-Universität Budapest publizierte Arbeit Eingang: Ferenc Pölöskei, 20. századi magyar történelem 1900–1994: egyetemi tankönyv, Budapest 1997.
11 Zur Widerlegung dieser These vgl. insbesondere Norbert Spannenberger, Der Volksbund der Deutschen in Ungarn 1938–1944 unter Horthy und Hitler, München 2002.

äußerst unangenehme Situation geraten könnten. In den Nachbarstaaten könnte ein ungarischer „Bund der Vertriebenen" sehr negativ aufgenommen werden, und die dort lebenden ungarischen Minderheiten könnten als politisches Druckmittel benutzt werden. Andererseits gibt es auch einen wesentlich geringeren Bedarf an solchen Initiativen, denn die Zahl der Vertriebenen ist relativ gering: Im Jahre 1949 gab es 376.000 Personen ungarischer Herkunft, die ihren Wohnsitz in den Nachbarländern verlassen mussten. Aus Rumänien wurden 134.000, aus Jugoslawien 66.000, aus der Slowakei 119.000 Personen vertrieben bzw. durch einen zwischenstaatlichen Vertrag umgesiedelt.[12] Die Mehrheit der Vertriebenen wurde auf den Höfen der aus Ungarn vertriebenen Ungarndeutschen angesiedelt. Es wäre jedoch verfehlt zu denken, erst die Ankunft der magyarischen Flüchtlinge habe die Vertreibung der „Schwaben" (wie die Ungarndeutschen im Allgemeinen in Ungarn genannt wurden) in Gang gesetzt.

Privatinitiativen gibt es lediglich seitens derjenigen, die aus den Nachbarländern stammen oder dort geboren sind, jedoch haben sich nicht alle Gruppen bisher organisiert. Der Verband der Ungarn aus der Slowakei heißt Rákóczi Szövetség. Die Gruppe der Székler aus der Bukowina (im Jahre 1941 aus der Bukowina in die Vojvodina umgesiedelt, im Jahre 1944 aus der Vojvodina vertrieben und in Ungarn in den schwäbischen Dörfern der Baranya angesiedelt), die Ungarn aus der Karpatho-Ukraine und die Ungarn aus Siebenbürgen bilden zwar Bürgerinitiativen, die jedoch mangels Medieninteresse selten an die Öffentlichkeit treten und dementsprechend von der ungarischen Gesellschaft kaum zur Kenntnis genommen werden. Besonders im Falle der Ungarn aus Siebenbürgen existiert jedoch ein breit angelegtes Netzwerk, wobei touristische, erwerbsmäßige und private Aspekte wie Partnersuche etc. eine wichtige Rolle spielen.[13] In der Slowakei selbst existiert der Verband der Opfer der Deportationen und ihrer Angehöriger (DÁLESZ – Deportálások Áldozatainak és leszármazottaiknak Szövetsége). Dieser Verband vertritt die Interessen der ca. 70.000 aus der Slowakei in das Sudetenland zur Zwangsarbeit Deportierten, die bisher keine Entschädigungen vom slowakischen oder tschechischen Staat erhalten haben. Leider wird diese Initiative, die zurzeit um die 3.000 Mitglieder zählt, von den ungarischen Parteien in der Slowakei nicht als Partner angesehen. Slowakische Politiker lehnten bisher auch die Erörterung des Themas ab und es erscheint möglicherweise für den heutigen ungarischen Koalitionspartner der Regierung nicht opportun, die Interessen dieser Ungarn zu vertreten.

---

12 István Romsics, Magyarország története a XX. században, Budapest 1999, S. 302.
13 Im Internet gibt es dazu eine Menge von Links, die Chaträume, Annoncen, etc. für Ungarn aus Siebenbürgen (und aus der Slowakei, Ukraine und Jugoslawien) anbieten.

Des Weiteren gibt es eine Reihe ungarischer staatlicher Initiativen, die sich zwar nicht direkt mit den Vertriebenen beschäftigen, aber doch als Prävention gegen die Assimilation und Migration der Auslandsungarn nach Ungarn ins Leben gerufen wurden: als Organ des Ministerpräsidenten das Amt für die Auslandsungarn, als finanzielle Stütze die Illyés-Gyula-Stiftung, die mit staatlichen Mitteln die ungarische Kultur in den Nachbarländern unterstützt.[14] Als rechtliches Instrument für die Handhabung des Minderheitenproblems wurde das „Ungarngesetz" verabschiedet, wonach Angehörige ungarischer Minderheiten verschiedene Vergünstigungen im Falle eines Aufenthaltes in Ungarn erhalten und, wenn sie in den Nachbarstaaten ihre Kinder in ungarische Schulen schicken oder selbst solche besuchen, einen Anspruch auf finanzielle Unterstützung haben.

Rumänien, die Slowakei und Serbien haben gegen diese Regelungen, besonders gegen das „Ungarngesetz", große Bedenken geäußert. Kein Wunder, denn Rumänien definiert sich als homogener Nationalstaat, Serbien versucht alles, ein solcher zu werden, und auch in der Slowakei hat die ungarische Volksgruppe nicht den Status des staatstragenden Volkes. Potenziell könnten diese Umstände die Möglichkeit einer Vertreibung in sich bergen. Das ist angesichts der Aufnahme der Slowakei und Ungarns in die EU sicherlich undenkbar. Eine „stille Vertreibung" jedoch, die Assimilation, umso mehr.[15]

---

14 Vgl. dazu die publizierten Berichte im Magyarország politikai évkönyve [Politisches Jahrbuch Ungarns], die jährlich erscheinen.
15 Die Zahl der Magyaren in der Vojvodina nahm zwischen 1910 und 1980 von 465.000 auf ca. 390.000, in der Slowakei von 1,072 Millionen auf 579.000 ab, in Rumänien stagnierte die Zahl bei 1,664.000 bzw. 1,671.000. Da während dieser 70 Jahre die Bevölkerungszahl überall wuchs, sind auch die stagnierenden Zahlen als ein Zeichen für hohe Assimilationsverluste zu werten. Bei gleichbleibendem Bevölkerungswachstum hätte die Zahl der Magyaren in den letzten 70 Jahren um 10 bis 30 % zunehmen müssen. Seit 1980 hat die ungarische Bevölkerung in Serbien weitere schwerwiegende Verluste hinnehmen müssen, so dass ihre Zahl zurzeit nicht über 300.000 liegen kann. Die Wirkung der Assimilation ist aber am besten in Ungarn selbst zu sehen. Von der im Jahre 1947 noch ca. 200.000 Personen umfassenden deutschen Volksgruppe ist nur noch ein Rest von einigen Zehntausend übrig, die Deutsch als Muttersprache sprechen. Sicherlich speist sich die Dynamik der Assimilation der Ungarndeutschen aus anderen Quellen als die Assimilation der Ungarn in den Nachbarländern. Die Wirkung der Assimilation ist jedoch dieselbe: Anstatt eine Brücke zwischen zwei Kulturen zu bilden, wird die eine Kultur ausgelöscht. Assimilation stille Vertreibung zu nennen kann dem unkundigen deutschen Leser als ein harter Vergleich erscheinen. Wenn eine nationale Volksgruppe stille in ihrem Wohnkreis als „heimatlos" beschimpft wird, wenn diejenigen, die nicht die Staatssprache sprechen, in Kneipen insultiert werden, wenn auf ihre Häuser Hetzschriften gemalt werden etc., dann bleiben nach einiger Zeit nur noch zwei Alternativen: Flucht ins Mutterland oder Verleugnung der eigenen Identität und damit Assimilation. Dass es sich hier nicht um Einzelfälle handelt, beweisen die Berichte aus Serbien, Rumänien und der Slowakei.

Erinnerungsarbeit in Deutschland als Vorbild?

In Bezug auf das geplante „Zentrum gegen Vertreibungen" in Berlin wurden mehrfach Vorbehalte und Ängste von polnischer und tschechischer Regierungsseite, jedoch auch aus Deutschland aus den verschiedensten Kreisen geäußert. Hier spielen sowohl das Thema als auch dessen Vertreter eine Rolle. Es gibt aber mehrere schwerwiegende Gründe, weshalb eine solche deutsche Ausstellung zum Thema Flucht und Vertreibung auch für die Nachbarn und Partner Deutschlands gewinnbringend sein kann.[16]

Es ist sicher notwendig, einer solchen Ausstellung eine europäische Dimension zu geben. Eine Ausstellung über Flucht und Vertreibung und das Erinnern an die deutsche Kultur in Osteuropa sollte jedoch in Deutschland primär auf ein deutsches Publikum zugeschnitten sein. Die Darstellung des Themas ist sehr schwierig, da Deutschlands östliche Nachbarn selbst Opfer deutscher Expansion und nationalsozialistischer Diktatur waren. Es ist verständlich und notwendig, dass darauf durch Kontextualisierung maximale Rücksicht genommen wird. Auch deshalb ist eine Zusammenarbeit mit Tschechien und Polen wünschenswert. Die Erinnerungskultur in Deutschland kann aber nicht von der Kooperationsbereitschaft und Akzeptanz der Nachbarn abhängig gemacht werden – sie wird jedoch unweigerlich von ihr beeinflusst. Auch die Erinnerung an den Holocaust wird in Deutschland unabhängig von den Nachbarn realisiert, obwohl gerade hier eine Verquickung der verschiedenen Akteure, wie das auch an der polnischen Jedwabne-Debatte ersichtlich ist, vorhanden war. Hätte man in Deutschland auf die entsprechende polnische, litauische, ungarische oder französische Debatte gewartet, dann hätte die deutsche Erinnerungskultur Jahrzehnte verloren, wogegen gerade die unbedingte Haltung der deutschen Selbstprüfung auch den Nachbarn ein gutes und, wie wir sehen, auch weiter wirkendes Beispiel gab. Man könnte zwar sagen, der Holocaust sei primär von Deutschen zu verantworten – die Geschichtswissenschaft hat jedoch gezeigt, dass ohne „kumulative Radikalisierung" durch andere Faktoren diese Entwicklung undenkbar gewesen wäre. Ich denke hier insbesondere an die Forschungen von Götz Aly[17], Hans Mommsen[18], Bogdan Musial[19] oder an die bereits erwähnte Jedwabne-Debatte in Polen.

---

16 Das Konzept findet sich auf der Website des Zentrums gegen Vertreibungen, URL: >http://www.z-g-v.de/aktuelles/?id=49< [13.7.2005].
17 Götz Aly, „Endlösung". Völkerverschiebung und der Mord an den europäischen Juden, Frankfurt/Main 1995; ders./Susanne Heim, Vordenker der Vernichtung. Auschwitz und die deutschen Pläne für eine europäische Ordnung, Hamburg 1991.
18 Hans Mommsen, Die Realisierung des Utopischen. Die „Endlösung der Judenfrage" im „Dritten Reich", in: Geschichte und Gesellschaft 9 (1983), S. 381–420.

Sowohl die deutsche Historiografie als auch die deutsche Gesellschaft haben die eigene Verantwortung intensiv reflektiert. Deshalb könnte eine Ausstellung, die Deutsche auch als Opfer zeigt, in diesen Kontext (der Aufarbeitung) eingebettet werden.

Im Gegensatz dazu ist die Fähigkeit zur Konfrontation mit der eigenen Geschichte, Trauerarbeit und Selbstreflexion in den Gesellschaften Tschechiens, Polens, der Balkanländer und Ungarn sehr unterschiedlich ausgeprägt. Obwohl manche Wissenschaftler in diesen Ländern Pionierarbeit leisten, werden ihre Forschungen von der *Gesellschaft* kaum oder gar nicht zur Kenntnis genommen. Eine *staatlich*-institutionelle Zusammenarbeit kann schon wegen der völlig unterschiedlichen historischen Vorgänge und Bedingungen nicht so relevant werden wie zwischen Deutschland und seinen Nachbarstaaten. Der serbisch-kroatische Konflikt, der primär eine innere Angelegenheit der Betroffenen ist, hat einen ganz anderen Stellenwert als die Verbrechen, die von Deutschen an anderen Völkern Mitteleuropas und an Deutschen von Völkern Mitteleuropas begangen wurden. Es wäre auch aus pädagogischen Gründen unklug, andere Nationen belehren zu wollen. Trauerarbeit muss von den betroffenen Nationen selbst geleistet werden.[20] Die einzige Möglichkeit, eine solche Trauerarbeit für andere zu unterstützen, ist, ein Beispiel zu geben. Dies ist von deutscher Seite bereits geschehen und wird sicherlich auch fortgeführt werden.

Da auch in der heutigen Zeit verschiedene Unterstellungen und Legenden über die wahren Hintergründe der Vertreibung in den Vertreiberländern kursieren, wäre eine solche Vorbildfunktion umso notwendiger. Zurzeit sieht es so aus, als fühlte sich Tschechien nur für die Vertreibung der Sudetendeutschen, die Slowakei nur für die Vertreibung der Ungarn zuständig. Dass Tschechien genauso eine Verantwortung für die Vertreibung der ungarischen Volksgruppe trägt, wird in den Tagesdebatten nicht thematisiert, noch weniger wird thematisiert, dass Tschechien auch Ungarn ins Sudetenland zwangsumgesiedelt hat. Eine solche Trennung zwischen Tschechien und der Slowakei ist schon deshalb nicht redlich, weil die Verantwortung für Vertreibungen und Verbrechen zwischen 1945 und 1948 gemeinsam von der tschechischen und slowakischen politischen Klasse mitgetragen wurde. Edvard Beneš war schließlich nicht nur Ministerpräsident Tschechiens, sondern auch der Slowakei.

---

19 Bogdan Musial, „Konterrevolutionäre Elemente sind zu erschießen". Die Brutalisierung des deutsch-sowjetischen Krieges im Sommer 1941, Berlin/München 2000.
20 Damit ist gemeint, dass es z. B. zum Programm jedes Bundeskanzlers und Bundespräsidenten gehören muss, an entsprechenden Veranstaltungen teilzunehmen. Gerade in der letzten Zeit ist auf diesem Gebiet eine positive Wandlung festzustellen.

Eine Ausstellung über Flucht und Vertreibung wird nur dann vertretbar sein, wenn sie das Thema ohne Rechthaberei, aber auch ohne falsche Rücksichtnahme behandelt. Das Thema ist im Konzept der Ausstellung des „Zentrums gegen Vertreibungen" sachlich angelegt und auch generell gemeint. Eine Aufgabe der Ausstellung ist das Zeigen des menschlichen Leides durch Vertreibungen. Wenn aber eine solche Ausstellung nicht vertretbar ist, dann kann das nur aus fachlichem Grund geschehen. Eine schlechte Ausstellung sollte nicht nur nicht in Polen, sondern auch nicht in Deutschland gezeigt werden. Eine gute Ausstellung müssen jedoch alle Beteiligten ertragen können. Ob die Ausstellung gut oder schlecht ist, kann allerdings die deutsche Wissenschaft auch selbst entscheiden. Es ist eine freundliche Geste, wenn dazu auch Ausländer eingeladen werden.[21] Ausländer sollten jedoch nicht deshalb eingeladen werden, weil sie Ausländer sind, sondern weil man von ihnen historische Kompetenz und Rat erwarten kann.

Falsche Rücksichtnahmen auf Nachbarstaaten wären fehl am Platze. Eine Zensur der Themen dürfte in der europäischen Union nicht vertretbar sein[22], und der wissenschaftliche Beirat der Darstellung im „Zentrum gegen Vertreibungen" muss für die Seriosität bürgen. Das bezieht sich insbesondere auf die Darstellung der Versailler Friedensordnung: Diese wurde von den Nazis als „Raubfrieden" verachtet. Nach 1945 wurden NS-Vorwürfe generell verdächtigt und deshalb ohne Beachtung des Inhalts verworfen, obwohl vor 1933 wie auch nach 1945 eine demokratische Kritik an Versailles möglich war.[23] Mit der Ausblendung der Folgen der Versailler Friedensverträge wurden leider auch die tatsächlichen Schwächen dieser Friedensordnung ignoriert, obwohl die Hintergründe der Vertreibung hier zu suchen sind:

---

21 Der wissenschaftliche Beirat des Zentrums hat Mitglieder aus Italien (Prof. Christoph Pan), Israel (Prof. Moshe Zimmermann), Schweiz (Prof. Alfred-Maurice de Zayas), Serbien-Montenegro (Prof. Zoran Ziletic), Tschechien (Prof. Rudolf Kucera) und Ungarn (Dr. Krisztián Ungváry).

22 Polnischerseits wurde in der Debatte um das Zentrum mehrfach betont, dass man sich an der Vertreibung so, wie das „Zentrum gegen Vertreibungen" es vorhat, nicht erinnern dürfe.

23 Nach 1920 zählten praktisch alle Demokraten in Deutschland zu Kritikern von Versailles sowohl in der politischen als auch in der historischen Diskussion. Bekannte liberale Denker empörten sich wegen des Versailler Friedens: Karl Kraus bezeichnete ihn als „Siegerjustiz", Thomas Mann schrieb von Unmöglichkeit. Auf die Nazis bezogen, schrieb Thomas Mann im Jahre 1933 von dem ‚inneren Versailles'. Damit meinte er zweierlei: zum einen, dass die Nazis wegen Versailles sich an den inneren Feinde rächten, zum zweiten, dass NS-Terror „eine widerliche Kopie" des in der Versailler Friedensordnung verkörperten äußeren Terrors sei. In Deutschland wurde nach 1925 von Alfred von Wegener gar eine eigene Zeitschrift „Die Kriegsschuldfrage" herausgegeben. In den USA bildeten die Kritiker der Versailler Friedensordnung sogar eine Schule (siehe „Revisionisten"). Auch die kommunistische Partei verurteilte die Friedensschlüsse von Versailles als Diktat und Raubfrieden. In Ungarn sind die Arbeiten von István Bibó am bedeutendsten, mehrere sind davon auch auf deutsch verlegt worden. Vgl. auch Gerd Krumeich in Zusammenarbeit mit Silke Fehlemann (Hrsg.), Versaille 1919. Ziele, Wirkungen, Wahrnehmung, Essen 2001; Michael Salewski, Der Erste Weltkrieg, 2., durchges. Aufl. Paderborn 2004; Hagen Schulze, Weimar. Deutschland 1917–1933, Berlin 1982, S. 201 ff.

Es entstanden Nationalstaaten mit großen Minderheiten, deren Integrationsrecht nicht vertraglich gesichert war. Die Versailler Friedensordnung war nicht aus dem Grund schlecht, weil sie zu viele demütigende oder strenge Passagen enthielt, sondern weil sie auf die Dauer nicht aufrecht zu erhalten war. Diese Einsicht hatten selbst diejenigen, die die Verträge mitverfasst hatten, wie beispielsweise George Clemenceau, der die ganze „Friedensordnung" lediglich als „Waffenstillstand für 20 Jahre" charakterisierte. Genauso ergeht es den Beneš-Dekreten: Auch hier wäre eine Rücksichtnahme auf die Tatsache, dass die tschechische Gesellschaft in Beneš den Gründer ihres Staates sieht und ihn gesetzlich feiert, falsch. Eine (jede) Ausstellung müsste darauf hinweisen, dass kein Staat sich mit verbrecherischen Maßnahmen legitimieren darf. Dass Beneš neulich ein Denkmal erhielt und dass seine Dekrete auch heute noch Rechtswirkung haben, spricht dafür, dass diese Sichtweise in Tschechien noch nicht selbstverständlich ist. An den Vorgängen zwischen 1945 und 1948 haftet in Tschechien und in der Slowakei noch immer der Stempel der Rechtmäßigkeit. Die Ideologie des homogenen Nationalstaates wird in Tschechien und in der Slowakei verharmlost, in Rumänien sogar in der Verfassung deklariert (!), obwohl die Vertreibungen auf diese Ideologie zurückgeführt werden können.

Obgleich die Ausstellung des „Zentrums gegen Vertreibungen" an ein überwiegend deutsches Publikum gerichtet werden soll, könnten die Nachbarländer von ihr auf vielfältige Weise profitieren:

Zum einen fehlt bisher sowohl in Deutschland als auch in Osteuropa noch eine Kultur, die es uns ermöglicht, über Opfer und Täter so zu sprechen, dass es weder Verdächtigungen noch den Vorwurf der Pietätlosigkeit nach sich zöge. Die deutschen Debatten der letzten Jahre zeigen jedoch, dass es für die deutsche Gesellschaft ein zentrales Problem darstellt, „eine Sprache zu finden, die eine Trauer über die eigenen Opfer ermöglicht".[24] Diese Trauer kann nicht allein den Betroffenen überlassen werden. Sie muss Teil der nationalen Erinnerungskultur werden. Würde in Deutschland eine angemessene Form der Trauer entstehen[25], könnte dies auch für andere Länder, die ebenso vor dem Täter-Opfer-Problem stehen, als Anregung dienen, die eigene Erinnerungskultur besser zu gestalten. Angesichts der in Deutschland am stärksten entwickelten Erinnerungskultur ist es von den Deutschen

---

24 Originalausdruck von Professor Karl Schlögel auf der Bonner Tagung.
25 Dazu gehören: (eine) zentrale Erinnerungsstätte(n), offizielle, von der Regierung veranstaltete und politisch mitgetragene Veranstaltungen und nicht nur eine stille Mitfinanzierung der Museen und Institute, die sich mit dem Thema beschäftigen. Momentan geschieht gerade auf dem Gebiet der Forschung sehr wenig. Es gibt in ganz Deutschland nur drei Lehrstühle für ostdeutsche Geschichte. Historiker wie Manfred Kittel (IfZ) und Klaus Zernack (FU) beklagen sich, dass die Erforschung der deutschen Ostgebiete fast ganz aus dem bundesdeutschen Forschungshorizont verschwunden sei.

am ehesten zu erwarten, dass sie eine würdevolle Art des Umgangs mit den eigenen Opfern finden.

Eine historisch präzise und abwägende Ausstellung ohne falsche Rücksichtnahmen könnte auch weitere Forschungen anstoßen. Es kann nicht die Aufgabe einer solchen Ausstellung sein, etwa die ungarisch-rumänischen Differenzen um das Thema aufzuklären. Wenn jedoch das polnisch-deutsche Verhältnis in einer angemessenen Form dargestellt wird, kann das sowohl für Ungarn als auch für Rumänien als Vorbild dienen.

Viele sagen, dass dem deutsch-polnischen oder dem deutsch-tschechischen Verhältnis irreparable Schäden zugefügt würden, wenn gegen den Willen dieser Länder in Deutschland eine Ausstellung entsteht. Dieser Vorwurf ist aber m. E. aus mehreren Gründen falsch. Es gibt kein nationales Vetorecht für Erinnerungskultur. Viel schwerwiegender ist jedoch, dass ein von innen auferlegtes Verbot mehr schadet als die angedrohte Verschlechterung der deutsch-tschechischen und deutsch-polnischen Verbindungen. Solange in Deutschland kein Konsens und kein Gleichgewicht in der eigenen nationalen Erinnerungskultur entsteht, wird das Land weder innen- noch außenpolitisch seine Sicherheit zurückerhalten. Ein Deutschland, das mit sich im Reinen ist, das gelassen und mit Würde an seiner zurückhaltenden Selbstachtung festhält und das ohne Vormundschaft auskommt, kann jedoch enorm viel ausrichten. Ein solches Deutschland muss auch im Interesse aller Europäer liegen. Nach dem Zweiten Weltkrieg wurde eine starke Einbindung Deutschlands in den verschiedenen Organisationen Westeuropas gefordert, weil die Sieger so eine demokratische Kontrolle über den Besiegten erreichen konnten. Ein Bedarf für solche Kontrollmaßnahmen besteht jedoch seit Jahrzehnten nicht mehr. Seit der Wiedervereinigung Deutschlands ist Europa mehr auf Deutschland angewiesen als je zuvor. Um Ergebnisse zu erzielen, nützt eine starke Integration Deutschlands nur dann, wenn es würdevoll mit der eigenen Geschichte umgeht.

Éva Kovács

Der schmale Grat zwischen zynischer und skeptischer Erinnerung – zur Institutionalisierung historischer Erfahrungen

1. Prolog

Kurz nach dem Ersten Wiener Schiedsspruch 1939 organisierte die Pressburger orthodoxe jüdische Gemeinde eine illegale Flucht nach Palästina. Die Flüchtlinge bestiegen in Pressburg bzw. in Budapest das Dampfschiff „Königin Elisabeth". Während der Flucht hatte das Schiff viele Schwierigkeiten mit der britischen Armee in Sofia und Bukarest zu meistern, denn Großbritannien hatte kurz zuvor die jüdischen Einwanderungsquoten nach Palästina verringert. Doch schließlich konnten die Flüchtlinge mit einem Seedampfer von Sulina nach Haifa fahren und der Nazi-Gefahr entkommen.

1940 wurden, als Folge des Molotov-Ribbentrop-Paktes, die Volksdeutschen aus Bessarabien ins Dritte Reich umgesiedelt. Die Vertriebenen fuhren von Galatz, Reni oder Kilja bis Zemun/Belgrad mit Schiffen – unter anderem gerade mit dem Dampfschiff „Königin Elisabeth" –, danach mit dem Zug in verschiedene Transitlager nach Deutschland. Zwei Jahre später bekamen die bessarabischen Volksdeutschen die Häuser früher vertriebener Polen zugewiesen und die Männer wurden sofort zur Deutschen Wehrmacht eingezogen. Nach Kriegsende mussten diese Familien vor der Sowjetarmee wieder nach Westen flüchten.

Im Herbst 1944 musste Dr. Nándor Andrásovits, studierter Politikwissenschaftler und jetzt Kapitän des Dampfschiffs „Königin Elisabeth" auf Befehl der aus Ungarn abziehenden Deutschen sein Schiff – wie die gesamte Donauflotte – nach Linz überführen. Die Flotte konnte erst 1947 unter abenteuerlichen Umständen von Linz nach Budapest flüchten. Der ungarische Staat zeichnete sofort nach der Rückkehr die Kapitäne aus, aber im darauffolgenden Jahr wurden sie, nach der kommunistischen Machtübernahme, als Klassenfeinde abgestempelt und entlassen. Dr. Andrásovits arbeitete bis zu seinem Tod als Nachtwächter verschiedener Wracke an der Donau.

Er war aber nicht nur Politikwissenschaftler und Kapitän, sondern auch ein leidenschaftlicher Amateurfilmer, der die oben erwähnten Fluchtbewegungen dokumentierte. 50 Jahre später, im Jahre 1988, entdeckte Péter Forgács, ein ungarischer Künstler und Filmarchäologe, die Filmrollen. Er machte daraus einen Film mit dem Titel „Donau-Exodus". 2002 installierte er auf der Grundlage dieses Filmmaterials eine Video-Ausstellung in Los Angeles, die man bis heute im Internet besichtigen kann.[1] Der Film und die virtuelle Ausstellung vermeiden glücklicherweise sowohl den oberflächlichen Vergleich zwischen der Shoa und den Vertreibungen als auch sentimentale Annäherungen an die Flucht und das damit verbundene Leid. Péter Forgács operiert in diesem Projekt mit der „totalen" Dokumentation, die nicht nur die Filmaufnahmen, sondern materiale Gegenstände, Tagebücher, Briefe, zeitgenössische Wochenschauberichte, Interviews mit den Zeitzeugen/innen und auch die neueren Ergebnisse der Geschichtswissenschaft einbezieht und darstellt. Die zwei kleinen Geschichten spiegeln die „große" Geschichte. Die faszinierende Ausstellung im Internet bietet sowohl Studenten als auch Sozialwissenschaftlern viele neue Erkenntnisse. Nichtsdestoweniger ist sie ein winziges, kaum beachtetes Kleinod geblieben – und es nimmt nicht Wunder, dass die Ausstellung bis heute lediglich Eingang in die ungarische Underground-Kultur gefunden hat und nicht als Unterrichtsmaterial verwendet wird.

Die erste und wichtigste Frage, ob man die Vertreibungen zusammen mit der Shoa thematisieren dürfte, kann demnach prinzipiell bejaht werden. Ob dies im Rahmen eines so genannten Europäischen Zentrums[2] geschehen sollte, wirft jedoch einige Fragen auf. Es sei jedoch zuvor bemerkt, dass sich die Expertise der Verfasserin nicht auf die Geschichte der Zwangsmigration bezieht. Als Sozialwissenschaftlerin forsche ich seit fast zwei Jahrzehnten zu Fragen der jüdischen Identität in Mitteleuropa; weitere Forschungsinteressen erstrecken sich auf die Analyse des Verhältnisses zwischen sozialen Ereignissen und der Geschichts- bzw. Erinnerungspolitik. Obwohl ich die Erinnerungspolitik zum Thema Shoa sehr skeptisch sehe[3], begrüße ich alle Entwürfe, die das Potenzial einer „Wiedergutdenkung"[4] vergrößert, die historische Tabus berühren und die eine Kooperation unterschiedlicher Fachleute, Disziplinen und Länder ermöglichen.

---

1 Siehe URL: <http://www.danube-exodus.hu> [29.03.2005].
2 Es gibt verschiedene Vorschläge, der Zwangsmigration im 20. Jahrhundert zu gedenken: Neben den Vorschlägen, ein deutsches „Zentrum gegen Vertreibungen" einzurichten oder alternativ dazu ein europäisches Netzwerk aufzubauen wurde auch vorgebracht, ein europäisches Zentrum einzurichten. Vgl. dafür v. a. Dieter Bingen/Stefan Troebst/Włodzimierz Borodziej, Erklärung zum internationalen wissenschaftlichen Kolloquium „Ein europäisches Zentrum gegen Vertreibungen. Historische Erfahrungen – Erinnerungspolitik – Zukunftskonzeptionen", in: Zeitschrift für Geschichtswissenschaft 51 (2003), S. 102–104; vgl. auch: Denkanstöße, in: dies. (Hrsg.), Vertreibungen europäisch erinnern? Historische Erfahrungen – Erinnerungspolitik – Zukunftskonzeptionen, Wiesbaden 2003, S. 316–318.
3 Vgl. Éva Kovács, „Die nicht in Anspruch genommene Erfahrung." Zwei fehlende Sätze über die ungarische Shoa, in: Heidemarie Uhl (Hrsg.), Zivilisationsbruch und Gedächtniskultur, Innsbruck u. a. 2003, S. 209–222.
4 Daniel Levy/Natan Sznaider, Erinnerung im globalen Zeitalter. Der Holocaust, Frankfurt/Main 2001.

2. Globale oder europäische Erinnerung?

Die Erinnerung an die Shoa wurde – wie Daniel Levy und Nathan Sznaider behaupten und mit zahlreichen Beispielen zu verifizieren versuchen – im globalen Zeitalter zu einem Maßstab für erlittenes Leid.[5] Als Folge dieses Phänomens wurde diese Erinnerung zu einem universalen *container* für die Erinnerung an unterschiedliche Opfergruppen. Mitte der 1990er-Jahre hörte man im Kosovokonflikt den Slogan „Nie wieder Auschwitz!", während zugleich der Stalinismus manchmal als „Roter Holocaust"[6] bezeichnet wurde. Die Erinnerungen an die Shoa und die Geschichtspolitik der USA produzierten schon seit der frühen Nachkriegszeit ein globales Institutionsnetzwerk mit dem Imperativ: „Nie wieder!". Es stellt sich die Frage, ob sich ein Europäisches Zentrum gegen Vertreibungen von dieser globalisierten Erinnerungsindustrie würde distanzieren können und ob es dem Zentrum gelingen könnte, einen Platz für diese Vertreibungen in dem universalen *container* des „Zivilisationsbruchs"[7] des 20. Jahrhunderts zu schaffen.

Die institutionalisierte Erinnerung an die Shoa ist in den Vereinigten Staaten entstanden, ihre Formen folgten und folgen meistens amerikanischen Mustern – das heißt, dass diese Erinnerung hauptsächlich amerikanisch geprägt ist, obwohl sie in den vergangenen Jahrzehnten durchaus europäisiert wurde.[8] Diese Entwicklung und ihr – manchmal sogar widersprüchlicher – Anklang in Europa kann die Rezeption, sprich: das Recycling der Muster, sowohl erleichtern als auch erschweren. Aus der Perspektive der Populärkultur könnte sich das seit 50 Jahren akkumulierte Wissen und die damit verbundene Praxis – wie das *Teaching Holocaust* Programm weltweit, oder Spielbergs *Shoah Foundation Archive* – als sehr nützlich erweisen, um eine Didaktik und Kommunikation geschichtswissenschaftlicher Ergebnisse zu entwickeln. Die kosmopolitische Erinnerung erleichterte es zum Beispiel den Ländern des ehemaligen Ostblocks, die Shoa nach 40 Jahren der Tabuisierung wieder wahrzunehmen und ihre Erinnerungsrituale dementsprechend zu adaptieren. Was hingegen die Vertreibungen betrifft, wäre es viel problematischer, dieses oft simplifizierte, kosmopolitische Meisternarrativ zu adaptieren, obwohl – Dank der zahlreichen Forschungen und theoretischen Arbeiten[9] der

---

5 Vgl. ebd.
6 Vgl. Stephane Courtois/Nicolas Werth/Jean-Louis Panne, Das Schwarzbuch des Kommunismus. Unterdrückung, Verbrechen und Terror, München 2000.
7 Dan Diner (Hrsg.), Zivilisationsbruch. Denken nach Auschwitz, Frankfurt/Main 1988.
8 Levy/Sznaider; James Edward Young, Writing and Rewriting the Holocaust – Narrative and the Consequences of Interpretation, Bloomington/Indianapolis 1988.
9 Vgl. Zygmunt Bauman, Moderne und Ambivalenz, Hamburg 1992; ders.: Dialektik der Ordnung. Die Moderne und der Holocaust, Hamburg 1992; Shulamit Volkov, Das jüdische Projekt der Moderne, Frankfurt/Main 2001.

letzten Jahrzehnte – es dabei heutzutage bereits viel mehr um den „dunklen Kontinent"[10] Europa geht, als ausschließlich um Deutschland.

3. Demokratisierung oder Entropie

Eine weitere Gefahr der Zentralisierung und eines künstlichen Schürens der Erinnerungen könnte zu einer Art Entropie führen, d. h. zu einer Relativierung durch Quantität, wie es James Young sehr skeptisch formuliert hat: „In every country's memorial, in every national museum and archive, I found a different Holocaust; and at times, I found no Holocaust at all."[11] Im Falle der Holocaust-Mahnmale und Museen erstreckt sich die Entropie nicht gleichmäßig auf die verschiedenen europäischen Staaten. Vielmehr stößt, ohne die Unterstützung zivilgesellschaftlicher Initiativen und realer Erinnerungsgemeinschaften, die Errichtung von Denkmälern allgemein auf Schwierigkeiten.

Diese Entropie hat jedoch einen positiven, einen die Erinnerung demokratisierenden Effekt: Paradoxerweise ermöglicht es nämlich gerade diese Entropie, dass sich nun auch das Leid der bisher stummen oder mundtot gemachten Opfergruppen artikulieren kann, wie dies im Falle der Roma und Sinti, der Homosexuellen oder der Zeugen Jehovas im Gedächtnis der Shoa geschah.

4. Bezeugung oder Forschung

Meine dritte Frage betrifft die Problematik der Verspätung und ihrer Konsequenzen. Die Shoa als *lieu de mémoire*[12] ist bereits mehr als 50 Jahre alt. Ihre *épistémè*[13] war – sowohl auf nationaler als auch auf globaler Ebene – im riesigen Erlebnismaterial der Zeitzeugen/-innen, den frischen Spuren der Tragödie, den Wiedergutmachungsinitiativen der Überlebenden und den Bemühungen der Großmächte begründet. Die Geschichtsschreibung und andere sozialwissenschaftliche Disziplinen traten einfach nur in die Fußstapfen dieser Entwicklungen. Obwohl man hier sofort zwischen dem Ost- und Westblock differenzieren müsste, könnte man die Hypothese aufstellen, dass sich die Erinnerung an die Shoa bisher meist auf die Bezeugung des Genozids

---

10 Vgl. Mark Mazower, Dark Continent: Europe's Twentieth Century, New York 1998.
11 James Edward Young, The Texture of Memory, in: ders., Writing and Rewriting the Holocaust, S. 173.
12 Vgl. das Konzept von Pierre Nora, Zwischen Geschichte und Gedächtnis, Berlin 1990; als umfangreiches Projekt deutscher Erinnerungsorte vgl. Etienne Francois/Hagen Schulze (Hrsg.), Deutsche Erinnerungsorte, 3 Bde., München 2001 ff.
13 Vgl. die Diskurstheorie von Michel Foucault, The Order of Discourse, in: Michael J. Shapiro (Hrsg.), Language and Politics, Oxford 1984; S. 108–138 (deutsch: Die Ordnung der Dinge, Frankfurt/Main 1974).

konzentrierte. Es besteht kein Zweifel, dass die gigantische Dokumentationswelle gegen Ende der 1980er-Jahre begann, als die Forscher realisierten, dass die letzten Überlebenden bald sterben würden. Heute stehen uns als Zeitzeugen/-innen nur mehr Menschen zur Verfügung, die die Shoa als Kinder überlebten.

Eine notwendige Konsequenz davon ist, dass sowohl die Überlebenden der Shoa als auch die Mehrheit der Zeitzeugen/-innen der Vertreibungen der 1940er- und 1950er-Jahre schon längst gestorben sind und wir keine Chance haben, ihre Lebensgeschichten in quantitativ ausreichender Menge zu dokumentieren. Dieser Umstand – in negativ synergetischem Zusammenhang mit der fehlenden *épistémè* sowie mit der Verspätung der Wiedergutmachung – problematisiert die Legitimation insbesondere solcher zukunftsorientierter Institutionen, die die Erinnerungsformen der Vertreibungen ausarbeiten sollen. Eine Legitimation solcher Institutionen könnte und sollte viel eher aus der Geschichtsschreibung als aus der Bezeugung der Vertriebenen abgeleitet werden. Als „Kompensation" für diesen Mangel an Zeugnissen aus erster Hand wäre es ratsam, sich aus der heftigen Diskussion über die Faktizität der Zeitzeugen-Geschichten herauszuhalten und diese Geschichten eindeutig als Erinnerungsformen und nicht als historische Quellen an sich zu analysieren.

Die Legitimation hängt selbstverständlich von der Qualität und Quantität der durchgeführten historischen Forschungen ab. Die wichtigste Frage dieser Forschungen wäre sicherlich die Distinktion zwischen Kausalität und Sequenzialität.[14] Hypothetisch lässt sich formulieren, dass es dabei noch weiterer grundsätzlicher theoretischer Änderungen in der Erklärung der Ersten und Zweiten Moderne bedarf. Dies müsste auch eine noch nie da gewesene Zusammenarbeit zwischen Historikern, Gesellschaftswissenschaftlern und Demografen nach sich ziehen. Die nationale Historiografien und soziologischen Analysen müssten der Tatsache ins Auge sehen, dass das Thema Massenmigration im 20. Jahrhundert eines der effektivsten Machinstrumente und eines der wichtigsten gesellschaftsstrukturierenden Faktoren darstellte.

5. Lokale oder zentralisierte Erinnerung

Die weitere Frage betrifft den Unterschied zwischen lokalen und zentralisierten Erinnerungen. Das europäische Judentum als Substanz zahlreicher blühender Gemeinschaften wurde durch die Shoa vernichtet, und die Menschen

---

14 Siehe z.B. die *Nakbah* 1947–48 (Flucht und Vertreibung aus Palästina); oder aus erinnerungstechnischen Aspekten: Levy/Sznaider, S. 231; andere Aspekte finden sich bei Edward W. Said, Invention, Memory and Place, in: Critical Inquiry, Winter 2000, S. 175–192., W.J.T. Mitchell, Holy Landscape: Israel, Palestine, and the American Wilderness, in: ebd., S. 193–223.

und ihre Gemeinschaften sind aus ihren physischen und symbolischen Orten verschwunden. Die Überlebenden haben – außer in Großstädten – ihre frühere Heimat für immer verlassen, weil sie sich mit der schreienden Leere des Ortes und dem Solidaritätsdefizit ihrer Nachbarn nicht konfrontieren wollten oder konnten. Diese erzwungene Migration und der Unwille der heimischen Gesellschaft zur Wahrnehmung des Leides der Überlebenden resultierte auch aus dem Umstand, dass die Erinnerungen an die Shoa disloziert wurden. Es gab fast keine heimische Erinnerungsgemeinschaft, die ihrer eigenen Shoa-Opfer und des Leides der Überlebenden gedenken wollte. Folgerichtig kamen die konkreten, ortsspezifischen Erinnerungsinitiativen tatsächlich in den meisten Fällen von „außen". Die frühere Zentralisierung und spätere „Redistribution" der Erinnerungsformen ist daher kein Zufall.

Das Gedächtnis der Vertreibungen hat – soweit ich es einschätzen kann – eine andere Geschichte. Die 1947 aus Ungarn vertriebenen Deutschen sowie die aus der Slowakei vertriebenen Ungarn wurden in Gruppen umgesiedelt und haben im Glücksfall als Gruppen eine neue Heimat gefunden. Trotz der jahrzehntelangen staatlichen Tabuisierung haben nicht nur die vertriebenen Gemeinschaften in ihrer neuen Heimat, sondern auch die daheimgebliebenen Gemeinden die Vertreibungen im Gedächtnis bewahrt. Ich kenne ungarische Dörfer, aus denen die deutsche Minderheit völlig vertrieben wurde und in denen trotzdem die Gemeinde die Erinnerungen an „ihre Deutschen" pflegt und in denen diese Erinnerung als Kerngeschichte der jeweiligen lokalen kollektiven Identität funktioniert.[15]

Durch ein gemeinsames Mahnmal oder eine Institution für alle deutschsprachigen Vertriebenen und eine damit einhergehende „Zentralisierung" ihrer Erinnerungen wird weiterhin die Ethnizität der Vertriebenen problematisiert, d. h. ihr einstiges und jetziges Verhältnis zur deutschen Kultur und zu den verschiedenen deutschen Staaten. Aus der Perspektive einer deutschsprachigen Kultur der osteuropäischen Region – und deren Verlust in der zu erforschenden Epoche – müsste in einem gemeinsamen zentralen Mahnmal auch Walter Benjamin, Sigmund Freud, Paul Celan sowie all der anderen deutschsprachigen Juden Osteuropas gedacht werden. Für viele der – an den jeweiligen Diskursen – beteiligten Gruppen wäre das wohl eine unerträgliche Vorstellung.

Aus dem Blickwinkel des heutigen deutschen Staates tauchen weitere Komplikationen auf. Die Vertriebenen wurden beispiellos schnell in die deutsche Gesellschaft – und jetzt werden die Komplikationen für einen Au-

---

15 Gerhard Baumgartner/Éva Kovács/András Vári, Entfernte Nachbarn: Andau und Jánossomorja 1990–2000, Budapest 2002.

genblick weiter gesteigert: auch sogar in die österreichische Gesellschaft – integriert, aber ihre tragischen Erinnerungen führen in die eingekapselte Vergangenheit ihrer ehemaligen Heimat zurück. Demzufolge müsste solch ein Mahnmal, Zentrum oder Gedenkdienst für eine Restitution der Gerechtigkeit seinen Platz in den ehemaligen Heimatorten finden, wohingegen man in Deutschland ein positives Denkmal der Integration aufstellen könnte.

Eine andere Gruppe der Vertriebenen, die nach 1945 trotz aller Verfolgungen in ihrer Heimat im Ostblock blieben, standen nie in direktem Kontakt weder mit Hitlerdeutschland noch mit Nachkriegsdeutschland, obwohl sie alle tragischen Konsequenzen der deutschen Nationalgeschichte ertragen mussten und noch jahrzehntelang diskriminiert wurden. Diese Diskriminierung war so massiv, dass man in den 1970er- und 1980er-Jahren zum Beispiel von daheimgebliebenen Ungardeutschen oft den Satz zu hören bekam: „Wenn ich doch nur ausgesiedelt worden wäre!" Diese Menschen haben bis heute ein ambivalentes Verhältnis zu Deutschland, ihr Deutschsein und ihre Kultur wurzeln tief in den heimischen, lokalen Lebenswelten.[16] Nichtsdestoweniger könnte eine solche Initiative – wie zum Beispiel die Gründung eines Zentrums – ihre deutschnationalen Gefühle erwecken. Die Frage ist nur, ob das jemand will.

6. Geschichte oder Geschichtspolitik

Zum Abschluss soll die nationale Ebene des geplanten Zentrums problematisiert werden. Wie bereits erwähnt, wurde die Shoa nicht nur zu einem universalen *container* für Erinnerungen an unterschiedliche Opfergruppen: Sie ist auch als kosmopolitische Erinnerung zum Symbol für eine kritische transnationale Rückschau geworden. Von innen betrachtet, bedeutet aber eine kritische transnationale Rückschau eine selbstkritische nationale Historiografie. Zumindest im Falle Ungarns ist dies sehr skeptisch einzuschätzen.[17] Wir stehen erst ganz am Anfang einer solchen Geschichtsschreibung.[18] Und

---

16 Györgyi Bindorffer, Double Identity: Being German and Hungarian at the same time, in: New Community 23 (1997), H. 3, S. 399–411; dies., Ethnicity and/or National Identity: Ethnic Germans in Hungary, in: Acta Ethnographica Hungarica 42 (1997), H. 1–4, S. 195–207, dies., No language, no ethnicity? Identity, Language and Cultural Representation among Hungarian Germans, in: Review of Sociology 1998, S. 143–158.
17 Vgl. dazu auch die Beiträge von Ágnes Tóth und Krisztián Ungváry in diesem Band.
18 Einige positive Ausnahmen: István Deák, Civil Wars and Retribution in Europe 1939–1948, in: Zeitgeschichte 25 (1998), S. 244–252; ders./Jan T. Gross/Tony Judt (Hrsg.), The Politics of Retribution on Europe: World War II and its aftermath, Princeton 2000; Yehuda Lahav, Svábok, magyarok a háború után [Schwaben und Magyaren nach dem Zweiten Weltkrieg], in: Beszélő 2002, H. 9–10; Andrea R. Süle, A közép- és keleteurópai német kisebbségek kitelepítése a második világháború után [Die Aussiedlung der mittel- und osteuropäischen deutschen Minderheiten nach dem Zweiten Weltkrieg], in:

je schwächer eine selbstkritische, selbstreflexive nationale Historiografie ist, desto mehr Möglichkeiten eröffnen sich für eine Geschichtspolitik[19], in deren Rahmen die Erinnerungsgemeinschaften schnell zum Spielzeug einer grausamen, nationalistischen Politik werden können. Diese Gefahr scheint mir ziemlich groß zu sein. Denn die durch Globalisierung und Europäisierung verunsicherten Nationalstaaten haben heutzutage so einen großen Bedarf an Geschichtspolitik zum Zwecke ihrer Identitätsbildung wie nie zuvor.

Eine aggressive Geschichtspolitik kann das gesamte Konzept solch eines Zentrums als auch das Leid der Überlebenden für sich vereinnahmen. Eine nationalistische Geschichtspolitik kann dann die Erinnerung der Vertriebenen auch ohne weiteres für die Relativierung anderer Tragödien des 20. Jahrhunderts instrumentalisieren. Als Beispiel soll hier das ungarische „Haus des Terrors" dienen: Die Ausstellung dieser Einrichtung unterstützt – forschungs- sowie gesellschaftspolitisch – ein falsches historisches Narrativ, welches die Relativierung der Shoa und ihre Überschreibung mit dem Terror der ungarischen Kommunisten propagiert.[20] Solch eine zynische Erinnerungspolitik macht eine Konfrontation mit der Vergangenheit so gut wie unmöglich. Sie fordert Unterwerfung und bietet im Tausch dafür Genugtuung: Statt des Rechts auf Erkenntnis offeriert sie uns ein falsches Anrecht auf Verurteilung. Eine solche Erinnerungspolitik zeigt Halbwahrheiten in falschem Kontext, weil sie Nationalgeschichte als Geschichte unserer unheilbaren nationalen Wunden thematisiert, und dazu noch frustrierte, ressentimentbeladene Besucher produziert. Das Geheimnis des Erfolges für ein europäisches Zentrum gegen Vertreibungen liegt meiner Meinung nach darin, auf jenem beschriebenen schmalen Grat zwischen zynischen und skeptischen Erinnerungen zu balancieren.

Medvetánc 1988, H. 4–1989, H. 1, S. 107–130; József Saád, Undesirable Elements. Forced Relocations 1950–1953, in: The New Hungarian Quarterly XXXI/120 (Winter 1990), S. 109–118; ders., Zur Geschichte des Ungarischen Gulag. Zwangsaussiedlungen im südlichen Grenzgebiet Ungarns, in: Südostdeutsche Vierteljahresblätter 1991, H. 1, S. 40–48; Gerhard Seewann (Hrsg.), Migrationen und ihre Auswirkungen: das Beispiel Ungarn 1918–1995, München 1997; ders., Ungarndeutsche und Ethnopolitik. Ausgewählte Aufsätze, Budapest 2000; Kathrin Sitzler/Gerhard Seewann, Nationalitätenpolitik und Geschichte der deutschen Minderheit Ungarns in den Jahren 1938–1948, in: Südosteuropa 37 (1988), S. 142–170; dies., Aktuelle Stimmen zur Vertreibung aus Ungarn, in: Deutschland und seine Nachbarn, Bd. 18, Bonn 1997, S. 5–30; Ágnes Tóth, Migrationen in Ungarn 1945–1948. Vertreibung der Ungarndeutschen, Binnenwanderungen und slowakisch-ungarischer Bevölkerungsaustausch, München 2001; Krisztián Ungváry, Antisemitismus und Deutschfeindlichkeit. Der Zweifrontenkrieg, in: Suevia Pannonica 39 (2002), S. 105–119.

19 Vgl. Éva Kovács, „Das uns alle verzehrende historische Fieber" in Ungarn, in: Südosteuropa 2003, H. 7–9, S. 388–411.

20 Éva Kovács, The Ironical and the Cynical – On the Memories of Communism, in: Regio (English Version) 2003.

Marina Cattaruzza

Verschiedene Dimensionen der Vertreibung in Südosteuropa am Beispiel von Slowenien, Jugoslawien und Italien*

Der folgende Beitrag bezieht sich vornehmlich auf zwei Themenkomplexe bei der historiografischen und diskursiven Verarbeitung der Vertreibungsfrage: auf der einen Seite auf die Schuldfrage und zum anderen auf die Dynamik zwischen Opfern und Tätern. Im zweiten Teil wird die Problematik am Beispiel der Region Istrien weiter verdeutlicht. Hier soll aber auch ein Aspekt nicht unerwähnt bleiben, der in den Entscheidungsprozessen zu den Vertreibungen von einiger Bedeutung war: Es handelt sich dabei um das Problem des territorialen Revisionismus: Im Fall von Ungarn und auch für das deutsch-ungarische Bündnis spielte das Ziel der Grenzrevision eine ganz wesentliche Rolle.[1] Für die Alliierten bestand also die Gefahr, dass die Minderheiten auch in Zukunft Anlass zu revisionistischen Forderungen geben würden. Und wir sollten dieses Problem nicht vergessen, wenn wir versuchen, die ganze Problematik der Vertreibungen historisch zu verorten. Es ist wichtig, hierbei die unstete Versailler Ordnung sowie die explosive Minderheitenfrage mit zu berücksichtigen. Die Existenz von Minderheiten in Millionenhöhe wie auch das Fehlen eines gangbaren Konzeptes zur Integration dieser Gruppen in die neuen Staaten haben dazu beigetragen, dass diese Ordnung sich nicht halten konnte. Die Gleichberechtigung der Minderheiten (einschließlich ihrer identitären Implikationen) war der damaligen politischen Kultur weitgehend fremd. Die Lösung, die man erwartet hatte, war eine allmähliche Assimilierung dieser Minderheiten, und diese Lösung hat sich als ineffektiv erwiesen.

Zur Rolle der Großmächte in den Entscheidungsprozessen zu den Vertreibungen ist zunächst zu konstatieren, dass die tschechische und die polnische Exilregierung jeweils seit der Münchener Konferenz und seit dem deutschen Angriff gegen Polen am 1. September 1939 gerne keine deutschen

---

* Dieser Beitrag beruht auf einem mündlich vorgetragenen Kommentar im Panel „Bestandsaufnahme: Institutionen und zivilgesellschaftliche Initiativen zu Flucht, Vertreibung und Zwangsumsiedlung, A. Zivilgesellschaftliche Initiativen der Aufarbeitung und des Gedenkens, Bereich Slowakei, Slowenien, Ungarn" der Tagung.
1 Als weiteres Beispiel vgl. den Beitrag von Miroslav Kusý über die ungarische Minderheit in der Slowakei in diesem Band.

Minderheiten mehr gehabt hätten. Ohne die Zustimmung der Großmächte wäre es aber zu solchen restlosen Vertreibungen nicht gekommen.[2] Der britische Foreign Research and Press Service hatte sich schon 1940 mit diesem Gedanken auseinander gesetzt, und auf der Teheraner Konferenz Ende 1943 wurden auch wesentliche Entscheidungen zu dieser Frage gefällt. Diese restlose Vertreibung galt aber nur für die Deutschen.[3] Die Amerikaner waren nicht grundsätzlich gegen Verschiebungen von Bevölkerungsgruppen, aber solche Verschiebungen sollten auf Reziprozität basieren. Das trifft eben für den Fall der Ungarn und Slowaken sehr deutlich zu. Solche Überlegungen wurden auch für die Italiener und Slowenen entwickelt. Schon 1942 hatte ein Gutachten des Foreign Office einen Bevölkerungsaustausch an der Ostgrenze Italiens vorgeschlagen, nach dem die Grenze zugunsten Jugoslawiens nach dem Kriterium der ethnischen Zusammensetzung der Bevölkerung modifiziert werden sollte. Das Prinzip in diesem Fall war, dass so wenig „fremde Bevölkerung" wie möglich auf der „falschen Seite der Grenze" hätte bleiben sollen.

Dann kam es anders: Hauptsächlich wegen der Radikalität der kommunistischen Umwälzungen in Jugoslawien verließen fast alle Italiener (und auch ein Teil der Slowenen und Kroaten, die sich als Italiener ausgaben) die Gebiete an der nordöstlichen Adria. Der Leitgedanke war aber auch hier, dass, abgesehen von den Deutschen, in allen anderen Fällen solche Massenbewegungen auf Reziprozität basieren und möglichst ohne einen allzu offensichtlichen Zwang erfolgen sollten.[4]

Ein weiterer interessanter Aspekt betrifft den Gegensatz zwischen ehemals hegemonialen Gruppen und neuen Titularnationen, die faktisch ab 1919 das staatstragende Element in den neuen Staaten darstellten. Das komplexe Verhältnis zwischen den alten Eliten und den ehemals „geschichtslosen Völkern" (um einen verpönten, Marx'schen Begriff zu benutzen) wurde schlichtweg auf „Ausbeutung" reduziert. Dazu fallen einem manche Passagen aus der ersten Konferenz des „Cominform" ein[5], wo die slowakischen Kommunisten gegen die Ungarn so argumentierten, dass man sie vertreiben soll, weil sie eben die „ausbeuterische Nation" waren. Es würde sich vielleicht

---

2 Vgl. auch die pointierte Darstellung der Entwicklung von Ideen und deren Umsetzung im tschechoslowakischen Fall im Beitrag von Detlev Brandes und Jiří Pešek in diesem Band.
3 Das ist auch dem Beitrag Miroslav Kusýs in diesem Band zu entnehmen.
4 Vgl. dazu Marina Cattaruzza, Der „Istrische Exodus": Fragen der Interpretation, in: Detlef Brandes/ Edita Ivaničková/Jiří Pešek (Hrsg.), Erzwungene Trennung. Vertreibungen und Aussiedlungen in und aus der Tschechoslowakei 1938–1947 im Vergleich mit Polen, Ungarn und Jugoslawien, Essen 1999, S. 293–321, insbesondere S. 304 f.
5 Die Protokolle der Konferenz wurden 1994 von der Stiftung Feltrinelli in Mailand veröffentlicht: The Cominform. Minutes of the three Conferences 1947/1948/1949, hrsg. von Giuliano Procacci, Milano 1994.

lohnen, weiterhin über diese Stereotypen und auf ihre Rolle in dem Diskurs zu den Vertreibungen nachzudenken. Ich denke zum Beispiel an einen Aufsatz von Vojtech Mastny über die Gespräche zwischen Stalin und Beneš 1943.[6] Dabei plädierte Beneš für die Vertreibung der Deutschen, weil sie „Ausbeuter" und „Kapitalisten" wären, während die Tschechen vom ganzen Herzen Demokraten wären. Solche Bilder spielten demnach durchaus auch eine Rolle. Gegenüber Stalin brachte Beneš auch das Argument vor, die Enteignung des deutschen Eigentums würde in der Tschechoslowakei umfangreiche soziale Reformen einleiten. Beneš ging dabei anscheinend davon aus, seinen Gesprächspartner damit positiv zu den Vertreibungen zu stimmen.

Zur Rezeption der Geschichte des Zweiten Weltkrieges in den europäischen Ländern kommt ein Aufsatz von Tony Judt aus dem Jahr 1992 in den Sinn: „Die Vergangenheit ist ein anderes Land".[7] Tony Judt hatte in diesem Aufsatz versucht, die Auseinandersetzungen um konkurrierende Geschichtsbilder, die seit 1989 im Gang sind, zu kontextualisieren. Er meinte zu Recht, dass wir seit dem Fall der Berliner Mauer (pars pro toto) historiografisch in einer Übergangszeit leben. Demnach befinden wir uns immer noch in einer Transition, in der sich die „Meistererzählung" zusammen mit den Veränderungen der historischen Situation verändert. Und welche Meistererzählung wird seit dem Fall der Berliner Mauer in Frage gestellt? Es wird m. E. die Auffassung der alleinigen Schuld der Deutschen an allen Verbrechen im Zweiten Weltkrieg und davor zunehmend hinterfragt. Diese Auffassung hatte – laut Tony Judt – zwei wesentliche Funktionen erfüllt: In Westeuropa diente sie dazu, dass die demoralisierten und reichlich mit den deutschen Besatzern kollaborierenden Gesellschaften einen Halt finden konnten. Dazu diente maßgeblich der Mythos des Widerstandes gegen die Deutschen als allgemeines Phänomen, das die ganze jeweilige nationale Gesellschaft durchdrungen hätte. Nachträglich, in der Nachkriegszeit hätten sich in Westeuropa alle Nationen, die unter deutscher Besatzung standen, eben aus Widerstandskämpfern zusammengesetzt. Dieser Mythos hatte eine wesentliche integrative Funktion erfüllt. In Osteuropa diente die alleinige Schuldzuweisung an die Deutschen, bei der Durchsetzung der kommunistischen Regime zu helfen. Diese „Meistererzählung" ist jetzt in Frage gestellt worden; gleichzeitig befindet sich eine neue Narration in Entstehung, die hoffentlich der Komplexität der historischen Ereignisse in der ersten Hälfte des 20. Jahrhunderts besser Rechnung tragen wird als die alte Meistererzäh-

---

6   Vojtech Mastny, The Benes-Stalin-Molotov Conversations in December 1943. New Documents, in: Jahrbücher für Geschichte Osteuropas 20 (1972), S. 367–402.
7   Tony Judt, Die Vergangenheit ist ein anderes Land. Politische Mythen im Nachkriegseuropa, in: Transit 6 (1993), S. 87–120.

lung. Zur Entwicklung einer neuen konsensfähigen Narration könnten gerade Vertreibungen und alles das, was damit zusammenhängt, eine sehr wesentliche Rolle spielen. Gerade die europäische Perspektive ist hier dabei maßgeblich, weil nur sie es uns erlaubt, diese Phänomene in ihrer ganzen Tragweite zu erfassen. Die zu analysierenden Ereignisse stehen nicht bloß nebeneinander. Historiker sollten sich nicht darauf beschränken, sie strukturell miteinander zu vergleichen, denn sie sind miteinander verknüpft, z. B. weil eben das nationalsozialistische Deutschland den Zweiten Weltkrieg nicht allein geführt hat. Deutschland stand in einem Bündnis mit anderen Staaten. Es ist daher wichtig, dass wir die Schuldfrage und das Verhältnis von Opfern und Tätern neu überdenken, und zwar in einer gesamteuropäischen Dimension.

Neben dem Gebiet der Forschung bestehen die meisten Defizite auf dem Gebiet der Vermittlung, und zwar insbesondere in einer multilateralen, damit transnationalen Perspektive. Im Rahmen der Tagung z. B. sind manche gemeinsame Aspekte des Phänomens klarer geworden: So hat als eine Gemeinsamkeit die Tatsache zu gelten, dass in dem Vertreibungsdiskurs zuerst die ausgesprochenen, bekennenden Antifaschisten aus der Vertreibung ausgeschlossen werden sollten. Das war für die Tschechen der Fall, gilt aber auch im Fall der Slowenen und der Kroaten. Daran schließt sich direkt die Frage der Loyalität zum Staat als Prinzip für das Bleiberecht dieser Minderheiten an. Dieses Problem der Loyalität zum Staat spielt in diesem Prozess also eine ganz zentrale Rolle. Außerdem verdient auch die Unterscheidung zwischen Beschlüssen zur Umsiedlung und der tatsächlichen, davon unabhängig vor sich gehenden Beschneidung der Existenzbedingungen, die zu einer nahezu zwangsweisen Migration führten, eine genauere Beachtung. Mathias Beer zitiert einen Beschluss der Osvobodilna Fronta (slowenische Widerstandsbewegung) und von der titoistischen Befreiungsbewegung zur Vertreibung der Deutschen aus Jugoslawien, nachdem die Deutschen enteignet und ihrer Bürgerrechte beraubt wurden und meint, dass kein Beschluss zur Vertreibung bestand.[8] Aber ich frage mich, wenn unter den Umständen des Bürgerkrieges in Jugoslawien eine Gruppe das Recht auf Eigentum verlor und dazu noch die Bürgerrechte, was blieb dieser Gruppe anderes übrig, als dieses Land zu verlassen? Und das war noch das Beste, was dieser Gruppe passieren konnte. Für einen solchen Fall ist notwendig, sich die Vorgehensweisen genau anzusehen und sie von den Vorgängen in Begleitung von legalen „Umsiedlungen" abzugrenzen.

---

8   Vgl. [Mathias Beer] Umsiedlung, Flucht und Vertreibung der Deutschen als internationales Problem. Zur Geschichte eines deutschen Irrwegs, hrsg. vom Haus der Heimat Baden-Württemberg, Stuttgart 2002.

Alles in allem spricht vieles dafür, dass eine transnationale Verarbeitung des Themas „Vertreibungen", wie im „Netzwerk gegen Vertreibungen" avisiert, dazu beitragen könnte, eine europäische Geschichte des 20. Jahrhunderts zu entwickeln, die die nationale Dimension anhand seines Forschungsgegenstandes und -ansatzes und nicht durch bloße Absichterklärungen überwindet, und zu einer integrativen, auch wenn nicht immer zu einer allgemein konsensfähigen historiografischen Rekonstruktion und Vermittlung führt. Auf jeden Fall wäre ein solches Ergebnis sehr wünschenswert.

Ich möchte diesen Anmerkungen auch gerne etwas über meine persönliche Erfahrungen auf dem Gebiet „Geschichte als Politikum" hinzufügen. Ich war Mitglied in der italienisch-slowenischen Historikerkommission, in der wir mit den slowenischen Kollegen sehr gut und fruchtbar zusammen gearbeitet haben. Im Jahr 2000 hat die Kommission ihre Arbeiten abgeschlossen und dem italienischen und slowenischen Außenministerium einen einstimmig verabschiedeten Bericht unterbreitet. Wie bereits angedeutet, haben fast alle Italiener aus Istrien ihr Land verlassen, nachdem diese Gebiete Jugoslawien angeschlossen wurden. Es handelte sich dabei um 250.000–300.000 Menschen, fast die ganze italienische Bevölkerung dieses Areals. Das ist ein Fall, der fast in Vergessenheit geraten ist, dessen Erinnerung bis vor kurzem nur auf der Ebene der Landsmannschaften und der Exilgemeinden am Leben erhalten wurde. Seitens der internationalen Geschichtsschreibung fand der „Exodus" der Italiener aus Istrien wenig Beachtung. Herr Kusý beschreibt in seinem hiesigen Beitrag, wie schwierig es war, die Ungarn aus der Slowakei zu vertreiben. Im Fall der Italiener kann man zynisch von einer „Erfolgsstory" sprechen. Es gelang den neuen Machthabern, fast die ganze italienischstämmige Bevölkerung aus den neu erworbenen Gebieten zu entfernen, obwohl es in Potsdam keine Bestimmungen dazu gegeben hatte. Zu diesem Zweck hatte man vielfache Druckmittel angewendet: eine gezielte Liquidierung von politischen Gegnern und von Exponenten italienischer Honoratioren und dann willkürliche Verhaftungen, Schikanierungen, Enteignungen und Zwangsarbeit, also eine Vielfalt an Instrumenten, die dazu führten, dass 90 Prozent dieser Menschen die betreffenden Gebiete tatsächlich verließen.

Dieser Fall weist manche Besonderheiten auf. Zuerst ist der Umstand zu erwähnen, dass Jugoslawien neben Russland der einzige Staat in Europa war, in dem eine erfolgreiche kommunistische Revolution stattgefunden hatte. Dort wurde der Kommunismus nicht von außen importiert, sondern eben durch eine Revolution eingeführt. Das schuf auch eine viel stärkere Legitimation für dieses Regime und trug dazu bei, dass sich die Nachhaltigkeit und Akzeptanz der kommunistischen Weltanschauung verstärkten. Hinzu kam die Tatsache, dass dieses Gebiet ab September 1943 nicht von den Italienern, sondern von den Deutschen besetzt war, d. h. es bestand ein nationaler Konflikt zwischen Italienern und Slowenen und Italienern und Kroaten, aber die Besatzer waren die Deutschen. Die Italiener beteiligten sich zum Teil an der Widerstandsbewegung gegen die Deutschen zusammen mit den Jugoslawen. Vielleicht wäre noch als wichtiger Faktor zu erwähnen, dass die jugoslawische Widerstandsbewegung nach territorialen Gewinnen strebte, diese Gewinne jedoch unsicher waren. Aufgrund dieser Unsicherheit darüber, ob die Jugoslawen tatsächlich eine Verschiebung nach Westen ihrer Grenze bekommen würden oder nicht, und in welchem Umfang, führte wahrscheinlich auch dazu, dass sie in Potsdam nicht die Entfernung der Italiener verlangt haben, weil ihnen diese Gebiete nicht zugesprochen wurden. Übrigens wurde nicht einmal die Entfernung der Deutschen aus Jugoslawien in Potsdam thematisiert.

Für die Untersuchung wurden der Kommission zur erstmaligen Einsichtnahme bestimmte Akten zum Vertreibungsvorgang zur Verfügung gestellt, z. B. in Bezug auf die Liquidierungen in der ersten Zeit der jugoslawischen Besatzung, die vielfach durch Hineinstürzen der Gefangenen in die Karsthöhlen erfolgten. Diese besonders grausame Art der Hinrichtung, die oft auch durch ein Schnellverfahren seitens der improvisierten und selbst ernannten Volksgerichtshöfe erfolgte, hat sich als kollektives Trauma in das Gedächtnis der betroffenen Bevölkerung eingeprägt und wurde z. T. auch an die nächste Generation weitergegeben.

Leider war die Rezeption der Ergebnisse der Kommission in der öffentlichen Meinung nicht so positiv wie die Erfahrung der Zusammenarbeit. Erstens hat nur die slowenische Regierung die Ergebnisse der Kommission offiziell anerkannt. Die italienische Regierung hat unsere Ergebnisse nicht anerkannt und deswegen auch nicht veröffentlicht. Insofern entstand ein Ungleichgewicht zwischen den beteiligten Parteien. Da das italienische Außenministerium sich von den Ergebnissen der Kommission distanziert hat, gilt sie nun (natürlich) als viel zu slowenisch-freundlich. Die Rezeption unseres Berichts ist entsprechend geteilt. Grob gesagt, berufen sich die italienischen Linken auf die Kommission, die meisten Slowenen berufen sich auf die Ergebnisse der Kommission, obwohl die Kommission durchaus kritisch mit sehr vielen historischen Themenkomplexen umgegangen ist. Aus diesem Kontext heraus lässt sich erahnen, dass die Nichtanerkennung seitens der italienischen Regierung ein Grund dafür ist, dass die ganze slowenische öffentliche Meinung sich jetzt auf unsere Ergebnisse beruft. Auch der Ex-Präsident Sloweniens, Milan Kucan, hat offiziell gefordert, dass die italienische Regierung den Bericht der Kommission anerkennt. Dies hat natürlich den

Verdacht gegenüber der Kommission weiterhin bekräftigt. Vielleicht ist es auch ein Problem, dass die Kommission von den beiden Außenministerien eingesetzt wurde, so dass ihre Ergebnisse auch ungewollt den Charakter einer offiziellen historischen Wahrheit (die es natürlich nicht geben kann) angenommen haben.

Erst vor kurzem wurde eine Anklage gegen die ganze Kommission von der Triester Staatsanwaltschaft vorgebracht. Die Anklage lautete auf Untreue in Staatsangelegenheiten. Die Verhandlungen endeten mit einem Freispruch, aber in der nationalistischen und rechtsextremen Presse kamen jedoch heftige Attacken hinzu. Man kann also nicht behaupten, dass der Bericht der Kommission zu einer Lockerung zwischen den verschiedenen „Lagern", die die öffentliche Meinung im Grenzgebiet an der nordöstlichen Adria spalten, geführt hätte. Verfolgt man die slowenische Presse und deren Leserbriefe, findet man immer noch eine Art kompensatorische Logik vor: Man ist zwar jetzt bereit zuzugeben, dass der eigene Teil vielleicht auch etwas Unrechtes getan hat, aber die Schuld der „Anderen" (pauschal: der Italiener) ist und bleibt in dieser Logik ungleich größer. Das lasse sich gar nicht vergleichen, ist die gängige These. Das Problem besteht darin, dass man sich immer noch in der Opferrolle sieht und die anderen die Täter sind. Wenn man bereit ist, ein Minimum an eigener Schuld zuzugeben, dann wird dieses Minimum durch die viel größere Schuld der anderen mehr als ausgeglichen. Das ist natürlich ein großes (psychologisches) Problem, aber auch ein historisches und ein kulturpolitisches Problem. Schuld lässt sich nicht ausgleichen. Man muss immer ganz punktuell schauen, was tatsächlich passiert ist: Wer genau trägt die Verantwortung? Es gibt Gruppen, es gibt historische Akteure in der Geschichte, die nur Opfer sind, andere sind nur Täter. In den meisten Fällen sind aber die historischen Akteure sowohl Opfer wie auch Täter. Und das lässt sich nicht so einfach gegeneinander aufrechnen. Ohne aus dieser Logik auszubrechen, kann kein wirklich gemeinsames historisches Bewusstsein aufgebaut werden. Slowenien/Italien/Kroatien sind viel weiter zurück in einer gemeinsamen historischen Verarbeitung als die Tschechen und die Deutschen und als die Polen und die Deutschen, gerade wenn man auf die vielen Initiativen im Bereich der konkreten Versöhnung schaut.[9] Im Grenzgebiet zwischen Italien, Slowenien und Kroatien ist nichts Entsprechendes zu finden. Es gibt aber dennoch manche Beispiele auf lokaler Ebene. Es sind wie so oft die Kirchen, die hier im Vordergrund stehen und die mit gutem Vorbild voran gehen. Wie in Nova Gorica, wo man den Opfern des Kommunismus zusammen mit den italienischen Opfern gemeinsam gedacht

---

9 Vgl. die beiden Beiträge von Claudia Kraft (Polen) und Tomáš Kafka (Tschechien) in diesem Band.

hat. Ein kleines Zeichen kommt auch von der italienischen Seite. Der italienische Parlamentspräsident Ferdinando Casini hat am 25. April 2004, dem Feiertag der italienischen Befreiung von der deutschen Besatzung, in Triest sowohl den italienischen, kroatischen und slowenischen Partisanen, den Juden, die zu den Vernichtungslagern aus dem „Küstenland" deportiert wurden wie auch den Liquidierten unter jugoslawischer Besatzung in der unmittelbaren Nachkriegszeit gedacht. Es sind kleine Zeichen, aber sie geben vielleicht Grund zur Hoffnung.

Autoreninformationen

Friedhelm Boll, Dr. phil, geb. 1945, Studium in Bonn und Toulouse, 1979 Promotion in Bonn, seit 1975 wissenschaftlicher Mitarbeiter des Instituts für Sozialgeschichte e. V. Braunschweig-Bonn, 1993 Habilitation an der Universität Kassel, seit 1999 apl. Professor an der Universität Kassel, 1995/97 stellvertretender Sprecher des Arbeitskreises für historische Friedensforschung, seit 2003 Schriftleiter des „Archiv für Sozialgeschichte", Publikationen zur Geschichte des 19. und 20. Jahrhunderts. Neuere Publikation: Sprechen als Last und Befreiung: Holocaust-Überlebende und politisch Verfolgte zweier Diktaturen – ein Beitrag zur deutsch-deutschen Erinnerungskultur Bonn 2003 (Studienausgabe).

Detlev Brandes, Dr. Dr. h. c, geb. 1941, seit 1991 Professor für Kultur und Geschichte der Deutschen im östlichen Europa an der Heinrich-Heine-Universität Düsseldorf, Mitglied der Deutsch-Tschechischen und der Deutsch-Slowakischen Historikerkommission, Ehrendoktor der Prager Karls-Universität 2001. Monografien zum Protektorat Böhmen und Mähren, zur tschechoslowakischen Exilregierung und zur Vertreibung aus der Tschechoslowakei und Polen (jeweils auch in tschechischer Übersetzung) sowie zu den Russlanddeutschen, zuletzt zu den Sibiriendeutschen unter sowjetischer Herrschaft.

Marina Cattaruzza, Dr., Promotion 1974, 1986 Habilitation in Neuer und Neuester Geschichte an der Politechnischen Hochschule Darmstadt, 1991 Professur für Gender History an der Abteilung für Geschichte und Zivilisation des Europäischen Hochschulinstituts (IUE) Florenz, 1993–1995 Lehrstuhlvertretung (Deutsche Geschichte) am Historischen Institut der Ca' Foscari-Universität Venedig, 1991–1998 Dozentin für Deutsche Geschichte und Geschichte der Geschichtsschreibung am Historischen Institut der Universität Triest, seit 1999 Ordinariat für Neueste Geschichte an der Universität Bern, seit 2004 Leitung des Historischen Instituts der Universität Bern, 1998–2000 Mitglied in der kulturell-historischen Kommission, im Auftrag der italienischen und slowenischen Außenministerien.

Bernd Faulenbach, Dr. phil., geb. 1943, Historiker, Stellv. Direktor des Forschungsinstitutes Arbeit, Bildung, Partizipation und Honorarprofessor an der Ruhr-Universität Bochum. Vielfältige Tätigkeit im Grenzbereich von

Wissenschaft und Politik, u. a. in Enquete-Kommissionen des Bundestages, Kommissionen von Ministerien des Bundes und der Länder, von Stiftungen, Museen und Gedenkstätten sowie des SPD-Parteivorstands. Veröffentlichung zahlreicher Bücher und Aufsätze (in Sammelbänden und Zeitschriften) zur deutschen Geschichte des 19. und 20. Jahrhunderts, zuletzt erschien: Deutsche Erinnerungsgesellschaft Ost und West seit 1989/90, in: Christoph Cornelißen/Roman Holec/Jiří Pešek (Hrsg.): Diktatur – Krieg – Vertreibung. Erinnerungskulturen in Tschechien, der Slowakei und Deutschland seit 1945, Essen 2005, S. 453–472.

Peter Haslinger, Dr. phil., geb. 1964, 1990–2001 wissenschaftlicher Mitarbeiter an den Universitäten Wien und Freiburg, seit 2001 wissenschaftlicher Mitarbeiter am Collegium Carolinum München, Promotion 1993 (Wien), Habilitation 2004 (Freiburg) zum Thema „Imagined Territories – Nation und Territorium im tschechischen politischen Diskurs 1889–1938"; Arbeitsbereiche: Geschichte Ostmittel- und Südosteuropas im 19. und 20. Jahrhundert, Nationalismus-, Minderheiten- und Regionalismusforschung, Diskursgeschichte, Forschungen zu Grenze, Identität und Erinnerungskultur.

Wolfgang Höpken, Dr., Promotion 1981, 1981–1985 Hochschulassistent am Fachbereich Geschichtswissenschaften der Universität Hamburg, 1985–1994 wissenschaftlicher Mitarbeiter am Südost-Institut in München, seit 1994 Professor für Ost- und Südosteuropäische Geschichte an der Universität Leipzig und seit Oktober 2000 Direktor des Georg-Eckert-Instituts in Braunschweig, Mitglied verschiedener nationaler und internationaler Kommissionen und Organisationen, Herausgeber der Institutszeitschrift „Internationale Schulbuchforschung/International Textbook Research" und der Schriftenreihe „Studien zur Internationalen Schulbuchforschung/Studies in International Textbook Research". Neuere Publikation: zusammen mit Steffi Richter (Hrsg.), Vergangenheit im Gesellschaftskonflikt. Ein Historikerstreit in Japan, Köln 2003.

Edita Ivaničková, Dr., arbeitet am Historischen Institut der Slowakischen Akademie der Wissenschaften in Pressburg, Mitglied des Steering Committee des British-Chech-Slovak Historians Forum. Zahlreiche Veröffentlichungen zur tschechoslowakischen und slowakischen Politik und Geschichte.

Tomáš Kafka, geb. 1965, 1983–1988 Studium der Geschichte und Russistik an der Karls-Universität, seit 1991 Mitarbeiter des Tschechischen Außenministeriums, 1998–2005 Geschäftsführer des Deutsch-Tschechischen Zukunftsfonds, Publikationen in der deutschen sowie tschechischen Tagespresse (z. B. Handelsblatt) und Zeitschriften (z. B. Vorgänge), Beiträge u. a. in: „Eichholz-Brief", „Nähe und Ferne. Deutsche, Tschechen und Slowaken" (Stiftung Haus der Geschichte der Bundesrepublik Deutschland, Bonn 2004) und in anderen Sammelbänden; Autor zahlreicher literarischer Übersetzungen sowie deutsch- und tschechischsprachiger Lyrik.

Éva Kovács, Dr., Studium der Ökonomie und Soziologie in Pécs und Budapest, seit 1986 Wissenschaftliche Mitarbeiterin am Zentrum für Mitteleuropäische Studien (Teleki László Institut, Budapest), seit 1995 Gastprofessorin an der Universität Pécs. Neuere Publikationen: Felemás asszimiláció [The Ambivalence of Assimilation], Lilium Aurum, Somorja-Dunaszerdahely 2004; Mutatkozás. Zsidó Identitás Történetek [Presence – Jewish Life Histories] Múlt és Jövö Kiadó, Budapest 2002.

Claudia Kraft, Dr., geb. 1968, Studium der Osteuropäischen Geschichte, Politikwissenschaften und Slawistik. 1994 MA, 2001 Dr. phil., 2001–2004 DHI Warschau, 2004–2005 Akademische Rätin an der RUB, ab 2005 Professorin für Geschichte Ostmitteleuropas an der Uni Erfurt. Publikationen zur polnischen Geschichte des 20. Jahrhunderts, u. a. Wojewodschaft Allenstein. Auswahl, Einleitung und Bearbeitung der Dokumente, in: „Unsere Heimat ist uns ein fremdes Land geworden…". Die Deutschen östlich von Oder und Neiße 1945–1950. Dokumente aus polnischen Archiven, hrsg. v. Włodzimierz Borodziej und Hans Lemberg. Bd. 1: Zentrale Behörden und Wojewodschaft Allenstein, Marburg/Lahn 2000, S. 431–656.

Anja Kruke, Dr., geb. 1972, Studium der Geschichte, Germanistik und Soziologie an den Universitäten Bielefeld, Sussex (GB) und Bochum, 2000–2002 Wissenschaftliche Hilfskraft am Institut für soziale Bewegungen, Ruhr-Universität Bochum, 2002/2003 Stipendium der Hamburger Stiftung zur Förderung von Wissenschaft und Kultur, 2004 Promotion, seit 2004 Mitarbeiterin bei der Friedrich-Ebert-Stiftung, Mitglied der Redaktion des „Archiv für Sozialgeschichte", Lehraufträge an der Ruhr-Universität Bochum (2004–2005) und Universität Hamburg (seit 2005), Publikationen zu Demoskopie, Medien und Politik in der Bundesrepublik.

Miroslav Kusy, Ph. D., geb. 1931, Studium an der Karls-Universität in Prag (Abschluss 1954), Professor für Philosophie an der Comenius Universität, Bratislava 1967, Rektor der Comenius Universität 1990/91, Professor für Politikwissenschaft an der Comenius Universität 1991, Gründer und Vorsitzender des Fachbereichs Politikwissenschaft, Comenius University 1991–1999, Gründer und Inhaber des UNESCO-Chair for Human Rights Education seit 1992, seit 2004 Professor Emeritus an der Comenius Universität; Mitglied der Charta 1977, vielfach inhaftiert, Mitglied der Bürgerrechtsbewegung 1989, Bekleidung verschiedener politischer Ämter 1989–1992/2002, seit 1998 Berater für Menschenrechte und Minderheitenfragen des slowakischen (Vize-)Ministerpräsidenten.

Paweł Machcewicz, Dr., geb. 1966, Studium an der Warschauer Universität (Abschluss im Fach Geschichte 1989), Ph. D. 1993, 1990–2000 research fellow and senior research fellow at the Institute of Political Studies of the Polish Academy of Sciences, Redakteur der monatlichen historischen Zeitschrift „Mówią Wieki". Veröffentlichungen zur politischen und europäischen Geschichte im 20. Jahrhundert, u. a. „Poland in 1956" (1993), „Władysław Gomułka. Biography" (1995), „Polish Émigrés in the International Politics 1945–1990" (2000); Mitherausgeber und Mitautor der zweibändigen Reihe „Jedwabne and Beyond" (2002); seit August 2000 Direktor für Forschung und Bildung am Institut der nationalen Erinnerung (IPN), Warschau.

Jiří Pešek, Dr., geb. 1954, Professor für Neue Geschichte an der Karls-Universität Prag. 1978–1993 am Archiv der Hauptstadt Prag, Vorsitzender der tschechischen Sektion der Tschechisch-Deutschen Historikerkommission, arbeitet am Institut für Internationale Studien der Karls-Universität.

Gert von Pistohlkors, Dr. Dr. h.c., geb. 1935 in Narva/Estland, stud. phil., (Geschichte, Anglistik, Germanistik) in München und Göttingen, 1966 Studienrat in Rosenheim, Dr. phil. 1974 (Göttingen), seit 1967 am Seminar für Mittlere und Neuere Geschichte der Universität Göttingen, zuletzt als Akademischer Direktor, seit 2001 pensioniert; 1. Vorsitzender der Baltischen Historischen Kommission e. V. (BHK) seit 1979, Mitglied des J. G. Herder-Forschungsrates e. V. Marburg seit 1980 (1984–1996 Vorstandsmitglied), Mitglied des Kuratoriums des Herder-Instituts Marburg 1993–2005. Auswärtiges Mitglied der Akademie der Wissenschaften Lettlands (1990), Ehrendoktor der Universität Tartu/Dorpat (1998). Ehrenmitglied der Gelehrten Estnischen Gesellschaft in Tartu (2003). Zahlreiche Publikationen v. a. zur baltischen Geschichte zwischen 1700 und 1940, Herausgeber und Autor des Bandes „Baltische Länder" (1994, Sonderausgabe 2002), Mitherausgeber der „Zeitschrift für Ostmitteleuropa-Forschung" seit 1983.

Krzysztof Ruchniewicz, Dr., geb. 1967, Direktor des Willy-Brandt-Zentrums für Deutschland- und Europastudien an der Universität Breslau. Veröffentlichungen zur Geschichte der europäischen Einigungsideen im 20. Jahrhundert, zur Geschichte Deutschlands, des deutschen Widerstandes 1933–1945, zu den deutsch-polnischen Beziehungen nach 1945 und zur internationalen Schulbuchforschung.

Karl Schlögel, Dr., geb. 1948, Professor für Osteuropäische Geschichte an der Europa-Universität Viadrina in Frankfurt/Oder, Studium der Philosophie, Soziologie, Osteuropäischen Geschichte und Slawistik an der Freien Universität Berlin, in Moskau und St. Petersburg. Zahlreiche Veröffentlichungen, zuletzt: Im Raum lesen wir die Zeit, München 2003.

Stefan Troebst, Dr., geb. 1955, stellvertretender Direktor des Geisteswissenschaftlichen Zentrums Geschichte und Kultur Ostmitteleuropas (GWZO) in Leipzig sowie Professor für Kulturstudien Ostmitteleuropas an der Universität Leipzig, Leitung eines Forschungsprojekts, welches Adaptions- und Remigrationsstrategien griechischer Bürgerkriegsflüchtlinge in der DDR (Sachsen) und in Polen (Niederschlesien) im Zeitraum 1949–1989 vergleicht.

Krisztián Ungváry, geb. 1969, Mitarbeiter des Instituts für die Erforschung der Ungarischen Revolution 1956, ungarischer Koordinator im Netzwerk „Erinnerung und Solidarität". Veröffentlichungen zu den Forschungsbieten: II. Weltkrieg, Stasi, Zwangsmigration, Antisemitismus, Auswahl: Die Belagerung Budapests, München, 4. Aufl. 2004 (auch engl. 2005); Der Getriebene und der Treiber. Das Verhältnis zwischen ungarischer Politik und deutschen Deportationsplänen, in: Brigitte Mihok (Hrsg.), Ungarn und der Holocaust, Berlin 2005, S. 41–54.

Heidemarie Uhl, Dr., Historikerin und Kulturwissenschaftlerin an der Österreichischen Akademie der Wissenschaften in Wien, Kommission für Kulturwissenschaften und Theatergeschichte, URL: <http://www.oeaw.ac.at/kkt/mitarbeit/uhl/uhl.html>, Lehraufträge an den Universitäten Wien und Graz. Publikationen (Auswahl): als Hrsg., Europa-Bilder, Innsbruck u. a. 2005 (gemeinsam mit Wolfgang Schmale/Vrääth Öhner und Andreas Pribersky); als Hrsg.: Steinernes Bewusstsein. Die öffentliche Repräsentation staatlicher und nationaler Identität Österreichs in seinen Denkmälern, Bd. 2, Wien/Köln/Weimar 2005.

Hermann Schäfer, Dr., geb. 1942, Präsident der Stiftung Haus der Geschichte der Bundesrepublik Deutschland, außerplanmäßiger (apl.) Professor an der Albert-Ludwigs-Universität Freiburg, Honorarprofessor an der Universität Karlsruhe, lehrt auch an der Universität Bonn, Vizepräsident der Deutschen UNESCO-Kommission, Stellvertretender Vorsitzender des „Memory of the World Committees" der Deutschen UNESCO-Kommission. Zahlreiche Veröffentlichungen zu Themen der Wirtschafts- und Sozialgeschichte des 19. und 20. Jahrhunderts sowie zu Museumsfragen.

Thomas Serrier, Dr., geb. 1971 (Le Mans, Frankreich), Maître de conférences am Institut d'études européennes der Université Paris VIII, z. Z. Fellow der Humboldt-Stiftung und Gastwissenschaftler am Frankreich Zentrum der TU-Berlin, Publikationen zu den deutsch-polnischen Beziehungen und nationalen Identitäten im 19. und frühen 20. Jahrhundert. Veröffentlichungen u. a.: Provinz Posen, Ostmark, Wielkopolska. Eine Grenzregion zwischen Deutschen und Polen 1848–1914, Marburg 2005; Günter Grass. Tambour battant contre l'oubli, Paris, Berlin 2003.

Ágnes Tóth, Dr., geb. 1961, Historikerin, stellvertretende Direktorin des Forschungsinstituts für Ethnisch-nationale Minderheiten der Ungarischen Akademie der Wissenschaften, Budapest, zuvor 1996–2002 Direktorin des Archivs der Komitatsverwaltung Bács-Kiskun, Kecskemét, 2000 Auszeichnung mit der Nagy Imre – Plakette, seit 2002 Redaktionsmitglied der Zeitschrift Kisebbségkutatás („Minderheitenforschung"). Veröffentlichungen zur deutschen Minderheit in Ungarn und zur Historiografie, u. a.: Migrationen in Ungarn 1945–1948. Vertreibung der Ungarndeutschen, Binnenwanderungen und slowakisch-ungarischer Bevölkerungsaustausch, München 2001.